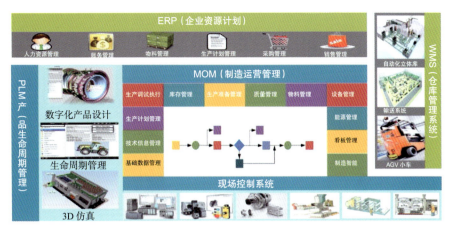

图 1-2　西门子数字化平台软件套件集成应用

图 1-5　数字孪生应用（产品 + 生产 + 设备）

图 1-6　基于模型的数字化企业（MBE）总图

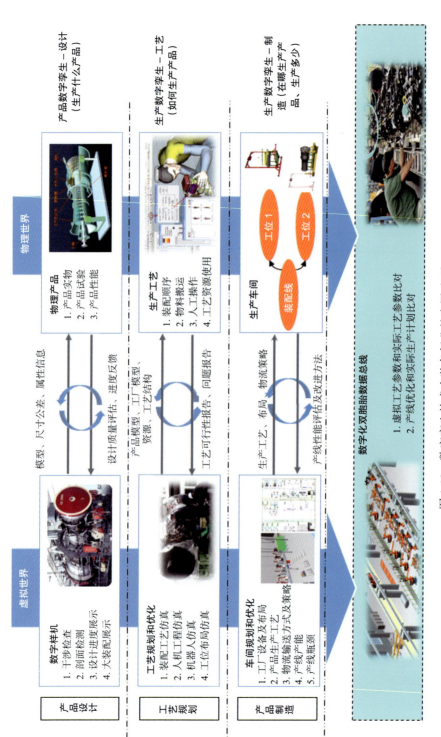

图1-13 数字孪生技术在装备行业的应用（三）

图 1-14　数字孪生技术在装备行业应用——产品数字孪生

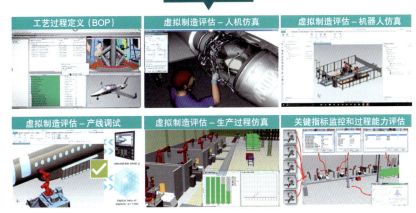

图 1-15　数字孪生技术在装备行业应用——生产数字孪生

图 1-16　数字孪生技术在装备行业应用——设备数字孪生

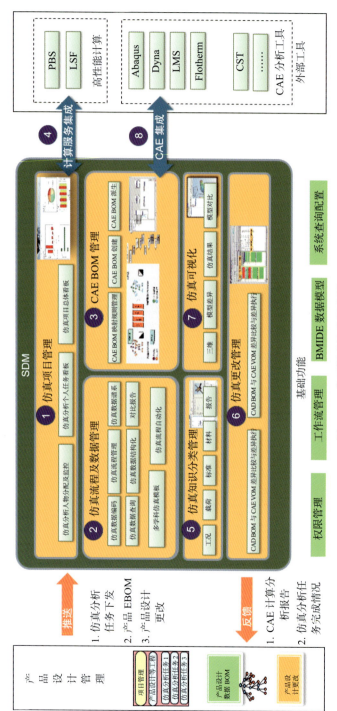

图 2-15 基于模型的分析应用

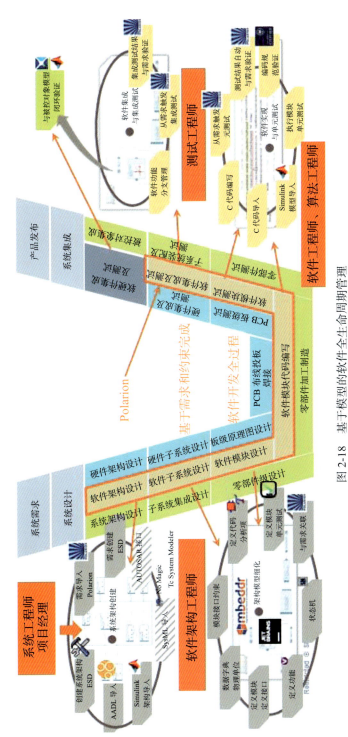

图 2-18 基于模型的软件全生命周期管理

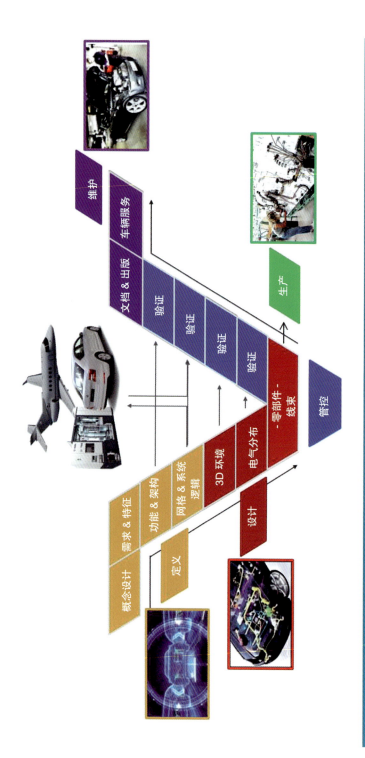

图 5-4 Capital 帮助客户压缩整个系统的 V 周期

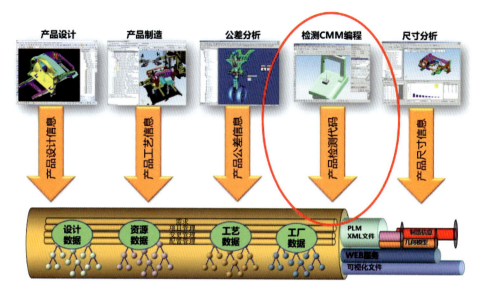

图 9-30　集成的解决方案

图 9-34　全面的质量解决方案

图 10-4　数字化闭环制造系统

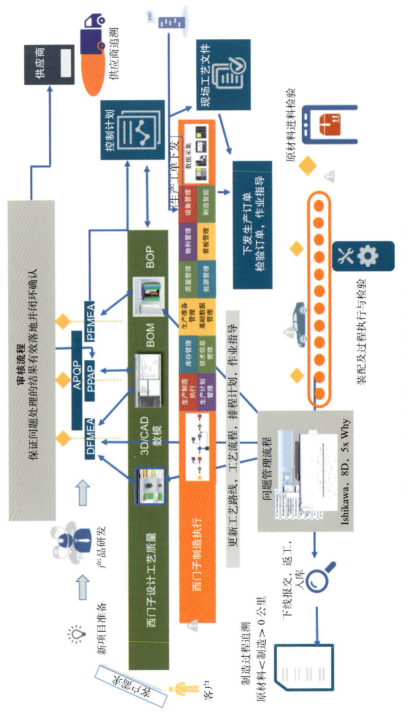

图 10-25 数字化闭环制造的质量管理系统持续改进

工业控制与智能制造丛书

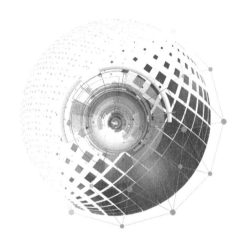

Digital Twins in Action towards Model Based Enterprise

数字孪生实战

基于模型的数字化企业（MBE）

梁乃明 方志刚 李荣跃 高岩松 等编著

机械工业出版社
China Machine Press

图书在版编目（CIP）数据

数字孪生实战：基于模型的数字化企业：MBE/ 梁乃明等编著. —北京：机械工业出版社，2019.10（2025.1 重印）
（工业控制与智能制造丛书）
ISBN 978-7-111-64163-6

I. 数… II. 梁… III. 数字技术 - 应用 - 工业企业管理 - 研究 IV. F406.14

中国版本图书馆 CIP 数据核字（2019）第 245466 号

数字孪生实战：基于模型的数字化企业（MBE）

出版发行：机械工业出版社（北京市西城区百万庄大街 22 号 邮政编码：100037）
责任编辑：余 洁 责任校对：殷 虹
印　　刷：固安县铭成印刷有限公司 版　次：2025 年 1 月第 1 版第 8 次印刷
开　　本：170mm×230mm 1/16 印　张：20.75 插　页：4
书　　号：ISBN 978-7-111-64163-6 定　价：89.00 元

客服电话：（010）88361066 68326294

版权所有·侵权必究
封底无防伪标均为盗版

本书编委会

主　　编　梁乃明
执 行 主 编　方志刚　李荣跃　高岩松
编写委员会　方志刚　李荣跃　高岩松　陈铁峰　刘其荣
　　　　　　　邹明政　李钊彦　胡小康　武良靖　夏卫华
　　　　　　　石银明　张晓前　陆海燕

序 | Preface

2015年我们组织出版了《工业4.0实战：装备制造业数字化之道》一书，该书受到了广大读者的热烈欢迎。大家普遍反映，书中描述的愿景代表了数字化工业的方向，对企业数字化转型战略规划工作非常有帮助，其基于模型的数字化企业（MBE）技术解决方案和实践案例对制定实施路线图提供了很有价值的参考。鉴于近期西门子数字化工业软件在建立"从芯片到城市"数字孪生的战略愿景指导下，尤其是并购了世界首屈一指的EDA技术供应商——Mentor Graphics公司，成为第一家能够整合PLM和EDA的技术公司，从而进一步加强了其在工业软件领域的全球领导地位，在数字化工业创新型实践案例方面也取得了一系列重要进展，为了反映日新月异的数字化工业领域创新，我们决定组织编写本书。

关于本书，除了更新《工业4.0实战：装备制造业数字化之道》中的先进内容，西门子数字化工业软件有关专家还增加了MBE技术的最新进展，包括基于模型的电子电气解决方案、基于模型的产品型谱化和模块化管理方案、基于模型的软件全生命周期管理方案、基于模型的产品成本管理方案、基于模型的工艺与虚拟验证解决方案以及基于模型的闭环制造解决方案，同时增加了一系列典型案例，目的是为中国大型装备制造业数字化的领导和技术专家提供有价值的、可落地实施的参考思路、方法和工具。

作为全球最大的工业技术公司和领先的自动化和工业软件提供商，西门子在今天已经为"工业4.0"的全面实现打下了坚实基础：工业软件创新将在"工业4.0"实施中起到决定性作用，尤其是通过数字孪生、数字神经技术实现产品生命周期和生产生命周期的整合，实现研发和生产的全面优化，打造基于模型的数字化企业（MBE）。

150多年前，西门子的创始人维尔纳·冯·西门子先生因于1866年发明了实用发电机而成为第二次工业革命的先锋代表人物，今天，西门子希望和它的客户、供应商、竞争者一道，在第四次工业革命中重现当年的辉煌！

梁乃明
西门子数字化工业软件全球高级副总裁兼大中华区董事总经理
2019 年 6 月

前 言 Preface

从自动化、数字化到智能化，追求日臻完美的复杂系统数字孪生模型

曾有人说过，前言可能是一本书中唯一多余的章节。"Talk is cheap, Show me the code"（能说算不上什么，有本事就把你的代码给我看看），Linux创始人Linus Torvalds可谓一针见血。在buzzwords（概念）创新充斥各个角落时，我们可能需要坚持"能畅想'智能+'算不上什么，有本事就把你的数字孪生模型给我看看"。

2013年德国提出的第四轮工业革命"工业4.0"，以比我们想象的更快的速度变成当下的现实。云、大、物、移、智等新技术和制造业的交融，自动化和数字化的"两化融合"，机器学习深入包括语音识别、图像识别、数据挖掘等诸多领域并取得了令人瞩目的成绩，新材料、新工艺、新能源方面的技术突破，正在让制造业变得更柔（大规模柔性定制）、更软（软件定义一切）、更美（绿色环保）。一个物质极大丰富、全面智能化的新时代正在加速到来。

要在"工业4.0"时代生存发展，制造业企业必须成功地进行数字化转型，转型成为一个软件定义的平台型企业，把产品重构为软件定义的可重构平台。制造平台型企业的核心是产品、工厂、企业的数字孪生模型，有了"数字孪生"，才能通过并行工程和快速迭代，用数字的消耗替代能源的消耗和物质的消耗，才能"多快好省"（T（时间）、Q（质量）、C（成本）、S（范围）、E（效率）综合优化）地实现产品创新和精益生产，以可接受的成本为消费者提供个性化消费体验，实现可持续盈利性增长，形成强大的市场竞争力。

工业科技的发展是累进的，让我们简单回顾一下历史。"二战"前后，工程师认识世界和改造世界的"三论"——系统论、控制论、信息论逐步成熟，在机械化和电气化的基础上，引发了第三轮工业革命。自动控制理论也从经典控制逐步发展到现代控制、计算机控制，直到今天兴起人工智能第三轮浪潮。在"工业4.0"时代，如何对企业系统进行建模和仿真——开发其"数字孪生"模型？

著名科学家钱学森等人在1990年发表的一篇文章《一个科学新领域：开放的复杂巨系统及其方法论》中为我们指明了方向。"当前人工智能领域中综合集成的思想得到重视，计算机集成制造系统（Computer Integrated Manufacture System，CIMS）的提出与问世就是一个例子。在工业生产中，产品设计与产品制造是两个重要方面，各包括若干个环节，这些环节以现代化技术通过人机交互进行工作。以往设计与制造是分开各自进行的，现在考虑将两者通过人工智能技术有机地联系起来，将制造过程中有关产品质量的信息及时向设计过程反馈，使整个生产灵活有效，同时能保证产品的高质量。这种将设计、制造甚至管理销售统一筹划设计的思想，恰恰是开放的复杂巨系统的综合集成思想的体现。"

2002年，Michael Grieves博士在密歇根大学和NASA研讨会上第一次提出"Digital Twin"（数字孪生）的理念。他认为，随着复杂性日益增加，现代产品系统、生产系统、企业系统本质上均属于复杂系统。为了优化、预测复杂系统的性能，我们需要一个可观测的数字化模型，一个产品的综合性的、多物理场的数字表示，以便于在产品的整个生命周期中维护和重复使用在产品设计和制造期间生成的数字信息。数字孪生在设计和制造过程中建立，并在产品生命周期中持续演进增长。产品一旦投入现场使用，其全生命周期历史包括状态数据、传感器读数、操作历史记录、构建和维护配置状态、序列化部件库存、软件版本以及更多提供服务和维护功能的完整产品图像。通过数字孪生可以分析产品的当前状态和性能，以调度预防和预测维护活动，包括校准和工具管理。结合维护管理软件系统，数字孪生可以用于管理维修部件库存，并且指导技术服务人员完成现场修理、升级或维修。通过积累数据库中的足够实例，工业大数据分析工程师可以评估特定系列设备及其部件，并反馈给产品设计和工艺设计，用于产品和工艺的持续改进，最终形成闭环数字孪生（Closed Loop Digital Twin）。

作为工业数字化全球领军企业，在2007年西门子明确了"融合物理世界和虚拟世界"的战略愿景。通过一系列研发投资和战略并购，具备了支持"从芯片到城市"、综合性、多物理场、闭环的数字孪生技术，帮助客户转型为基于模型的数字化企业（Model Based Enterprise，MBE）。为了消除研制过程中的各种浪费，MBE使用3D数模和TDP（Technical Data Package，技术数据包）作为产品全生命周期的单一模型。3D数模由MBD（Model Based Definition，基于模型的产品定义）生成，加上PMI（Product Management Information，产品管理信息），理论上可以从三维拓展到无穷维，这个单一模型TDP可以在全企业范围内进行分享和自由流动，保障产品全生命周期快速、无缝、自由的数据流动。如果一个企业实现了TDP在其内部部门间及其生态系统的自由流动，我们即称之为MBE。本书探讨的复杂产品系统主要指的是光机电软液控系统。

实施针对复杂系统 MBE 的闭环数字孪生，需要分别支持产品系统、生产系统、运行系统的数字孪生模型，并实现三大系统模型的一体化整合。欲高精度、高可信度地建立这三类模型，编者认为，需要理论和实践的创新：在产品系统数字孪生领域，要发展新一代 MBSE（Model Based System Engineering，基于模型的系统工程），用于预测物理结构和特征、物理绩效特征、环境响应、失效模式等；在生产系统数字孪生领域，要利用 PSE（Production System Engineering，生产系统工程），对各生产系统要素、产线、车间、供应链系统进行建模和仿真，用于优化物理布局和特征、产能和利用率、产出和节拍；在运行系统数字孪生领域，要打造 IIoT（Industrial Internet of Things，工业物联网），提供物理系统的实时运行状态，优化运营水平，预测维护，并对设计进行验证。

怀着加速中国从制造大国转型为制造强国、从逆向工程转型为正向研发的梦想，西门子工业软件大中华区技术团队组织专家顾问，与航天科技集团有关专家一道，在总结多年实战经验的基础上适当加以抽象，编写了"数字孪生"系列书籍，以供智能制造、工业互联网、工业人工智能领域的政产学研各界读者参考。

一、新一代基于模型的系统工程（MBSE）

对于光机电软液控系统的复杂产品系统，其数字孪生从"形似"到"神似"，旨在加速产品创新过程，过去 40～50 年间全球 CAD/CAM/CAE 领域为此做出了持续的努力，如今三维 CAD 数模和几何样机渲染已经完全达到逼真水平。编者重点关注如何把复杂系统数字孪生做到"神似"，以有效地协助利益攸关者认识、预测和优化复杂系统。

要做到"神似"，须在"基于文档"系统工程提升到"基于模型"系统工程的基础上，进一步演进到"新一代 MBSE"。编者认为，新一代 MBSE 应该是多层次的（涉及整机系统功能架构、领域系统架构、领域模型）、多物理场的、动态的、闭环的数字孪生，由计算机对设计空间自动寻优，并由一个数字线索（Digital Thread，或称数字神经）系统支持设计方案快速迭代。模型的复杂度、精确度和实时性随着产品生命周期的演进逐步提升。要实现基于数字孪生的正向研发理念，需要建设两个基础平台，即全生命周期的管理平台及基于云和物联网的资源共享平台，并且提供三个维度的技术支撑：不同研发阶段的协同，不同子系统之间的集成，不同领域、不同学科之间的耦合。

在系统架构建模层面，MIT 教授 Edward Crawley 领衔著作的《系统架构：复杂系统的产品设计与开发》[注]深刻地从形式和功能两个方面讲解了如何分析系统，并给出了如何创建良好系统架构的指导原则；国际系统工程学会（INCOSE）列明了各种主流的建模语言、方法论和工具。

在领域模型层面，随着计算能力遵从摩尔定律指数发展，包括有限元方法（FEA 或有限单元法）、有限差分法、边界元方法、有限体积法的数值分析（计算数学）工具的成熟，可以解决工程中遇到的大量问题，其应用范围从固体到流体，从静力到动力，从力学问题到非力学问题。事实上，有限单元法已经成为在已知边界条件和初始条件下求解偏微分方程组的一般数值方法。有限单元法在工程上的应用属于计算力学的范畴，而计算力学是根据力学中的理论，利用计算机和各种数值方法，解决力学中实际问题的一门新兴学科。它横贯力学的各个分支，不断扩大各个领域中力学的研究和应用范围，同时也在逐渐发展自己的理论和方法。例如，柔性多体动力学仿真考虑到实际系统中某些运动部件的弹性无法忽略，甚至是主要动力学行为的来源，利用西门子 Simcenter LMS Virtual Lab 可以将 FEM 与多体动力学仿真（MBS）软件深度整合起来，只需要定义相关部件的受力和边界条件，其余的都是内部作用，节省工作量又较为真实可信。其他学科包括多物理场分析仿真（Simcenter 3D）、复材（Fibersim）、电气（Capital）、软件（Polarion）、功能安全（MADE）、电磁（Infolytica）、流体力学和传热学（STAR CCM+），等等。

有一个重要问题，近几年兴起的机器学习（人工智能）能否用于复杂系统的"数字孪生"模型？

机器学习是人工智能的一个分支，简单地说，就是通过算法，使机器能从大量历史数据中学习规律，从而对新的样本做智能识别或对未来进行预测。常见的机器学习算法如神经网络（Neural Network）、支持向量机（Support Vector Machines，SVM）、Boosting、决策树（Decision Tree）、随机森林（Random Forest）、贝叶斯模型（Bayesian Model）等。其实，在深度学习浪潮掀起之前，力学和工程领域早已开始在计算力学研究中结合神经网络模型开发出更优的算法，一个典型的例子便是有限元神经网络模型。由于在实际工程问题中存在大量非线性力学现象，如在结构优化问题中，需要根据需求设计并优化构件结构，这是一类反问题，这些非线性问题难以用常规的方法求解，而神经网络恰好具有良好的非线性映射能力，可得到比一般方法更精确的解。

将有限元与神经网络结合的方法有很多，比如针对复杂非线性结构动力学系统建模问题，可以将线性部分用有限元进行建模，非线性构件用神经网络描述（如

[注] 该书由机械工业出版社出版，书号为 978-7-111-55143-0。——编辑注

输入非线性构件状态变量，输出其恢复力），再通过边界条件和连接条件将有限元模型部分和神经网络部分结合，得到混合模型。另一种方法是首先通过有限元建立多种不同的模型，再将模态特性（即最终需要达到的设计要求）作为输入变量，将对应的模型结构参数作为输入变量，训练神经网络，利用神经网络的泛化特性，得到设计参数的修正值。结合蒙特卡罗方法，进行多组有限元分析，将数据输入神经网络中进行训练，从而分析结构的可靠度。

二、基于模型的生产系统工程（PSE）

PSE（生产系统工程）经历了从手工劳动到采用机械的、自动化的设备，进而采用计算机的过程。值得一提的是，20 世纪 70 年代兴起的 DCS（Distributed Control System，分布式控制系统）实现了从单机到联网，这是一个巨大飞跃。DCS 是一个由过程控制级和过程监控级组成的以通信网络为纽带的多级计算机系统，综合了计算机、通信、显示和控制等 4C 技术，其基本思想是分散控制、集中操作、分级管理、配置灵活以及组态方便，在大型复杂工厂运行管理方面获得广泛应用。20 世纪 80 年代末 90 年代初，CIMS（计算机集成制造系统）被寄予厚望。CIMS 是通过计算机硬软件，综合运用现代管理技术、制造技术、信息技术、自动化技术、系统工程技术，将企业生产过程中有关的人、技术、经营管理三要素及其信息与物流有机集成并优化运行的复杂大系统。

本质上，CIMS 基于复杂系统工程理论，试图建立整个企业系统的"数字孪生"模型，它面向整个企业，覆盖企业的多种经营活动，包括生产经营管理、工程设计和生产制造各个环节，即从产品报价、接受订单开始，经计划安排、设计、制造直到产品出厂及售后服务等的全过程。一般地，CIMS 需要五大子系统，包括产品生命周期管理（PLM）系统、企业资源计划（ERP）系统、制造执行系统（MES）、自动化物流系统和自动化产线系统。PLM 系统又可以分为计算机辅助设计和分析（CAD/CAE）系统、计算机辅助工艺设计（CAPP）系统、计算机辅助制造（CAM）系统，而自动化产线主要包括柔性制造系统（FMS），以及数控机床（NC，CNC）、机器人等。CIMS 将信息技术、现代管理技术和研制技术相结合，并应用于企业全生命周期各个阶段，通过信息集成、过程优化及资源优化，实现物流、信息流、价值流的集成和优化运行，达到人（组织及管理）、经营和技术三要素的集成，从而提高企业的市场应变能力和竞争力。

为了推动 CIMS 集成，MESA 协会制定了 ISA-95 标准框架。ISA-95 把企业系统分成 L0（现场/机台层）、L1（控制层，PLC、传感器和作动机构）、L2（操作层，SCADA/HMI）、L3（工厂层，MES、批记录、历史数据）、L4（企业层，ERP、

PLM、工艺）。一般情况下，L1～L2是自动化层，L3～L4是数字化层。在自动化层，比如说在西门子成都电装工厂、汽车焊接车间，最关键在于报警、安全，须实时处理。自动化要求在L1～L2实时处理、优化数据。通过L3 MES采集数据以后，进行分析、判断以及处理。MES是IT和OT"两化融合"的一个结合点，关键点在于数据采集。

现在，数字化制造为什么还要进化到智能化制造？智能化制造在数字化已经非常强大的平台上还能带来什么效益？它的关键点在哪里？智能化制造最根本的点就是让工业生产线和主要的设备有自学习、自适应和自判断能力。这就是智能化制造和数字化制造最根本的区别。人工智能、边缘计算和网络数据信息安全这三个关键点缺一不可。网络和数据安全也非常关键。因为纵向集成，一网到底，黑客侵入以后直接可以破坏底层的传感器和执行机构。如果对黑客攻击的防范稍微不到位，包括底层的设备和自动化就有可能被破坏。

西门子智能制造平台已经具备了智能化。西门子于2019年年初正式发布了边缘计算和人工智能。AI处理器并行在自动化底层总线上。以西门子成都电装工厂为例，它是生产PLC的电子装配工厂。该厂主要生产PCB，然后封装、测试，形成PLC控制器的模块，它接到总线就可以开始运行。PCB的最后一个重要工位是检测，或者叫质量门。对于PCB，前面十几道工序下来，为了检测焊接质量，最后要上一个X光机，通过机器视觉、拍照、检验这个PCB所有的焊接点是否合格，然后封装、测试。要实现每天有一万片PCB从流水线下到总装这个检测工位，需要四台X光机并行工作。西门子和Intel合作研发的人工智能芯片并行在PLC生产过程中间，所起作用如下。PCB生产中前面十几道工序采集所有焊接焊点的工业参数，包括压力、温度、电压、电流等，通过大数据分析，然后与X光机拍出来的每一张照片进行比对。在云端通过深度学习的训练，建立工业参数和最后合格率的逻辑关系，转化成一种算法，植入AI芯片，该芯片相当于最后一道工艺前面的总控制开关。它根据前面十几道工序焊接下来的PCB与照片的比对数据做出决策，发现40%的PCB实际上不用上X光机。工厂最终根据前面的工艺参数决定对这些PCB直接采用旁路模式，封装测试就完成了。这样能大幅度减少昂贵的X光机的使用，大大提升了产线效率，而且减少X光机的投入，既节约了投资成本，又提高了效率。这就是人工智能的作用。

进一步考察，对更加复杂的汽车制造业而言，人工智能到底是什么呢？实际上，现在的汽车制造，无论是整车制造、焊接工艺，还是总装线，都更复杂，因为它有很多手动工位、半自动工位、混合的人机协作等，需要大量的数据，而且要现场处理，不能等到L3（数字化层）再让机器做出判断和决策，而是要保证实时性。实时做决策,才能提高产能和效率。抽象地讲人工智能和边缘计算可能并不直观,举个例子,如电池制造行业。制造电池电芯的过程中有一道工艺是裁布。裁布以后要涂布,涂布以后卷绕、切割、形成电芯,然后加电极、焊接等。裁布这道工艺非常重要,因为要裁的是金属而不是普通布料。金属布料裁了以后,出现的毛刺可能有各种排列方式,如果有尖峰,卷绕以后毛刺就会戳破绝缘层,从而导致这个电芯不合格。怎么处理?不可能再等 MES 处理,而需要依赖机器视觉,而且这个机器视觉是高速的,如一分钟裁两米布,通过高速的机器视觉判断这一段布裁下来以后,产生的毛刺是否会导致电芯不合格,对此需要进行大数据分析。过去,如果是几万米布,对于裁下来的毛刺的数据信息通常选用最小二乘法计算,然后将这个算法放到 AI 处理器,AI 处理器在下一个工位就要做出决策,即这段布是否可以通过。这是要在一两分钟内决策的事情,有很多特别的需要在现场做的决策。又如汽车的焊接工艺,比如激光焊。如果说 15 厘米的焊缝有一千个焊珠,激光焊枪打过去,只需要几秒钟;对于是否合格,要在进入下一道工序之前快速做出判断,这仍要用到机器视觉。机器视觉数据不是 PLC 控制的一个程序——PLC 程序在 PLC 中运转,进行逻辑控制就可以了,它必须通过人工智能、边缘计算做出判断,从而提高效益。而这些是不太可能由人来胜任的。减少人工不在于少发了几个人的工资,主要在于减少了差错,提高了效益。这个差错率在理论上可降低为零。某德国豪华车总装车间已经开始了试点,它把总装所有的拧紧参数,如角度参数、力矩参数,通过 AI 在工厂的不同工位进行分配和判断,然后在底层实时处理这样的数据。现在通过 OPC 协议将数据打包,然后再传送上去。这种复杂应用在汽车制造中现在还没有看到。但就拧紧拧松这样非常清晰的行为,通过简单的边缘计算和人工智能模块就可以完全在现场处理掉。这就是智能制造,也就是从数字化工厂到智能制造的一个升级。

  PSE 的另外一个重点是工艺数字化模拟仿真,包括虚拟调试,对现在的数字化企业来说它已经是一个非常成熟和非常基本的工具和平台了。西门子在平台研发上投入巨大,只专注提供平台,集成商和用户可以在平台上开展自己的想象,因为客户最懂工艺。客户懂工艺,所以他们可以提出算法的要求;西门子懂平台,所以可以集成这些算法。然后双方在这个算法上达成一致,并将其植入边缘计算和处理芯片中,在工艺上进行验证和实施。所有的算法靠线体商、集成商和最终用户一起讨论决定,最后可以形成基于线体商或者最终用户自主知识产权的算法和工艺流程,即优化了的工艺流程。

三、IIoT（工业物联网）

第三个是基于云的工业物联网。与处理大量的实时数据不同，它可以把边缘计算、人工智能，以及 MES 数据放在云上。它在进行大量的数据分析以后，把结果反馈给工艺产线，甚至反馈到原始设计端来进行产品的生命周期优化，以进行产线、工艺过程和经营生产管理的优化。这就是一个更大的开放平台的概念。西门子工业物联网操作系统 MindSphere 已经于 2019 年 4 月入驻阿里云。这个操作平台的架构、操作系统和推荐的编程语言（Java 和 C++）都已经定了下来。现在主机厂、集成商、线体商也在招聘很多掌握这些高级语言的 IT 人才，客户自己可以做很多应用开发，也可以委托第三方，当然也可以委托西门子。这样就形成了一个完整的闭环，即一个智能制造平台。

当然智能制造也不意味着整个工厂、所有的机器都能够自学习，所有的人和机器都可以相互直接协作，机器都能读懂人的每个动作，等等。目前还达不到这个程度，可能也没必要达到这个程度。实际上，若通过边缘计算和人工智能可以提高生产效率，减少设备投入，真正减轻人员的负担，降低错误率，就可以说达到整个智能制造的要求了。

"Talk is cheap. Show me the model." 本书以 MBD 为基础，把 MBE 分为如下九大领域模型：基于模型的系统工程，基于模型的三维设计与仿真，基于模型的电子电气系统工程，基于模型的产品型谱化和模块化管理，基于模型的软件全生命周期管理，基于模型的产品成本管理，基于模型的工艺与虚拟验证，基于模型的闭环制造，基于模型的 MBE 数字化服务。编者希望读者可以通过本书，快速鸟瞰数字化企业主要的数字孪生模型，拓展知识领域，学习工业软件领域的新技术、新方法和新应用。

本书借鉴了以下文献的精华：2012 年西门子工业软件内部编写的《基于模型的数字化企业白皮书》和 2015 年由机械工业出版社出版的《工业 4.0 实战：装备制造业数字化之道》，随着西门子数字化工业整合虚拟世界和物理世界过程的不断深入，我们追求完美的数字孪生模型的旅程也在不断前进。在这里，编委会特别感谢戚锋博士和夏纬先生，是他们的远见和经验促进了我们对工业自动化和数字孪生两大领域相互交融的理解，得以"闭环"。

本书编委会
2019 年 9 月

目录 Contents

序
前言

技术篇

第1章 数字孪生推进装备制造业转型与升级 ·············· 2
1.1 数字孪生技术成为企业转型的关键驱动力 ·············· 2
1.2 西门子的最新数字孪生技术应用 ·············· 4
1.3 数字孪生关键技术说明 ·············· 9

第2章 数字孪生助力打造基于模型的数字化企业 ·············· 19
2.1 全球基于模型的数字化企业最新应用 ·············· 19
2.2 西门子 MBE 解决之道 ·············· 25
2.3 西门子 MBE：数字孪生技术支撑企业关键业务 ·············· 29
2.4 西门子 MBE：数字孪生技术的价值定位 ·············· 40

方案篇

第3章 基于模型的系统工程解决方案 ·············· 42
3.1 业务挑战 ·············· 42
3.2 解决方案 ·············· 43
3.3 价值体现 ·············· 55

第 4 章 基于模型的三维设计与仿真解决方案 ··· 57
4.1 基于模型的三维产品设计 ··· 57
4.2 基于模型的设计分析 ··· 73

第 5 章 基于模型的电子电气系统工程 ··· 83
5.1 基于模型的电气架构解决方案 ··· 89
5.2 基于模型的电气设计解决方案 ··· 105
5.3 基于模型的电气分析解决方案 ··· 115
5.4 基于模型的线束制造解决方案 ··· 120
5.5 基于模型的电气和机械的协同设计解决方案 ··· 140
5.6 基于模型的电气智能维修文档解决方案 ··· 148
5.7 基于模型的自动驾驶的电气设计解决方案 ··· 157
5.8 基于电气设计平台的集成和扩展解决方案 ··· 163

第 6 章 基于模型的产品型谱化和模块化管理方案 ··· 168
6.1 业务挑战 ··· 168
6.2 解决方案 ··· 168
6.3 价值体现 ··· 177

第 7 章 基于模型的软件全生命周期管理方案 ··· 179
7.1 业务挑战 ··· 179
7.2 解决方案 ··· 180
7.3 价值体现 ··· 185

第 8 章 基于模型的产品成本管理方案 ··· 186
8.1 业务挑战 ··· 186
8.2 解决方案 ··· 187
8.3 价值体现 ··· 189

第 9 章 基于模型的工艺与虚拟验证解决方案 ··· 191
9.1 基于模型的零件工艺 ··· 191

9.2 基于模型的增材制造 ··· 201
9.3 基于模型的质量检测 ··· 205
9.4 基于模型的装配工艺 ··· 215
9.5 基于模型的虚拟验证 ··· 221
9.6 基于模型的作业指导书 ·· 225

第 10 章 基于模型的闭环制造解决方案 ·································· 233

10.1 从 MES 到 MOM 的闭环制造应用演变 ··························· 233
10.2 数字化闭环制造系统总体架构 ···································· 235
10.3 闭环制造之一：高级排产 ··· 238
10.4 闭环制造之二：制造执行管理 ···································· 244
10.5 闭环制造之三：质量管理系统 ···································· 264
10.6 闭环制造之四：设备数据采集 ···································· 272

第 11 章 基于模型的 MBE 数字化服务管理 ···························· 277

11.1 业务挑战 ·· 277
11.2 解决方案 ·· 277
11.3 价值体现 ·· 282

实践篇

案例一 西门子 EWA 数字化工厂 ·· 286
案例二 BSH 公司 PLM 应用实践 ·· 293
案例三 长城汽车电气系统工程案例 ····································· 300
案例四 昆山沪光汽车电气系统工程案例 ································ 307
案例五 西门子增材制造数字工厂 ······································· 311
缩略语 ·· 314
参考文献 ·· 316

技术篇

成就创新　引领卓越

第1章 Chapter1
数字孪生推进装备制造业转型与升级

1.1 数字孪生技术成为企业转型的关键驱动力

随着制造业再次成为全球经济稳定发展的驱动力，世界各主要工业国家都加快了工业发展的步伐：从美国的"制造业复兴"计划到德国的"工业4.0"战略，再到中国的"智能+"发展规划，制造业正逐步成为各国经济发展的重中之重，引领未来制造业的方向也成为制造业强国竞争的一个战略制高点。

2019年3月，我国政府工作报告中提出：推动传统产业改造提升。围绕推动制造业高质量发展，强化工业基础和技术创新能力，促进先进制造业和现代服务业融合发展，加快建设制造强国。打造工业互联网平台，拓展"智能+"，为制造业转型升级赋能。⊖随着"中国制造2025"的推进，工信部启动了众多企业的智能制造项目，从数字化车间、智能工厂、大数据分析应用、云平台建设、工业物联网应用到现在的"智能+"项目，越来越多的企业建立了各自的数字化系统、自动化生产系统、物流系统以及系统集成应用，同时大家也意识到随着数字系统的建立，关键在于将数字主线和数字孪生落到实处，未来企业数字化智力资产越多，"智能+"将越能为企业带来更大的价值。

提高生产力、缩短产品上市时间、采取更灵活的生产模式以及提高资源和能源利用效率，是全球工业面临的挑战，也是"工业4.0"提出的未来制造业的目标。为了实现这种先进的生产模式，需要融合现实生产和虚拟生产的技术，基于人工智能、大数据、互联网、人，通过数字化工程、数字化制造等各种信息技术实现

⊖ 出自中国政府网。——编辑注

柔性制造，经济高效地满足客户个性化的定制需求。未来工厂的智能化程度将很高，这种智能将通过使用微型化处理器、存储装置、传感器和发送器来实现，这些装置将被嵌入几乎所有的机器、半成品和材料以及用于组织数据流的智能工具和新型软件中。所有这些创新将使产品和机器能够相互通信并交换命令。未来的工厂将在很大程度上自行控制和优化其制造工序，实现智能制造。

2015年，我国正式提出了"中国制造2025"的战略。"中国制造2025"和"互联网+"概念包罗万象，其内容相当于美欧日近年来相关战略计划的有机综合。表1-1中详细对比了中国制造2025、德国工业4.0和美国制造业复兴的战略内容和特征等信息。从这些特征来看，整个工业领域也正在经历一场制造业的大变革，将引领传统制造业迈向定制化、信息化、数字化和绿色化。

表1-1 中国、德国和美国制造业升级对照表

	中国制造2025+"智能+"	德国工业4.0	美国制造业复兴
发起者	工信部牵头，中国工程院起草	联邦教研部与联邦经济技术部资助，德国工程院、弗劳恩霍夫协会、西门子公司建议	智能制造领袖联盟（SMLC），由26家公司、8个生产财团、6所大学和1个政府实验室组成
发起时间	2015年和2019年	2013年	2011年
定位	国家工业中长期发展战略	国家工业升级战略，第四次工业革命	美国"制造业回归"的一项重要内容
特点	信息化和工业化的深度融合	制造业和信息化的结合	工业互联网革命，倡导将人、数据和机器连接起来
目的	增强国家工业竞争力，在2025年迈入制造业强国行列，建国100周年时占据世界强国的领先地位	增强国家制造业竞争力	专注于制造业、出口、自由贸易和创新，提升美国竞争力
主题	智能+、互联网+、智能制造	智能工厂、智能生产、智能物流	智能制造
实现方式	通过智能制造，带动产业数字化水平和智能化水平的提高	通过价值网络实现横向集成、工程端到端数字集成横跨整个价值链、垂直集成和网络化的制造系统	以"软"服务为主，注重软件、网络、大数据等对于工业领域服务方式的颠覆
实施进展	规划出台阶段	已在某些行业实现	已在某些行业实现
重点技术	制造业互联网化	CPS信息物理融合	工业互联网
实施途径	已提出目标，没有列出具体实施途径	有部分具体途径	有具体途径

从2017年起，人工智能一直是政府关注的发展重点，创业创新成为焦点词。2019年全国两会在科技创新方面则要求继续促进新兴产业加快发展。深化大数据、人工智能等研发应用，培育新一代信息技术、生物医药、新能源汽车、新材料、高端装备等新兴产业集群，壮大数字经济。支持新业态、新模式发展，促进平台

经济、共享经济健康成长。加快在各个领域推进"互联网＋"。

按照老子《道德经》所言："人法地，地法天，天法道，道法自然"，人工智能的发展应当从效法人的智能开始，即从眼、耳、鼻、舌、身、意六根的仿生开始，努力实现"状态感知，实时分析，自主决策，精确执行，学习提升"。借助20世纪诞生并飞速发展的计算机互联网——从数字0/1开始，从数字程序与数字数据开始，借助计算机、互联网创建和运行的Cyber来模拟实现，为人类开辟了一条"究天人之际、通古今之变"，沟通天地人的可达、可操作的沟通通道。人工智能技术源起于数字化，应用于数字孪生，成就于CPS，因此数字基础设施建设势在必行。⊖

1.2 西门子的最新数字孪生技术应用

在中国，西门子作为本土工业企业的合作伙伴已有140多年，见证并参与了中国制造业的发展，对中国制造业有着深刻而准确的理解。现在，西门子将现实和虚拟的生产世界相结合，着力推动制造业未来的发展。其前瞻性的远景规划、丰富的行业知识，为工业4.0及数字化企业平台的未来发展奠定了坚实的基础。

西门子工业软件平台是实现工业4.0的载体。它可以实现从产品设计、生产规划、生产工程，到生产执行和服务的全生命周期的高效运行，以最小的资源消耗获取最高的生产效率。该平台的实现需要企业以数字化技术为基础，在物联网、云计算、大数据、工业以太网等技术的强力支持下，集成目前最先进的生产管理系统及生产过程软件和硬件，如产品生命周期管理（PLM）软件和制造执行系统（MES）软件以及全集成自动化（TIA）技术。西门子的整体解决方案可以帮助中国工业企业实现升级转型，以更高生产力、更高效能、更短产品上市时间、更强灵活性在国际竞争中占据先机（见图1-1）。

图1-1 西门子数字化平台

⊖ 胡虎，赵敏，宁振波，等.三体智能革命[M].北京：机械工业出版社，2016.

西门子数字化平台软件套件集成应用包含了PLM、ERP、MOM、WMS、仓储物流和生产线集成能力（见图1-2）。

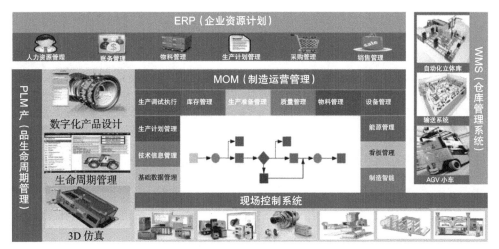

图1-2　西门子数字化平台软件套件集成应用

总之，作为工业技术和工业软件的全球领导者之一，西门子将积极在中国的"工业4.0"变革中（也就是"两化深度融合"的高阶阶段）扮演世界级实践者和战略提供商两个关键角色。作为世界级实践者，西门子使用自身发明创造的技术实现卓越运营，为广大用户提供实践经验；作为战略提供商，西门子愿意与广大用户分享这些经验，并提供世界级工业软件和解决方案，一起推动"工业4.0"的转变进程。

西门子认为，制造业存在如下基本需求：保障产品质量、提高生产效率、缩短产品上市时间、增加制造的灵活性。然而在传统的制造条件下，企业通常得牺牲灵活性来提升生产效率和缩短产品上市时间。如何同时满足这些需求决定了西门子的创新方向——智能制造，这也就是西门子定义的"工业4.0"。

（1）智能创新平台

日新月异的技术创新和日益个性化的客户需求给产品创新带来了新的严峻挑战。为此，智能创新平台（Smart Innovation Platform）应运而生。智能创新平台主要有四个特点：用户参与，智能模型，实现产品，可持续系统。用户参与指的是建立开放式创新环境，不仅要实现企业内部多专业协同优化，而且要实现与供应链协同创新，甚至是用户侧创新；智能模型要求建立产品的数字化模型，包括产品概念、详细设计、仿真、测试、生产、质量、服务等一切信息；实现产品指的是在设计阶段即能有充分信心将产品高效生产出来；可持续系统是保证智能创新平台能够自我升级改造，以保持可持续的竞争优势。打造智能创新平台的核心技术是传统上属于三个不同专业世界——产品生命周期、制造运营管理、生产自动化三个层次的大集成（见图1-3）。

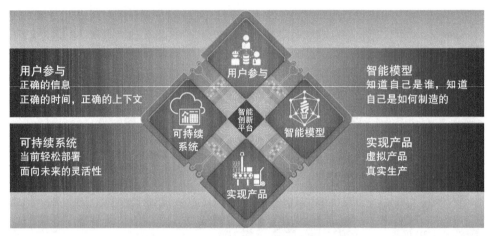

图1-3 智能创新平台的四大特征

（2）数字孪生技术应用

作为支撑世界经济发展的重要支柱，制造业与互联网的无缝融合也将促使制造企业的生产力和生产水平得到进一步提升，这是制造业革命的关键所在。与此同时，引入互联网及数字化技术对"中国制造2025""工业4.0"的重大战略执行也有更多助力。作为"工业4.0"的发起者和重要的构建者，西门子在市场上提出"数字孪生（Digital Twins）"模型概念，即基于模型的虚拟企业和基于自动化技术的现实企业（西门子形象地称之为"数字孪生"），包括"产品数字孪生""生产数字孪生"和"设备数字孪生"，三个层面又高度集成为一个统一的数据模型，并通过数字化助力企业整合横向和纵向价值链，为工业生态系统重塑和实现"工业4.0"构筑了一条自下而上的切实之路（见图1-4和图1-5）。

（3）基于模型的数字化企业（MBD/MBE）技术应用

基于模型的企业（MBE）在统一的基于模型的系统工程（MBSE）指导下，通过创建贯穿企业产品整个生命周期的产品模型、流程管理模型、企业（或协作企业间的）产品管理标准规范与决策模型，并在此基础上开展与之相对应的基于模型的工程（MBe）、基于模型的制造（MBM）和基于模型的服务（MBs）的实施部署。基于模型的工程、基于模型的制造和基于模型的服务作为单一数据源的数字化企业系统模型中的三个主要组成部分，涵盖了从产品设计、制造到服务的完整的产品全生命周期业务，以MBD主模型为核心在企业各业务环节顺畅流通和直接使用，从虚拟的工程设计到现实的制造工厂直至产品的上市流通，基于 MBD 的产品模型始终服务于产品生命周期的每个阶段。MBE 在强调 MBD 模型数据、技术数据包、更改与配置管理、企业内外的制造数据交互、质量需求规划与检测数据、扩展企业的协同与数据交换六个方面的同时，更加强调扩展企业跨供应链的产品全生命周期的 MBD 业务模型和相关数据在企业内外顺畅流通和直接重用。构建完整的 MBE 能力体系是企业的一项长期战略，在充分评估企业能力条件的基础上，统一行动，以 MBD 为统一的"工程语言"，在基于模型的系统工程方法论指导下，全面梳理企业内外、产品全生命周期业务流程、标准规范，采用先进的信息技术，形成一套崭新的、完整的产品研制能力体系（见图 1-6）。

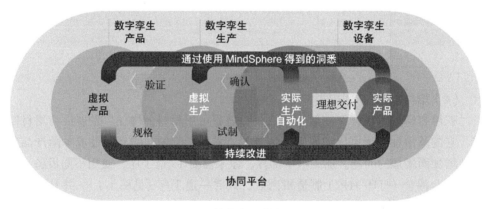

图 1-4　数字孪生技术应用图

图 1-5　数字孪生应用（产品 + 生产 + 设备）

基于模型的数字化企业（MBE）

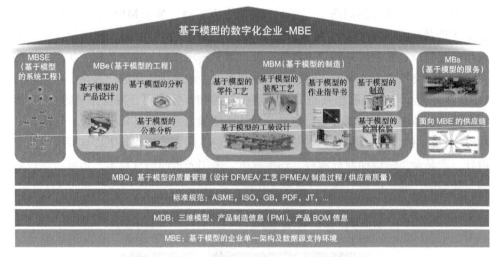

图1-6 基于模型的数字化企业（MBE）总图

（4）增材制造

三维打印技术已经存在数十年之久，随着可用材料的增加，发展成为增材制造，它的革命性在于可以彻底解决传统的"零件+装配"的复杂性成本随产品复杂性增加而增加的问题。加工一个部件，原来需要13道工序，使用不同设备，在使用一台混合（打印+NC）制造机床后，只需一道工序（见图1-7）。并且，所有过程可以使用软件工具进行仿真、验证（见图1-8）。

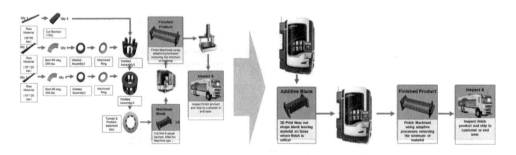

a）13道工序使用不同的设备　　　　　　b）使用一台混合制造机床，只需一道工序

图1-7 从传统"零件+装配"到增材制造

通过三维的产品零部件设计、零部件数字化仿真验证、设计及仿真数据统一管理、3D零部件传递给3D打印机，进行零部件的一次加工成型，同时将设计数据、设计仿真数据、3D打印制造数据统一在单一平台进行管理。

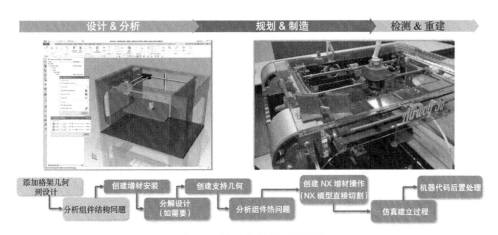

图 1-8　最新技术之增材制造

（5）信息物理系统和新一代机器人技术

信息物理系统（Cyber-Physical System，CPS）是一个综合计算、网络和物理环境的多维复杂系统，通过 3C（Computing，Communication，Control）技术的有机融合与深度协作，实现大型工程系统的实时感知、动态控制和信息服务。CPS 实现计算、通信与物理系统的一体化设计，可使系统更加可靠、高效、实时协同，具有重要而广泛的应用前景。Google 无人驾驶汽车是 CPS 的一个很好例子：你只需要告诉它去哪里，无须告诉它如何走。

将来的 CPS 生产系统也可以做成这样，包含了将来无处不在的环境感知、嵌入式计算、网络通信和网络控制等系统工程，使物理系统具有计算、通信、精确控制、远程协作和自治功能。它注重计算资源与物理资源的紧密结合与协调，主要用于一些智能系统，如机器人、智能导航等。例如，罗罗（Rolls-Royce）和西门子参与的新一代机器人可以根据环境识别抓取对象（见图 1-9）。

图 1-9　新一代机器人

1.3　数字孪生关键技术说明

基于数字孪生的智能制造系统如图 1-10 所示。

10 数字孪生实战

基于模型的数字化企业（MBE）

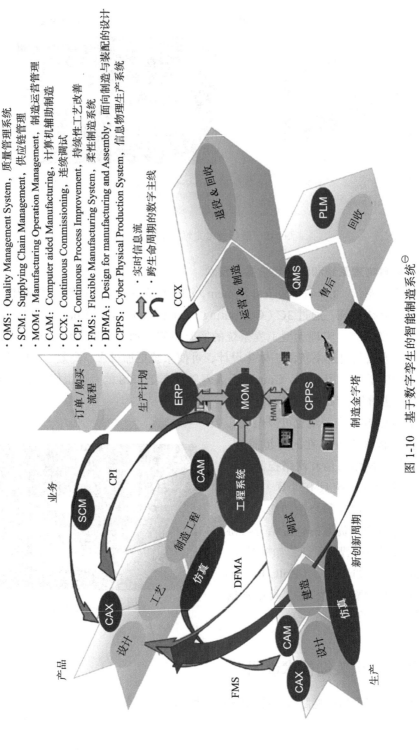

- QMS: Quality Management System, 质量管理系统
- SCM: Supplying Chain Management, 供应链管理
- MOM: Manufacturing Operation Management, 制造运营管理
- CAM: Computer aided Manufacturing, 计算机辅助制造
- CCX: Continuous Commissioning, 连续调试
- CPI: Continuous Process Improvement, 持续性工艺改善
- DFMA: Design for manufacturing and Assembly, 面向制造与装配的设计
- CPPS: Cyber Physical Production System, 信息物理生产系统

- ⟶ 实时信息流
- ⟶ 跨生命周期的数字主线

图1-10 基于数字孪生的智能制造系统[⊖]

⊖ 源自Current Standards Landscape and Directions for Smart Manufacturing Systems, Yan Lu, KC Morris, Simon Frechette.

数字孪生的概念最早由密歇根大学的 Michael Grieves 博士于 2002 年提出（最初的名称为"Conceptual Ideal for PLM"），至今有超过 15 年的历史。Michael Grieves 与 NASA 长期合作。在航天领域，航天器的研发和运营必须依赖于数字化技术：在研发阶段，需要降低物理样机的成本；在运营阶段，需要对航天器进行远程状态监控和故障监测。这也是后来 NASA 把数字化双胞胎（即数字孪生）作为关键技术的原因。图 1-11 展示了数字孪生技术在装备行业的应用。

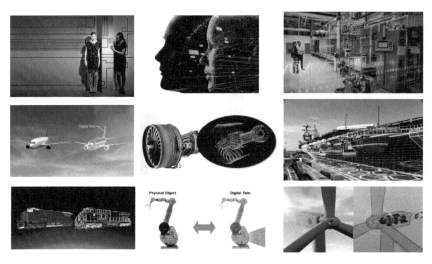

图 1-11　数字孪生技术在装备行业的应用（一）

数字孪生被形象地称为"数字化双胞胎"，是智能工厂的虚实互联技术，从构想、设计、测试、仿真、生产线、厂房规划等环节，可以虚拟和判断出生产或规划中所有的工艺流程，以及可能出现的矛盾、缺陷、不匹配，所有情况都可以用这种方式进行事先的仿真，缩短大量方案设计及安装调试时间，加快交付周期。数字化双胞胎技术是将带有三维数字模型的信息拓展到整个生命周期中的影像技术，最终实现虚拟与物理数据同步和一致，它不是让虚拟世界做现在我们已经做到的事情，而是发现潜在问题、激发创新思维、不断追求优化进步——这才是数字孪生的目标所在。

数字孪生技术帮助企业在实际投入生产之前即能在虚拟环境中优化、仿真和测试，在生产过程中也可同步优化整个企业流程，最终实现高效的柔性生产、实现快速创新上市，锻造企业持久竞争力。

数字孪生技术是制造企业迈向工业 4.0 战略目标的关键技术，通过掌握产品信息及其生命周期过程的数字思路将所有阶段（产品创意、设计、制造规划、生产和使用)衔接起来,并连接到可以理解这些信息并对其做出反应的生产智能设备。

数字孪生将各专业技术集成为一个数据模型,并将 PLM(产品生命周期管理软件)、MOM(生产运营系统)和 TIA(全集成自动化)集成在统一的数据平台下,也可以根据需要将供应商纳入平台,实现价值链数据的整合,业务领域包括"产品数字孪生""生产数字孪生"和"设备数字孪生"(见图 1-12 和见图 1-13)。

图 1-12　数字孪生技术在装备行业的应用(二)

(1)产品数字孪生

在产品的设计阶段,利用数字孪生可以提高设计的准确性,并验证产品在真实环境中的性能。这个阶段的数字孪生的关键能力包含:数字模型设计,使用 CAD 工具开发出满足技术规格的产品虚拟原型,精确地记录产品的各种物理参数,以可视化的方式展示出来,并通过一系列验证手段来检验设计的精准程度;模拟和仿真,通过一系列可重复、可变参数、可加速的仿真实验,来验证产品在不同外部环境下的性能和表现,在设计阶段就可验证产品的适应性。

产品数字孪生将在需求驱动下,建立基于模型的系统工程产品研发模式,实现"需求定义–系统仿真–功能设计–逻辑设计–物理设计–设计仿真–实物试验"全过程闭环管理,从细化领域将包含如下几个方面(见图 1-14):

- 产品系统定义:包括产品需求定义、系统级架构建模与验证、功能设计、逻辑定义、可靠性、设计五性(包含可靠性、维修性、安全性、测试性及保障性)分析、失效模式和影响分析(Failure Mode and Effect Analysis,FMEA)等。
- 结构设计仿真:包括机械系统的设计和验证。包含机械结构模型建立、多专业学科仿真分析(涵盖机械系统的强度、应力、疲劳、振动、噪声、散热、运动、灰尘、湿度等方面的分析)、多学科联合仿真(包括流固耦合、热电耦合、磁热耦合以及磁热结构耦合等)以及半实物仿真等。

第1章 数字孪生推进装备制造业转型与升级

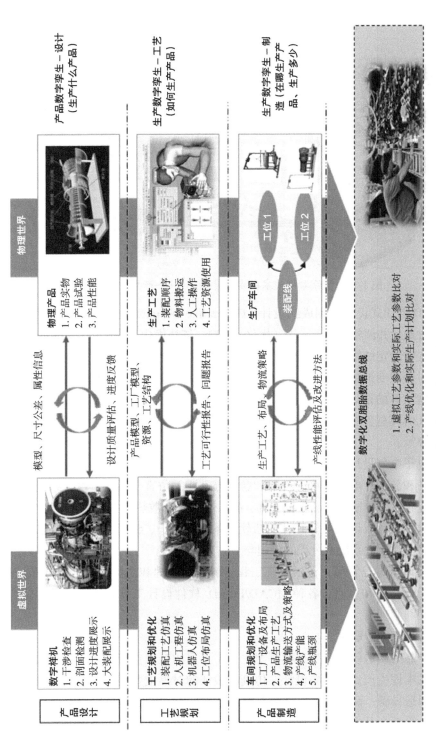

图 1-13 数字孪生技术在装备行业的应用（三）

基于模型的数字化企业（MBE）

图1-14　数字孪生技术在装备行业应用——产品数字孪生

- 3D创成式设计：创成式设计（Generative Design）是根据一些起始参数通过迭代并调整来找到一个（优化）模型。拓扑优化（Topology Optimization）是对给定的模型进行分析，常见的是根据边界条件进行有限元分析，然后对模型变形或删减来进行优化，是一个人机交互、自我创新的过程。根据输入者的设计意图，通过"创成式"系统，生成潜在的可行性设计方案的几何模型，然后进行综合对比，筛选出设计方案推送给设计者进行最后的决策。
- 电子电气设计与仿真：包括电子电气系统的架构设计和验证、电气连接设计和验证、电缆和线束设计和验证等。相关仿真包括电子电气系统的信号完整性、传输损耗、电磁干扰、耐久性、PCB散热等方面的分析。
- 软件设计、调试与管理：包括软件系统的设计、编码、管理、测试等，同时支撑软件系统全过程的管理与Bug闭环管理。
- 设计全过程管理：包括系统工程全流程的管理和协同，设计数据和流程、设计仿真和过程、各种MCAD/ECAD/软件设计工具和仿真工具的整合应用与管理。

（2）生产数字孪生

在产品的制造阶段，生产数字孪生的主要目的是确保产品可以被高效、高质量和低成本地生产，它所要设计、仿真和验证的对象主要是生产系统，包括制造工艺、制造设备、制造车间、管理控制系统等。利用数字孪生可以加快产品导入的时间，提高产品设计的质量，降低产品的生产成本和提高产品的交付速度。产品生产阶段的数字孪生是一个高度协同的过程，通过数字化手段构建起来的虚拟生产线，将产品本身的数字孪生同生产设备、生产过程等其他形态的数字孪生高度集成起来，具体实现如下功能（见图1-15）：

- 工艺过程定义（Bill of Process，BOP）：将产品信息、工艺过程信息、工厂产线信息和制造资源信息通过结构化模式组织管理，达到产品制造过程的精细化管理，基于产品工艺过程模型信息进行虚拟仿真验证，同时为制造系统提供排产准确输入。

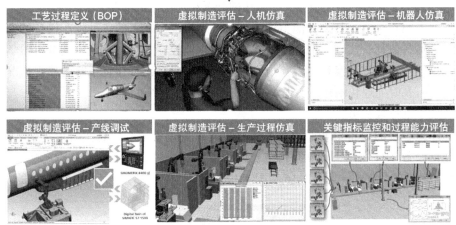

图1-15 数字孪生技术在装备行业应用——生产数字孪生

- 虚拟制造（Virtual Manufacturing，VM）评估 – 人机/机器人仿真：基于一个虚拟的制造环境来验证和评价我们的装配制造过程和装配制造方法，通过产品3D模型和生产车间现场模型，具备机械加工车间的数控加工仿真、装配工位级人机仿真、机器人仿真等提前虚拟评估。
- 虚拟制造评估 – 产线调试：数字化工厂柔性自动化生产线建设投资大、周期长，自动化控制逻辑复杂，现场调试工作量大。按照生产线建设的规律，发现问题越早，整改成本越低，因此有必要在生产线正式生产、安装、调试之前在虚拟的环境中对生产线进行模拟调试，解决生产线的规划、干涉、PLC的逻辑控制等问题，在综合加工设备、物流设备、智能工装、控制系统等各种因素中全面评估生产线的可行性。生产周期长、更改成本高的机械结构部分采用在虚拟环境中进行展示和模拟；易于构建和修改的控制部分采用由 PLC 搭建的物理控制系统实现，由实物 PLC 控制系统生成控制信号，虚拟环境中的机械结构作为受控对象，模拟整个生产线的动作过程，从而发现机械结构和控制系统的问题，在物理样机建造前予以解决。
- 虚拟制造评估 – 生产过程仿真：在产品生产之前，就可以通过虚拟生产的方式来模拟在不同产品、不同参数、不同外部条件下的生产过程，实现对产能、效率以及可能出现的生产瓶颈等问题的提前预判，加速新产品导入的过程；将生产阶段的各种要素，如原材料、设备、工艺配方和工序要求，通过数字化的手段集成在一个紧密协作的生产过程中，并根据既定的规则，自动地完成在不同条件组合下的操作，实现自动化的生产过程；同时记录生产过程中的各类数据，为后续的分析和优化提供依据。
- 关键指标监控和过程能力评估：通过采集生产线上的各种生产设备的实时运行数据，实现全部生产过程的可视化监控，并且通过经验或者机器学习建立关键设备参数、检验指标的监控策略，对出现违背策略的异常情况进行及时处理和调整，实现稳定并不断优化的生产过程。

（3）设备数字孪生

作为客户的设备资产，产品在运行过程中将设备运行信息实时传送到云端，以进行设备运行优化、可预测性维护与保养，并通过设备运行信息对产品设计、工艺和制造迭代优化（见图 1-16 和图 1-17）。

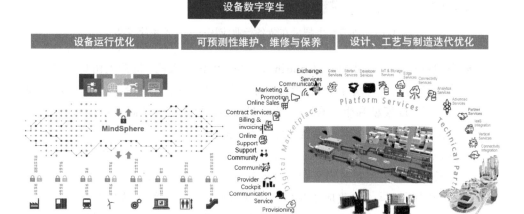

图 1-16　数字孪生技术在装备行业应用——设备数字孪生

- 设备运行优化：通过工业物联网技术实现设备连接云端、行业云端算法库以及行业应用 APP，以西门子 MindSphere 平台为例说明运营数字化双胞胎的架构（见图 1-17）。

第1章 数字孪生推进装备制造业转型与升级

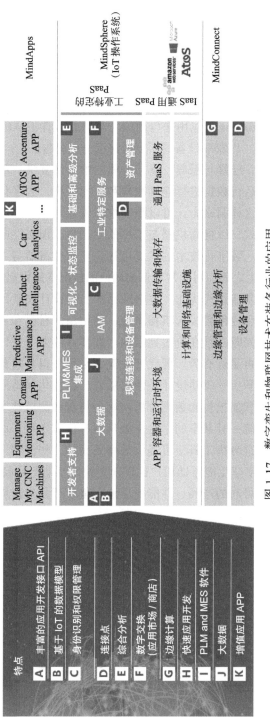

图1-17 数字孪生和物联网技术在装备行业的应用

- ◇ 连接层 MindConnect：支持开放的设备连接标准，如 OPC UA，实现西门子与第三方产品的即插即用。对数据传输进行安全加密。
- ◇ 平台层 MindSphere：为客户个性化 APP 的开发提供开放式接口，并提供多种云基础设施，如 SAP、AWS、Microsoft Azure，并提供公有云、私有云及现场部署。
- ◇ 应用层 MindApps：应用来自西门子与合作伙伴的 APP，或由企业自主开发的 APP，以获取设备透明度与深度分析报告。

- 可预测性维护、维修与保养：基于时间的中断修复维护不再能提供所需的结果。通过对运行数据进行连续收集和智能分析，数字化开辟了全新的维护方式，通过这种洞察力，可以预测维护机器与工厂部件的最佳时间，并提供了各种方式，以提高机器与工厂的生产力。预测性服务可将大数据转变为智能数据。数字化技术的发展可让企业洞察机器与工厂的状况，从而在实际问题发生之前，对异常和偏离阈值的情况迅速做出响应。

- 设计、工艺与制造迭代优化：复杂产品的工程设计非常困难，产品团队必须将电子装置和控件集成入机械系统，使用新的材料和制造流程，满足更严格的法规，同时必须在更短期限内、在预算约束下交付创新产品。传统的验证方法不再足够有效。现代开发流程必须变得具有预测性，使用实际产品的"数字孪生"驱动设计并使其随着产品进化保持同步，此外还要求具有可支撑的智能报告和数据分析功能的仿真和测试技术。产品工程设计团队需要一个统一且共享的平台来处理所有仿真学科，而且该平台应具备易于使用的先进分析工具，可提供效率更高的工作流程，并能够生成一致结果。设备数字孪生能帮助用户比以前更快地驱动产品设计，以获得更好、成本更低且更可靠的产品，并能更早地在整个产品生命周期内根据所有关键属性预测性能。

Chapter2 | 第 2 章

数字孪生助力打造基于模型的数字化企业

2.1 全球基于模型的数字化企业最新应用

美国"下一代制造技术计划"(The Next Generation Manufacturing Technologies Initiative,NGMTI)是美国军方和重要制造企业合作发展制造技术的计划,旨在加速制造技术突破性发展,以加强国防工业的基础和改善美国制造企业在全球经济竞争中的地位。NGMTI 定义的美国下一代制造技术共有 6 个目标,其中第一个就是"基于模型的企业"(Model-Based Enterprise,MBE)。"基于模型的企业"项目将由美国爱荷华大学牵头,并由 Rockwell Collins 公司和雷神导弹系统公司资助。

NGMTI 提出的"基于模型的企业"是一种制造实体,它采用建模与仿真技术对设计、制造、产品支持的全部技术和业务的流程进行彻底的改进、无缝的集成以及战略的管理;利用产品和过程模型来定义、执行、控制和管理企业的全部过程;采用科学的模拟与分析工具,在产品生命周期的每一步做出最佳决策,从根本上减少产品创新、开发、制造和支持的时间和成本。

从工程应用角度,美国国防部提出"数字化工程",目标是通过新方式实现构思、建立、测试、实战和维护美军新一代武器系统,它包括组合基于模型的技术、数字化应用和计算架构,确保为武器系统提供可交付和高回报的解决方案,业务实践重点在于数字化企业(MBE)将连接人、过程、数据和能力,基于真实数据源和数字工件改进技术、合同与业务实践(见图 2-1)。

美国国防部数字化工程的 5 个目标如下(见图 2-2):

基于模型的数字化企业（MBE）

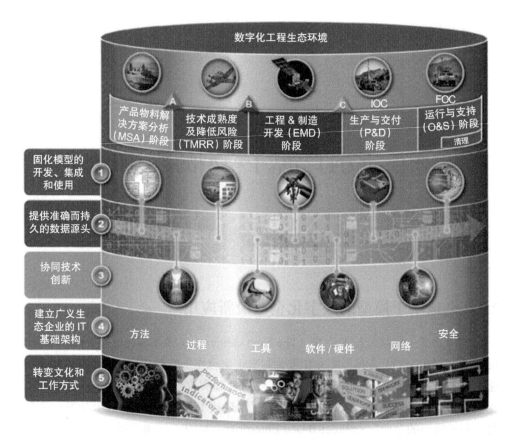

图 2-1　美国国防部数字化工程总图

目标 1	目标 2	目标 3	目标 4	目标 5
模型集成	授权数据	端到端解决方案	知识产权及安全保护	员工技巧/培训
模型处理	治理数据	工程实践创新	IT 结构	政策/指导/标准
模型可信度	数字工件		方法/工具/过程	矩阵

图 2-2　美国国防部数字化工程的 5 个目标图

目标 1：固化模型的开发、集成和使用，支撑企业决策支持。按照研制各阶段，明确模型使用范围，支持具体的工程活动和跨生命周期决策（见图 2-3）。

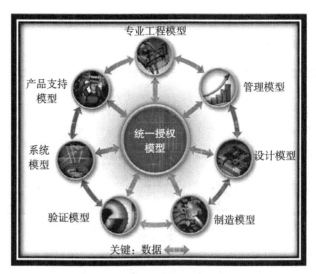

图 2-3 目标 1 各阶段模型图

目标 2：提供准确而持久的数据源头。规划与开发、管理和使用真实而可靠的权威数据，保证数据模型的跨系统和跨组织应用，管理和控制数据准确性，保证交换数据过程可靠（见图 2-4）。

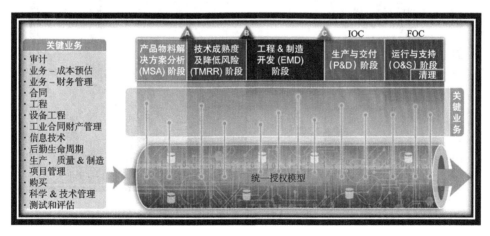

图 2-4 目标 2 各阶段图

目标 3：协同技术创新来提升工程实践效率。建立端到端的数字化工程企业，使用创新技术来提升数字化工程效率（见图 2-5）。

目标 4：建立广义生态企业的 IT 基础架构来支撑跨企业的工程活动、协同和沟通。开发、制定和使用数字化工程IT架构,开发和使用数字化工程方法,保证IT架构安全性,保护智力资产(见图2-6)。

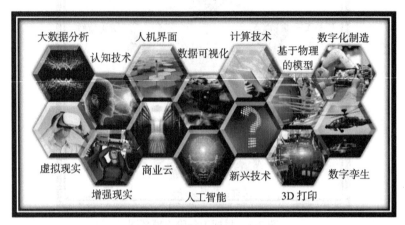

图2-5 目标3 新技术图

图2-6 目标4 数字化工程环境图

目标5:转变文化和工作方式,实现跨生命周期的数字化工程。见图2-7。

洛克希德·马丁公司提出通过使用数字孪生技术,定义系统模型和验证的迭代验证与评估框架(见图2-8)。⊖同时提出基于PLM、MES、ERP等系统支撑下

⊖ Dr. Marilyn T. Gaska. Logistics and Sustainment / LM Fellow Integrating Sustainment Throughout the Model-Based Enterprise [C]. 2019.

的"工业4.0"的全互联数字化企业框架（见图2-9）。

图2-7 目标5转换模式图

MBE的效益在创建MBD并在整个企业应用时就已经开始了，对大型装备的原始制造商和供应商来说，整个MBE的企业方案设计、产品设计、验证、制造、维护等各个环节都会带来实实在在的效益：

- 缩短新订/经修订的产品的交付时间，并降低了工程设计的返工周期。
- 整合并精简设计和制造流程，降低成本。
- 生产规划时间减少，减少生产延误的风险。
- 提高生产过程的设计质量，减少制造交货时间。
- 减少工程变更，减少产品缺陷，提高首次质量。

基于模型的数字化企业（MBE）

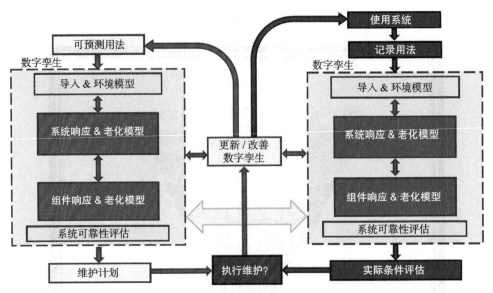

图 2-8　洛克希德·马丁公司使用数字孪生技术

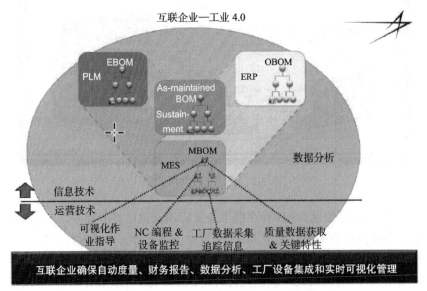

图 2-9　洛克希德·马丁公司全互联数字化企业框架

- 改善与利益相关者的合作、协同，缩减产品开发管理生命周期中的所有要素的周期和整体项目的成本。
- 提高备件的采购效率。

- 改进作业指导书和技术出版物的质量。
- 在维修过程中提供互动的能力,以减少时间和维护产品。

2.2 西门子 MBE 解决之道

西门子支持行业客户的整个价值链——从产品设计到生产、服务,将自动化技术、产业控制技术和工业软件无与伦比地结合在一起;运用先进的全集成的软硬件解决方案,实现产品与生产生命周期的集成,即打造数字化企业(工厂),实现虚拟世界与实物世界的无缝连通,帮助企业降低产品研发成本、缩短新产品上市时间(见图 2-10)。

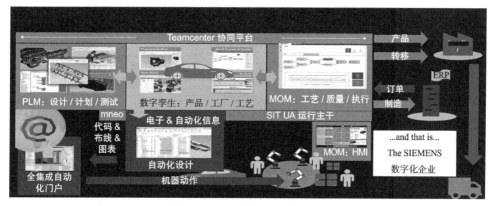

图 2-10 产品和生产全生命周期的集成

西门子工业软件公司是西门子工业自动化事业部旗下机构、全球领先的产品生命周期管理(PLM)软件及服务提供商。在全球拥有 77 000 个客户,近 900 万装机量。其计算机辅助设计与工程(NX)、协同产品开发管理(Teamcenter)、数字化制造(Tecnomatix)等方面都在全球一直保持行业领导地位。根据《CIMdata 中国 PLM 研究报告(2014)》,西门子工业软件公司被评为 2013 年的"中国最佳 PLM 解决方案供应商",并荣膺 2013 年中国 PLM 市场八项"第一":

- 2013 年中国总收入排名第一的 PLM 解决方案供应商。
- 2013 年中国净销售额排名第一的 PLM 解决方案供应商。
- 2013 年中国渠道商营业额排名第一的 PLM 解决方案供应商。
- 2013 年中国实施服务收入排名第一的 PLM 解决方案供应商。
- 2013 年中国汽车市场排名第一的 PLM 解决方案供应商。
- 2013 年中国工业装备行业市场排名第一的 PLM 解决方案供应商。

基于模型的数字化企业（MBE）

- 2013年中国计算机辅助设计（MCAD-MD）领域排名第一的PLM解决方案供应商。
- 2013年中国数字化制造（Digital Manufacturing）领域排名第一的PLM解决方案供应商。

多年来，西门子工业软件公司在内部PLM研发方面不断进行大量的投资，以完善其PLM相关的产品和解决方案，同时花费巨额资金，通过收购策略，扩充其解决方案，增加新的功能，帮助客户应对新的挑战。例如，2011年完成对Vistagy的收购，实现向复合材料设计与制造的深入；2013年完成对LMS的收购，实现向系统级仿真、专业试验等领域的拓展（见图2-11）。

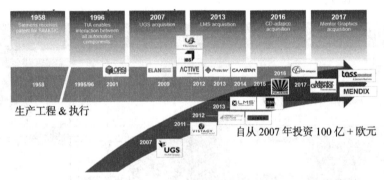

图2-11 收购策略扩充全生命周期解决方案的深度和广度

凭借在工业自动化领域强大的软硬件全面集成技术能力，以及完整的产品生命周期管理（PLM）解决方案的能力，西门子工业软件公司从一开始就积极参与MBD的技术开发、标准制定，以及诸多客户验证性项目的实践。经过多年的实践应用完善，形成了以NX为MBD定义工具、通过Tecnomatix直接基于MBD进行数字化制造、通过LMS进行仿真和试验，以及通过Teamcenter为MBE企业提供全生命周期业务管理/数据重用/供应链协同的统一管理平台的全面MBE解决方案，帮助制造企业打造完整的MBE能力体系，实现MBD模型横跨产品全生命周期的应用。

- NX（MBD定义工具）：NX作为CAD/CAE/CAM一体化工具，涵盖了概念设计、数字化产品定义、数字化仿真分析、评审分析、验证、多学科优化仿真分析等。它提供完整的MBD模型定义（三维产品模型加产品制造信息PMI）、浏览和交互的能力。
- Tecnomatix（基于MBD的数字化制造解决方案）：涉及工艺BOM管理、工艺分工、零件工艺规划、装配工艺规划、机械运动仿真、公差仿真、人机仿真、装配仿真、工厂规划仿真优化、生产路线仿真优化、MES 集成化管理等。通过各种技术最大化地利用 MBD，开展数字化制造工作。

- Teamcenter（MBE 的全生命周期管理平台）：涉及智能决策、投资组合、多项目组合管理、需求管理、系统工程、多 CAD 管理、多学科优化仿真分析管理、数字样机、可视化协同、异地协同、BOM 生命周期管理、维护保障管理、企业知识管理等。保障 MBD 模型以及相关数据能够被有效配置管理，能够在 MBE 企业内部以及供应链之间流通。

- LMS（仿真和试验解决方案）：将三维功能仿真、试验系统、智能一维仿真系统、工程咨询服务有机地结合在一起，专注于系统动力学、声音品质、舒适性、耐久性、安全性、能量管理、燃油经济性和排放、流体系统、机电系统仿真等关键性能的开发和研究。

- CD-adapco 流体仿真解决方案：CD-adapco 是一家全球工程仿真软件开发商，软件解决方案涵盖流体力学（CFD）、固体力学（CSM）、热传递、颗粒动力学、进料流、电化学、声学以及流变学等广泛的工程学科。

- Polarion Software 软件生命周期管理：Polarion Software 是 100% 基于浏览器的，面向需求、质量和应用程序生命周期管理（ALM）统一平台的领先供应商。Polarion 在世界各地致力于帮助那些人们信赖的产品的创新者——从汽车到医疗设备和航空航天等各行各业的组织机构，在制造高度复杂的产品过程中实现敏捷性、可追溯性以及合规性。目前，全球超过 250 万用户借助 Polarion 的产品和服务进行协同、实现 ALM 与 PLM 的集成、以更高的效率向市场交付高质量产品。

- Mentor&Valor 电子设计与制造解决方案：Mentor Graphics 是电子设计自动化技术的领导产商，它提供完整的软件和硬件设计解决方案，让客户能在短时间内以最低的成本在市场上推出功能强大的电子产品。当今电路板与半导体元件变得更加复杂，并且随着深亚微米工艺技术在系统单芯片设计中深入应用，要把一个具有创意的想法转换成市场上的产品，其中的困难度已大幅增加。

- Tass 自动驾驶解决方案：提供集成式安全系统和自动驾驶软硬件产品，专注于自动驾驶、整体安全性、先进驾驶辅助系统以及轮胎建模，为自动驾驶系统的验证和确认提供独一无二的整体集成解决方案。

- Mendix 云原生低代码开发平台：Mendix 是快速扩张的低代码应用开发行业的领导者、美国的一个代码应用开发平台，主要提供 IBM、SAP 和 Pivotal 的云服务，开发人员、业务分析人员可通过使用可视化模型在平台上构建应用程序，而无须代码。通过加快面向工业物联网基于云的应用开发，Mendix 平台将帮助我们的客户更快地应用 MindSphere。

西门子完整的 MBE 解决方案以系统工程思想为指导，贯穿从产品需求开始，经过产品设计、产品制造直至产品服务的完整产品全生命周期的过程，各个阶段的各种信息能够被准确地定义到以 MBD 模型为核心的技术数据包中，并始终保持上游的技术数据包能够被下游直接重用，一直拓展到生产现场或服务现场。西门子 MBE 解决方案是通过综合利用 NX 为基础的 MBD 定义工具、Tecnomatix 支持 MBD 模式的数字化制造解决方案、Teamcenter 支撑 MBE 企业产品全生命周期管理平台、LMS 支持的仿真和试验，有机形成了从设计、工艺、制造、试验到服务和维护全面的 MBE 解决方案体系，包括：基于模型的系统工程、基于模型的产品设计、基于模型的分析应用、基于模型的机电一体化系统工程、基于模型的全生命周期质量管理、基于模型的工装设计、基于模型的零件工艺、基于模型的装配工艺、基于模型的质量检测、基于模型的作业指导书、基于模型的制造执行、基于模型的实物样机测试——集成的振动噪声、基于模型的 MBE 供应链管理、基于模型的 MBE 数字化服务管理、复杂产品的构型管理、基于 MBD 的标准和规范等。通过各种专业的 MBE 能力灵活应用与组合，可帮助制造企业分阶段、分步骤实现 MBE 企业能力体系构建（见图 2-12）。

图 2-12　西门子 MBE 解决方案的总体架构

MBE 的构建之路漫长，尤其是达到等级六的真正 MBE 企业，还需要在许多方面进行突破与完善。西门子工业软件公司将以西门子中央研究院——新技术孵化中心为引导，进行 MBE 能力技术的突破，通过西门子众多行业企业的实践应用进行完善，持续努力打造一套完整的 MBE 解决方案，使之始终保持领先一步的优势，引领制造企业迈向 MBE 的最高等级。

2.3 西门子 MBE：数字孪生技术支撑企业关键业务

（1）基于模型的系统工程解决方案

西门子基于模型的系统工程（MBSE）解决方案为复杂产品的研制提供了一个独特的 MBD 模型驱动的系统工程工作环境，它从需求阶段开始即通过模型（而非文档）的不断演化、迭代递增而实现产品的系统设计；通过模型的结构化定义可以清晰地刻画产品设计初期结构、功能与行为等各方面的需求；基于模型可以尽早通过模拟分析发现大量不合理的设计方案；同时模型还为各方提供了一个公共通用的、无二义性的设计信息交流工具，这一点尤其对复杂产品异地分布的系统设计具有重要意义（见图 2-13）。

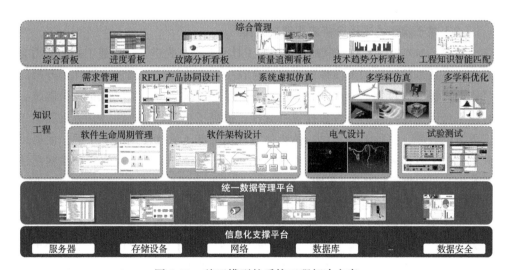

图 2-13 基于模型的系统工程解决方案

（2）基于模型的三维产品设计解决方案

西门子 MBD 模型定义解决方案为实现基于 MBD 的三维数字化产品研发提供了工具保障。NX 知识工程应用实现产品的快速设计：NX 重用库帮助企业管理和

基于模型的数字化企业（MBE）

重用大量的工程数据，产品设计模板实现典型零部件的快速重用，过程向导工具实现知识的积累和应用。NX Check-Mate（一致性质量检查工具）通过可视化方式，对 MBD 模型数据的合规性和可制造性进行自动验证，确保 MBD 模型数据的正确性。NX PMI 提供了完整的三维标注环境、全面的工具套件，实现 MBD 模型定义过程的流畅；简单化的创建、放置和编辑便于 MBD 模型的快速定义和 PMI 数据的有序管理。Teamcenter 提供了工程协同管理环境，对 MBD 模型数据及其创建过程进行有效管理，便于设计/制造/服务等以及供应链的全面协同。集成的 NX PMI 通过 PMI 的一次创建、多次多点应用，实现数据重用的最大化（见图 2-14）。

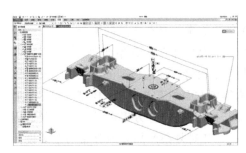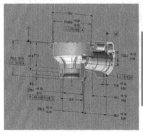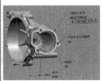

图 2-14　基于模型的三维产品设计解决方案

（3）基于模型的设计分析应用解决方案

西门子 NX 提供 CAD/CAE 一体化的工具平台，把先进几何创建工具的能力与同步建模技术的速度和灵活性完美地结合在一起，为设计者提供边设计边分析的可能性，极大限度提高对 MBD 模型直接利用的效率。同时 Teamcenter 提供统一管理平台，实现设计与仿真数据统一管理，提高了仿真数据查询、分析过程和知识重用的效率，完整的多学科一体化仿真环境降低了软件使用的复杂度，使得设计与分析工程能够共用一个图形界面环境，易于交流与沟通，有效实现结构与性能等多专业的协同与融合（见图 2-15）。

（4）基于模型的电子电气系统工程

近年来，随着自动驾驶、新能源汽车以及智能互联的兴起，产品数字孪生所需要的电子、电气、网络、软件以及硬件等无形（相对于有形的机械）数字孪生也提出了新的需求，即功能的数字孪生，它深刻地影响到汽车的开发、认证、制造以及使用。自动化、电气化和智能化大大增加了车辆工程的复杂性，新增加的摄像头、雷达、超声波系统等增加了车辆上 40% 的硬件设备、对安全性及其验证提出新的高标准的要求；同时，更多数据量的实时传输和处理、软件代码的暴增对车辆的新的电子电气架构也提出新的挑战。产品 Capital 为集成化的电子电气设计

第2章 数字孪生助力打造基于模型的数字化企业

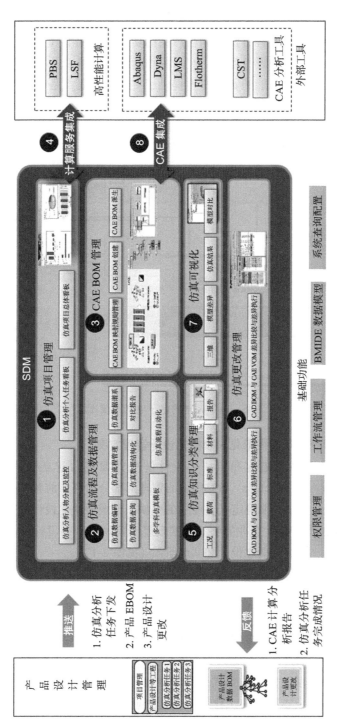

图 2-15 基于模型的分析应用

工具套件，其基本理念是构建数据的一致性、开放性和集成性以及先进的自动化。它采用基于模型的系统工程方法，涵盖产品的功能定义和电气架构、基于规则的创新式详细设计、线束的设计生产、产品的售后维护支持以及与机械数字孪生的紧密集成，为用户构建功能的数字孪生提供了有力的手段，是支持产品整个电气生命周期的工具套件（见图2-16）。

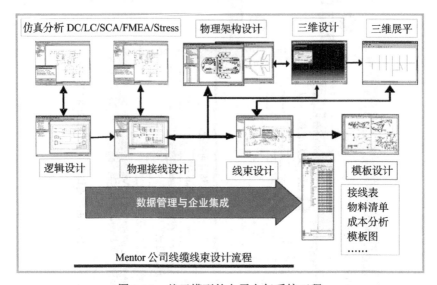

图2-16　基于模型的电子电气系统工程

（5）基于模型的产品型谱化和模块化设计管理方案

基于模型的产品型谱化和模块化设计解决方案包括建立模块化产品架构（Modular Product Architecture）和对模块的管理两部分内容。前者能指导企业将产品设计进行整理、规划，明确定义企业中的模块，形成模块化设计的基础；后者能够提供IT系统的支持，让企业能够真正实现基于模块的产品设计，具体包含产品管理与业务策略、模块化概念设计和实施阶段（见图2-17）。

（6）基于模型的软件全生命周期管理方案

为了适应软件规模的不断扩大、客户需求的频繁变更，以及研发周期和成本的不断缩减，越来越多的嵌入式系统生产机构趋向于模型驱动的嵌入式软件研发流程，实现基于模型的软件全生命周期管理（见图2-18）。

（7）基于模型的产品成本管理方案

产品成本管理系统以新的方式改变着企业产品成本管理与成本工程的业务模式，极大地提高了成本管理的工作效率，为企业带来更多的成本节约。产品成本管理系统基于成本数据库、三维尺寸特征识别、相关成本信息等内容，实现基于生产工艺的零部件成本正向分析、基于标准报价模板导入的成本分析与比较、基于 BOM 结构的产品成分分析与跟踪（见图 2-19）。

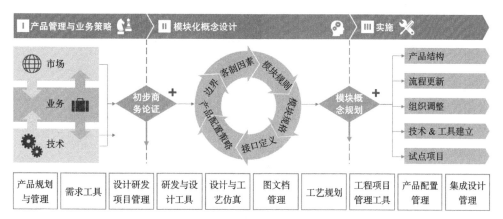

图 2-17　基于模型的产品型谱化和模块化设计

（8）基于模型的零件工艺解决方案

西门子零件工艺解决方案将协同设计与制造，直接利用设计 3D 数据进行结构化工艺设计，关联产品、资源、工厂数据，实现从产品设计到工艺、制造的业务集成，包括：产品设计（数据获取）、工艺设计、工装设计、工艺仿真、工艺卡片与统计报表、MES/ERP 集成、知识管理及资源管理。在数字化工艺设计方面，可以及时获取准确设计的 MBD 模型，维护工艺与设计的一致性；提高工艺编制质量与效率，减少错误与返工；相关部门获取实时、准确的工艺数据，改进了工作质量和效率；丰富、直观的工艺报表，减少了无效工作时间和出错机会。在制造数据管理方面，与产品相关的设计、工艺、工装、制造、项目管理等部门在统一数据平台协同工作，在正确的时间获取正确的数据，减少了差错，提高了效率。在数控编程及管理方面，面向产品设计 MBD 模型的编程，识别零件特征与公差要求，基于典型零件和特征的模板化编程，极大地提高了编程效率，改善了质量，减少了对员工经验的依赖（见图 2-20）。

（9）基于模型的增材制造解决方案

西门子开发了一个面向金属和塑料零件的 3D 打印准备解决方案，将从设计和仿真阶段使用同样的智能产品模型，帮助设计更改自动化并优化整个工艺。新解决方案将辅助操作员准备用于粉末床和多喷射熔融打印的零件。对 3D 打印金属零件来说，NX 为激光金属沉积和 NC 编程提供模型准备，这包括混合增材机床的仿真。

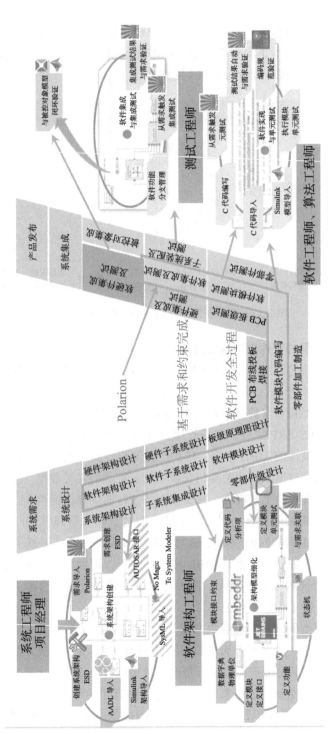

图 2-18 基于模型的软件全生命周期管理

对塑料和碳纤维增强尼龙这样的积压材料来说，一个新的多轴机器人 FDM 编程技术已经开发并正在测试。在零件打印出后，同样的集成 NX 系统用于打印后 NC 操作，如去除支撑结构的直观编程、精密加工和其他加工与检测操作。西门子最近成功实现了燃气轮机叶片的打印和应用，为西门子精通增材制造工艺提供了坚实的佐证。这种专业知识现在正通过西门子附属公司 Materials Solutions 作为一项制造服务提供给其他行业领域——从理念到零部件成品的打印（见图 2-21）。

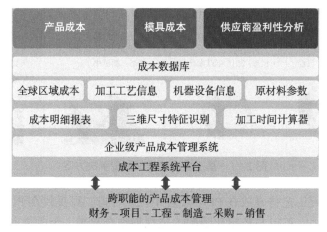

图 2-19　基于模型的产品成本管理

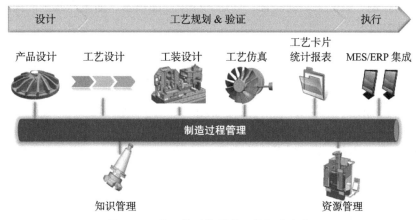

图 2-20　基于模型的零件工艺解决方案

（10）基于模型的装配工艺解决方案

在西门子的装配工艺解决方案中，装配工艺与仿真建立于企业 PLM 平台之上，充分利用设计 MBD 模型、资源、工程 MBD 模型，由流水分工、MBOM 创建、结构化工艺设计、工艺仿真与优化、可视化工艺输出、工艺统计报表部分组成,并实现各环节的数据管理,与 PLM 系统共用制造资源库,与产品设计、工装设计、维护维修、试验测试等系统实现数据共享和协同,与 ERP、MES 实现系统集成。

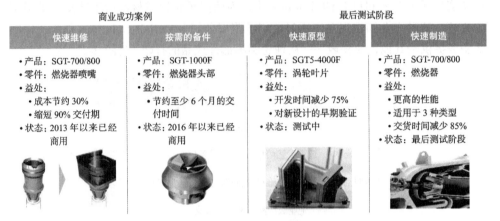

图 2-21 基于模型的增材制造解决方案

同时把装配工艺仿真放在 PLM 环境中统一考虑,可提供在 PLM 环境下的装配工艺仿真能力。可以与数字化装配工艺规划结合起来,为改进产品装配制造过程提供一个全新的方法和手段,研究产品的可装配性分析、装配工艺的优化、装配质量的控制、装配工装的验证,以达到保证产品质量、缩短产品生产周期的目的(见图 2-22)。

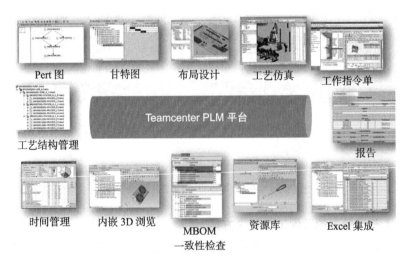

图 2-22 基于模型的装配工艺解决方案

(11)基于模型的数字化质量检测解决方案

西门子数字化质量检测解决方案提供了从三坐标测量机（CMM）检测编程到三坐标测量机检测执行的基于 MBD 的数字化检测一体化解决方案，涵盖了从制造工程到生产执行的环节，包含 NX CMM 检测编程和 CMM 检测执行两大模块。该解决方案通过重用 MBD 模型，极大地缩短了编程时间（最低可降低 80%）；确保按公司标准检查所有零部件是否合乎要求；捕捉并分享最佳实践；无须物理部件或机床，就能创建离线程序；有利于在整个流程中快速高效地传达设计变更；简化了软件部署的足迹（只需一套系统，就能实现 CAD、CAM 和 CMM）；确保最低的培训要求（见图 2-23）。

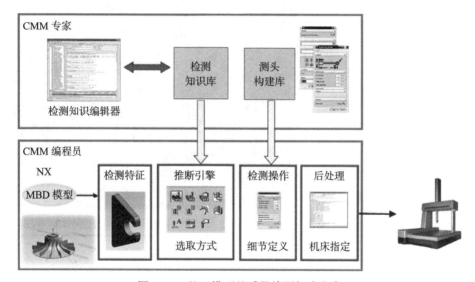

图 2-23 基于模型的质量检测解决方案

(12)基于模型的作业指导书解决方案

基于模型的作业指导书（Model Based Instruction，MBI）是整个 MBE 体系的重要一环，是连接虚拟设计世界和真实物理世界的纽带和媒介。针对不同 MBE 能力水平的制造企业，西门子提供满足不同企业需求的多层次的 MBI 解决方案。

最基本的是 2D PDF，它能打印，也能以电子文件的形式在车间展示。其次是提供基于 3D PDF 的 MBI 解决方案，它内嵌三维模型，可以直接浏览、旋转、测量，可以实现按工序/工步的动画播放。最后西门子还提供基于 Web 的在线作业指导 MBI 解决方案，称为 EWI，它直接从 Teamcenter 服务器获取工艺内容，展示内容包括工艺结构、工序流程图（定义了工序/工步的串行并行）、操作描述、零组件配套表、工艺资源和三维模型，并且提供基于 iPad 等便携终端的访问作业指导书，或直接在 MES 中访问作业指导书。MBI 电子化和实物技术状态的电子化至少可以减少 90% 的查询时间。作为工艺和现场的纽带，MBI 使得现场经验也能回馈到工艺，从管理体系上缩短产品研制周期（见图 2-24）。

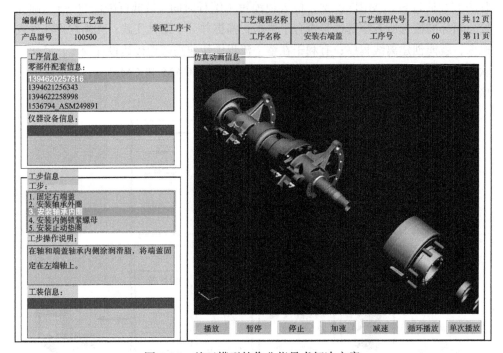

图 2-24　基于模型的作业指导书解决方案

（13）基于模型的闭环制造管理

借助西门子制造运营管理（MOM）软件解决方案，企业可实现全面的数字化，并可无缝集成产品与生产生命周期，实现灵活、可扩展的生产工艺，确保以最快速度响应实时的生产事件，真正实现设计、工艺、制造、采购、供应链、客户服务全过程闭环管理（见图 2-25）。

（14）基于模型的 MBE 数字化服务管理

Teamcenter 的数字化服务（TC MRO）解决方案可建立完整的产品服务工程，支持维护、维修和大修的功能，从而满足产品服务生命周期管理和企业实物产品管理的需求；提供了整个生命周期的完全可视性，可以使用配置驱动的产品服务的能力来规划服务运作，优化服务执行，并更好地利用实物产品与零件、工具和设备库存，最大限度地提高服务部门的效率。针对 MBE 企业，提供基于产品服务所需要的基于 MBD 模型的 IETM（交互式电子技术手册）创建、有效性管理以及多语言翻译管理的全套能力；充分利用 MBD 模型，实现多种实物的可视化展现以及分析能力；提供强大的基于 MBD 模型的维护维修的虚拟仿真能力；利用 TC Web 客户端与 TC Mobility（基于 iPad 等移动设备的 TC）能力，把产品服务所需的技术数据包 TDP 或 IETM 快捷延伸到维护现场。数字化服务（TC MRO）解决方案以面向产品全生命周期的视角，通过有效闭环连接产品规划、产品设计、产品制造与产品服务的业务环境，不仅仅提高产品服务的质量、效率和服务知识，同时通过服务反馈来提升产品规划、设计、制造的质量（见图 2-26）。

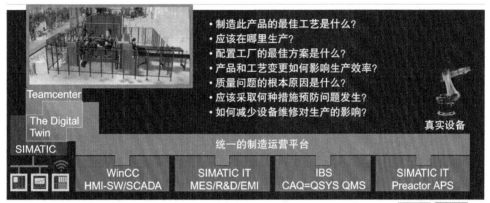

SIMATIC IT 统一架构
物联网数据可以通过通信协议传递并集成到数字化双胞胎

图 2-25　基于模型的闭环制造管理

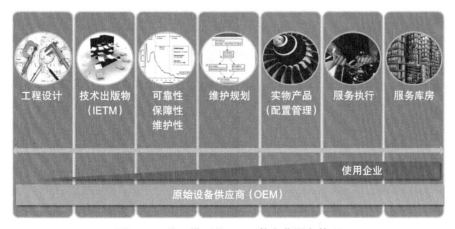

图 2-26　基于模型的 MBE 数字化服务管理

基于模型的数字化企业（MBE）

2.4　西门子 MBE：数字孪生技术的价值定位

　　凭借在工业自动化领域强大的软硬件全面集成的技术能力，以及完整的产品生命周期管理（PLM）解决方案的能力，西门子工业软件公司在为各制造企业提供 MBE 专业技术能力的同时，也提供了一套完整的 MBE 解决方案，并将以领先一步的方式帮助制造企业打造 MBE 能力体系。西门子 MBE 解决方案与服务如下：

- 为制造企业提供包括 MBD 模型定义、基于模型的工程（MBe）、基于模型的制造（MBM）和基于模型的服务（MBs）等世界领先的各种 MBE 专业能力，使其能够在某些具备条件的专业业务领域快速提升 MBE 能力，获得 MBE 收益。
- 为制造企业提供构建 MBE 完整能力体系的整体解决方案，可以引领企业逐步平滑地走上 MBE 的最高等级，减少中间过程繁重的系统集成与数据转换的非增值活动，并以最小成本保障 MBE 能力体系能够得以持续地升级优化。
- 通过数字化技术与自动化技术的融合，使制造企业在迈向 MBE 的同时，可逐步走向真正的数字化企业（工厂），通过 MBE 能力与数字化工厂能力的融合，更大程度地降低产品研发成本、缩短新产品上市时间。
- 由西门子中央研究院进行 MBE 能力技术的突破，通过西门子众多行业企业的实践应用，始终保持领先一步的优势，引领制造企业迈向 MBE 的最高境界。

方案篇

成就创新　引领卓越

第 3 章 Chapter 3

基于模型的系统工程解决方案

3.1 业务挑战

复杂程度日益增加是产品发展的基本趋势之一。纵观航空、航天、国防、船舶、机车、汽车等各行业，其产品／系统已呈现出功能高度复杂、各领域耦合关联、可重构、跨地域异地设计等诸多特点。与一般产品相比，复杂产品所带来的挑战是：不同领域子系统间将产生不可预测的功能耦合、交叠甚至冲突，原本功能良好的子系统可能产生不可预测的行为。因此，针对复杂产品，在其概念设计阶段进行系统设计已成为不可缺少的重要一环。

以飞机的研制为例，飞机的开发经历了从物理样机驱动的开发流程到 CAD 驱动的开发流程的转变。然而，现在飞机设计面临新的问题：一方面是飞机系统本身越来越复杂，特别是随着多电飞机的发展，对智能控制系统的采用越来越多。这就使得在传统飞机的开发流程中如何有效地考虑机电一体化系统开发，特别是在开发阶段如何综合地考虑控制系统和受控对象的耦合成为开发的关键之一；另一方面是飞机开发的全球化使得来自不同地区、不同研发部门或供应商的系统如何集成，特别是在设计早期如何通过系统的集成确保飞机设计的成熟性成为全球飞机开发面临的棘手问题。以上第一个问题就要求在飞机的开发过程中协调和同步物理系统与电控系统的开发，以确保产品的质量；后一个问题就要求在横跨不同地区的部门之间无缝地共享产品方案、设计和分析，以确保协同工作。这两方面问题的系统解决方案就是基于模型的系统工程（Model-Based Systems Engineering，

MBSE），即通过应用模型来支持系统的需求定义、设计、分析、校核和验证，从概念设计阶段开始一直贯穿整个开发流程。

系统工程是基于模型的企业（MBE）的重要指导思想，基于模型的系统工程为基于模型的工程、基于模型的制造、基于模型的维护等MBE企业的关键活动提供了统一的协调接口，成为MBE企业研究和应用实践中的重要组成部分。

3.2 解决方案

自20世纪40年代提出以来，基于文件的系统工程对复杂产品的系统设计做出了重要贡献，有力地支持了复杂产品的系统设计。然而，随着产品系统复杂性的不断增加，尤其是异地分布式设计的出现，基于文件的系统工程已越来越无法满足要求，基于模型的系统工程（MBSE）或称系统驱动的产品开发（Systems-Driven Product Development，SDPD），正成为复杂产品系统设计的基础。

在国际系统工程学会（INCOSE）发布的系统工程2020年远景规划中，MBSE成为系统工程未来发展的重要方向，图3-1是INCOSE年会中发布的MBSE的发展路线图。需要指出的是，西门子工业软件是INCOSE组织的重要成员，特别是在MBSE动议和发展中一直发挥着中坚作用。

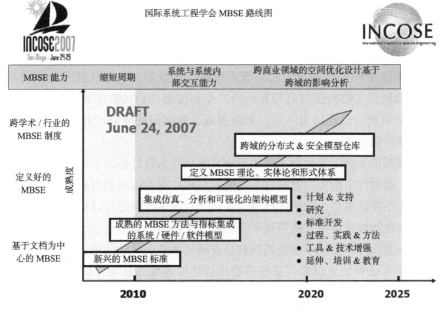

图3-1 INCOSE发布的MBSE发展路线图

基于模型的数字化企业（MBE）

MBSE 中的模型与 MBD/MBM 中的三维数字化模型属于不同的范畴，但在一定程度上可以实现模型间的信息传递。SysML 是 INCOSE 和 OMG（对象管理组织）在 UML 2.0 的基础上进行重用和面向系统工程的扩展而定义的新的系统建模语言标准，SysML 对对象的定义主要通过其结构模型、行为模型、需求模型和参数模型来完成。其中，结构模型侧重于对系统的层次以及系统间不同对象的相互关联关系进行建模；行为模型主要针对基于功能的和基于状态的行为进行建模；需求模型强调用户需求的层次关系、需求间的追溯关系及设计对需求的满足情况等；参数模型主要强调系统或系统内部部件间的约束关系。MBD/MBM 中模型的关键在于将产品的设计信息和制造信息共同定义到其三维的数字化模型中，以完整地表达产品定义信息，将三维模型打造成产品研制活动中上下游间信息流转的载体（见图 3-2 和图 3-3）。

为了更好地为客户提供基于系统工程的"V"模型闭环的系统驱动的产品开发支持，很多软件供应商都通过开发和收购的方式不断满足客户在 MBSE 方面的需求，如西门子收购了业界优秀软件 LMS 以完善自己对 MBSE 的支持：通过 Teamcenter 的系统工程模块实现对复杂系统的 RFLP（Requirement，Function，Logical，Physical）支持。通过 LMS 产品能够提供多级复杂程度的建模理念，在概念设计阶段和详细设计阶段分别对应有一维模型和三维模型，实现多级复杂程度的建模；LMS 在仿真和试验领域提供独特的解决方案，并将仿真和试验结合起来，在前期可以进行仿真，在后期可以进行试验，从而实现指标、建模、验证的闭环系统。

工业软件具有支撑 MBSE 的能力，需要为复杂产品的研制提供一个独特的模型驱动的系统工程工作环境，它将需求管理、体系架构、系统建模、系统仿真、系统虚拟验证、实物验证与公司其余的产品和流程知识关联起来，将系统工程与产品全生命周期的管理融为一体，为跨领域、跨部门的复杂产品研制提供统一的信息化管理中枢。

基于模型的系统工程根据系统需求定义的功能来设计整体系统架构，根据该架构的定义，在设计早期可以把物理系统的模型和控制系统的模型耦合起来建立机电液控一体化系统的模型，在系统模型的基础上对整体方案进行分析和优化并完成各个子系统的性能指标设定。随后在子系统开发阶段中，通过建立子系统进一步细化的模型，一方面可以校核子系统的性能是否满足系统设计阶段定义的性能指标，另一方面该子系统模型可以替代系统模型中的功能模型，从而可以在整个系统环境中对子系统进行优化。由于不同部门都是在统一的架构下进行子系统的开发，因此来自不同部门的子系统模型非常容易进行集成，完成系统的虚拟验证。在设计

第 3 章　45
基于模型的系统工程解决方案

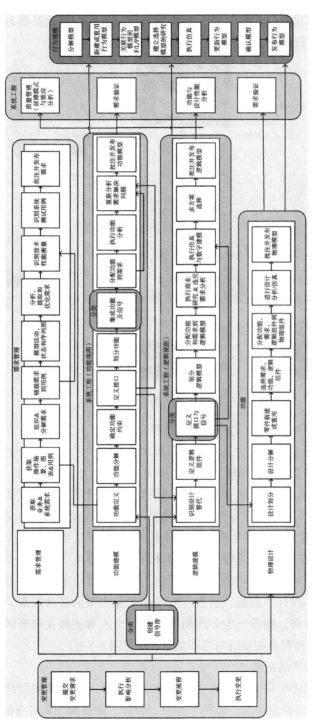

图 3-2　系统工程完整的流程图

后期，随着不同部件或者子系统物理样机的出现，又可以将这些物理样机和虚拟的模型结合起来进行仿真，加快物理试验的进程。

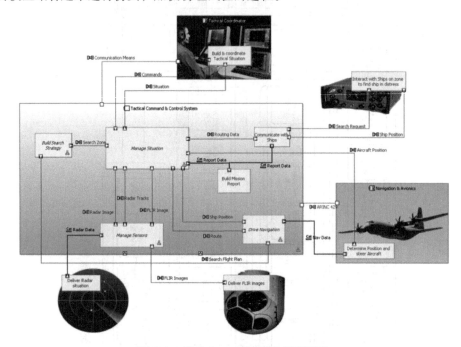

图 3-3　基于 SysML 的对象模型定义

- 基于 PLM 平台的集成化的系统工程环境

集成化的系统工程环境为系统工程和需求管理提供了完全整合的方法，在统一的平台上实现需求的解析和确立、功能架构、逻辑设计、物理设计、系统验证，实现系统驱动的产品开发，使企业可以从整体上把握价值链的上下游系统，帮助避免因需求与物理实现不符所导致的成本高昂的后期系统集成问题（见图 3-4）。

基于 IT 支撑的集成化的系统工程平台将产品的系统工程和全生命周期管理有机结合在一起。通过在设计流程早期全面理解产品或系统，使得生命周期中所涉及的各个部门都能对系统有一个全面的了解，企业就可以利用所掌握的知识来更好地权衡影响具体设计、制造、销售、采购和服务决策的各种因素。同时将系统工程与执行联系起来，使参与生命周期流程的每个人都能够在需要做出决定时从系统层面出发，做出符合初始战略意图的选择（见图 3-5）。

- 需求驱动的产品定义

结构化、集成化的需求管理为企业提供了统一、安全收集和管理客户的声音的平台，这里的"客户的声音"包括了客户、合同、法规和企业自身标准等各方面的要求。通常的需求管理支持还需要提供实时集成（Live Integration）功能，用户可以使用熟悉的 Microsoft Office 工具创建、编辑和维护需求，需求在需求管理环境中以结构化的方式体现（见图 3-6）。

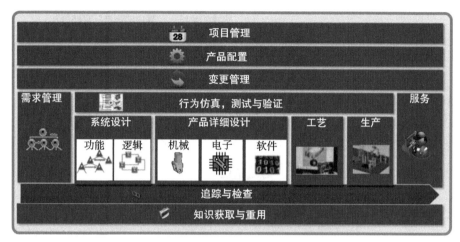

图 3-4　集成化的系统工程环境

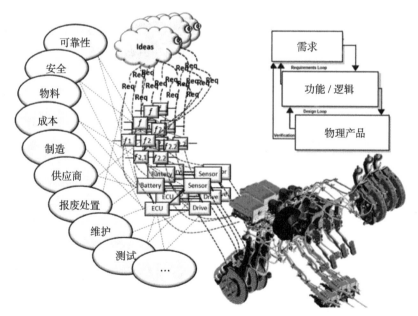

图 3-5　系统工程与全生命周期管理的有机结合

集成的、结构化的需求管理环境可在整个生命周期内传达需求，将需求与功能、逻辑和物理实现相关联,将需求与项目管理、配置管理、变更管理相关联,需求管理将随着 PLM 应用的扩展而推展,借助生命周期管理对需求进行全生命周期的跟踪(见图 3-7)。

图 3-6　结构化的需求解析与管理

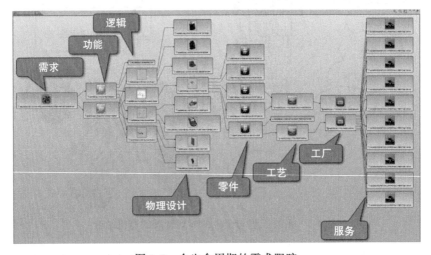

图 3-7　全生命周期的需求跟踪

基于此集成环境还可以验证指标和行为的可行性，结构化的需求传递至 CAD 中成为 MBD 产品设计的需求源，基于 HD3D 的可视化业务智能环境可实现需求驱动的产品的设计和基于需求的设计验证（见图 3-8）。

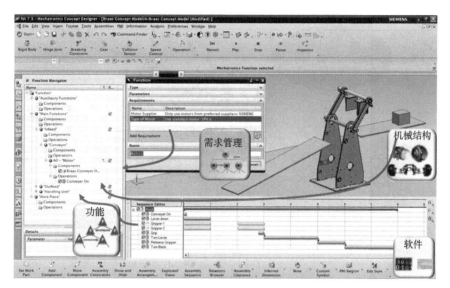

图 3-8　基于需求的产品设计与验证

- 基于模型的系统工程

基于模型的系统工程的另一个关键领域是闭环的指标、建模、验证的支撑环境，它为产品开发提供了一个独特的模型驱动环境。首先，它将系统建模、体系架构、系统仿真和需求管理与公司其余的产品和流程知识关联起来，支持企业对复杂产品的需求、子系统、约束条件和不同专业相结合（将机械设计、电子设计和软件设计综合起来）的交互关系进行建模和分析。其次，在产品开发的每一个阶段，无论是前期的架构设计，还是子系统设计，抑或部件设计，都可以引入一个验证的环节，实现闭环的产品研发流程。这样形成的产品模型是一个多级复杂程度的模型，可实现不同设计阶段、不同专业的验证（见图 3-9）。

MBSE 的闭环环境还需要支持基于 SysML/UML 的标准数据模型，通过"Live Integration"功能，实现与 Visio 图表工具的集成，支持对基于 SysML/UML 的标准建模工具的集成，实现嵌入式的模型数据管理。以 PLM 与 Visio 图表工具的集成为例，通过建立 Visio 模板库中图形构件与 PLM 中模型元素的映射关系，开发团队可以在 Visio 中从面向系统的角度（即从由电气、电子、软件和机械组件构成的跨域解决方案方面考虑）快速地图形化描述复杂的产品，建立构件间的接口及连接,在系统中相应地会自动生成产品的体系架构(见图3-10)。

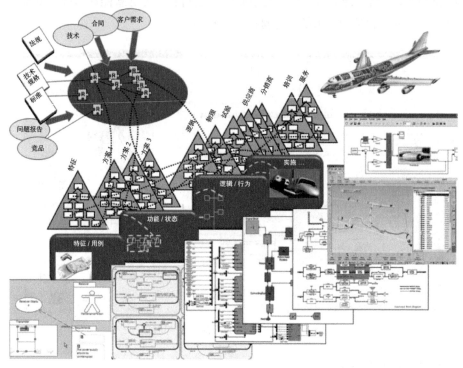

图3-9 模型驱动的系统工程环境

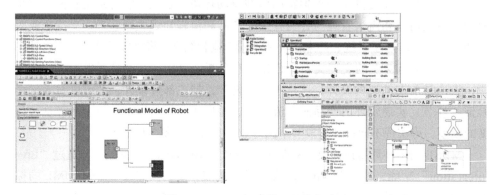

图3-10 PLM与建模工具的集成

基于PLM,结构化方式管理的需求被分配到同样结构化的功能架构中,实现特定需求与特定功能分解的关联,在此基础上对系统整体进行评估和决策。功能架构通过逻辑架构的定义进行实现，通常需要在功能分解的各个层面定义对应的逻辑模型，同时定义各个子系统间的关联关系。以电气系统为例，逻辑设计以图形化的方式定义了各个设备的输入、输出，以及与其他设备间的接口关系。基于 PLM 可以在统一的平台上实现需求模型与功能模型、功能模型与逻辑模型的关联管理，建立产品的集成化架构，实现所谓的"模型网络"，支持产品的系统化决策（见图 3-11）。

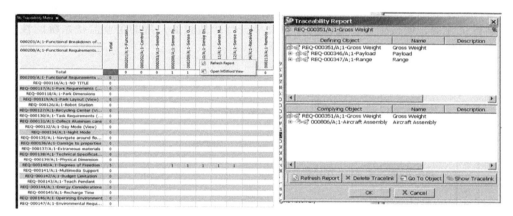

图 3-11　基于 PLM 的模型网络

通过此环境可以创建和运行多物理场（机、电、液、热、控等）仿真模型，以分析复杂的系统特性，并支持控制系统的设计，从早期的技术参数确定到子系统测试。也可以对工程设计问题进行综合，根据性能需求创建产品的架构，对不同技术方案以及配置进行综合的工况设定，驱动仿真并对结果进行后处理（见图 3-12）。

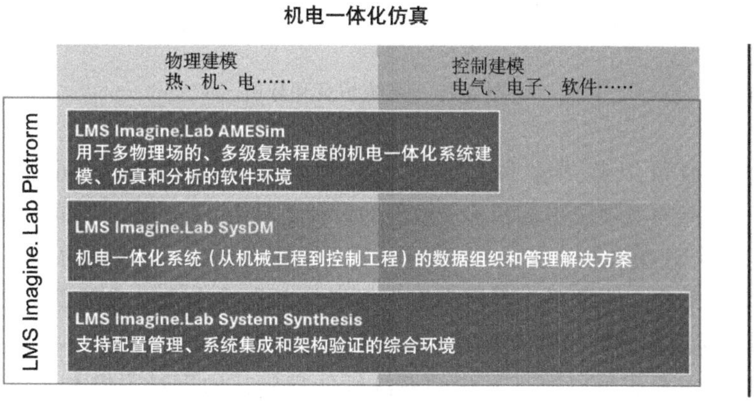

图 3-12　机电一体化仿真

基于模型的数字化企业（MBE）

- 系统仿真和分析

虚拟的系统仿真和分析使得产品团队利用模型进行系统的优化设计，评估范围更广的设计方案，减少对物理原型的依赖，减少后期返工的时间和成本损失。通过 PLM 与建模和仿真环境相结合，能够实现主系统和分系统多学科协同仿真，可以帮助用户解决从产品概念设计、方案设计到详细设计的需求，如机构设计与动力学分析、控制/传动/电机驱动等机电系统设计、机电一体化分析、结构有限元分析、振动噪声分析、疲劳耐久性分析、结构优化、模态分析、模型修正、多学科优化等，使得企业在虚拟世界中及早进行产品验证，帮助企业监视系统的性能，评估权衡选项（见图 3-13）。

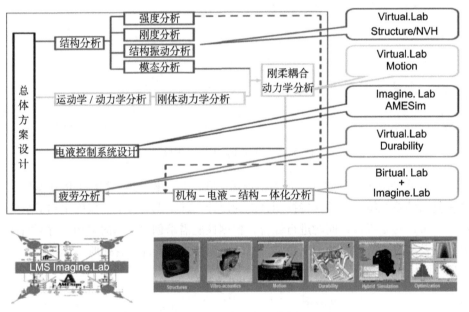

图 3-13　系统仿真和分析

通过 PLM 可以集成多种仿真工具，如集成 MathWorks 公司的 MATLAB/Simulink（主流的多领域仿真和基于模型的设计工具）、Maplesoft 公司的 MapleSim（主流的多领域建模和仿真工具）、西门子工业软件的 NX 等。集成的重点在于通过 PLM 管理仿真工具的模型，当模型变更或者模型在多个产品或配置中被引用时，用户可以快速而准确地找到模型的正确版本并进行设计验证（见图 3-14）。

在 PLM 中企业可以定义量化的系统性能指标，如重量、成本、功率、时间等。同时基于 PLM 与微软 Office Excel 的"Live Integration"，用户可以在其熟悉的 Excel 电子表格中进行数据的编辑、操纵和卷积计算，为整个团队提供统一的性能指标视图，实现性能指标与系统架构的关联。企业可以及时地评估需求的变更对系统指标的影响，对权衡选项进行评估分析，保持系统与性能目标的匹配（见图 3-15）。

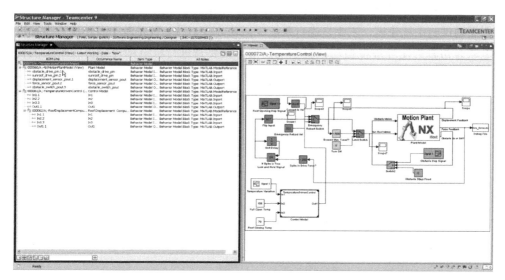

图 3-14　PLM 与系统仿真工具的集成

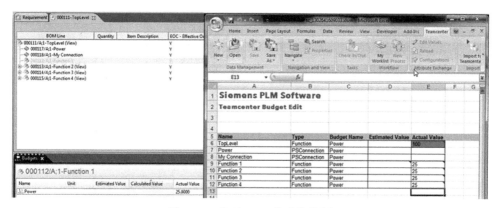

图 3-15　基于 PLM 的系统分析

- 虚拟振动试验

虚拟振动试验涉及有限元建模、系统级 NVH、多体动力学、控制与电磁系统仿真、刚柔耦合分析、机电一体化分析、试验相关性分析与模型修正、多学科优化等，并且需要将这些学科结合起来，这是一个典型的多学科综合仿真问题，因此虚拟振动试验的软件实施环境应该是能够涵盖这些学科的系统级平台。多学科系统级平台的优点是：一方面能够在一个平台中解决所有问题，并且能够进行多学科综合仿真；另一方面能够避免多学科综合过程中复杂的数据传递和转换，最大限度地避免数据和精度损失。

虚拟振动试验系统的构建有两种方式：一种是基于线性有限元方法的开环虚拟振动试验系统建模，主要是进行系统级振动分析；另一种是基于多体动力学和机电联合仿真的闭环虚拟振动试验系统建模，主要是进行机电耦合分析和刚柔耦合分析。这两种方法可以结合起来互为补充，以应用于不同的场合。

线性有限元方法的系统框架振动台和试件的模型都是有限元模型，其本质是复杂有限元装配模型的强迫振动响应分析，从图 3-16 可以看出各模块在线性有限元方法中所起的作用。

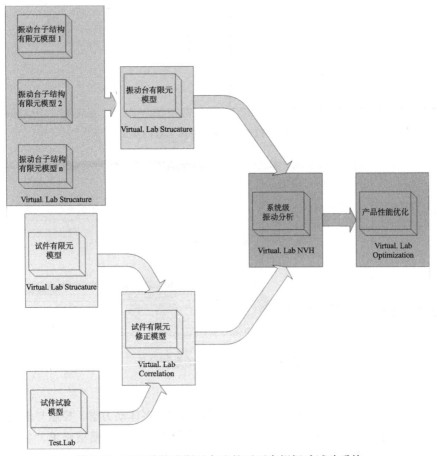

图 3-16　基于线性有限元方法的开环虚拟振动试验系统

机电联合分析方法的系统框架涉及运动、结构、相关性和控制、电磁／电液等软件模块支持（见图3-17）。

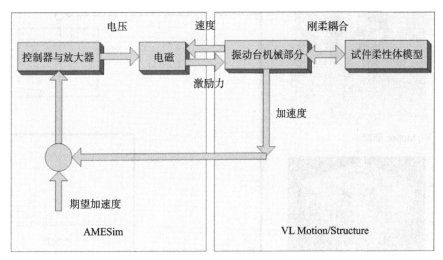

图3-17 机电联合仿真的虚拟振动试验系统

为了实现真实完整的闭环控制，振动台机械部分采用多体动力学方法建立模型。如使用西门子公司的 AMESim 模块可以使振动控制器和电磁／电液助动部分均基于 AMESim 的控制、电磁库以及液压库建立，通过 AMESim 与虚拟仿真的无缝集成接口，将振动控制和电磁／电液部分与振动台实现闭环（见图3-18）。

3.3 价值体现

基于模型的系统工程为基于模型的工程、基于模型的制造、基于模型的维护等 MBE 企业的关键活动提供了统一的协调接口，是 MBE 企业研究和应用实践中的重要组成部分。集成、结构化和闭环的一体化环境可为复杂产品的研制提供一个独特的模型驱动的系统工程工作环境，在早期的概念设计阶段，可以通过模型对需求本身进行建模，对需求进行细化，把需求分解到各个部件的性能指标上；在详细设计阶段，通过相应的测试解决方案，测试物理样机是不是满足需求。在产品开发的"V"型体系中，对每一个阶段均提供相应的验证，如需求的验证、架构的验证、产品性能的验证、物理样机的验证等。基于模型可以尽早通过模拟分析发现大量不合理的设计方案，同时模型还为各方提供了一个公共通用的、无二义性的设计信息交流工具，这一点对复杂产品异地分布的系统设计具有重要意义。

基于模型的数字化企业（MBE）

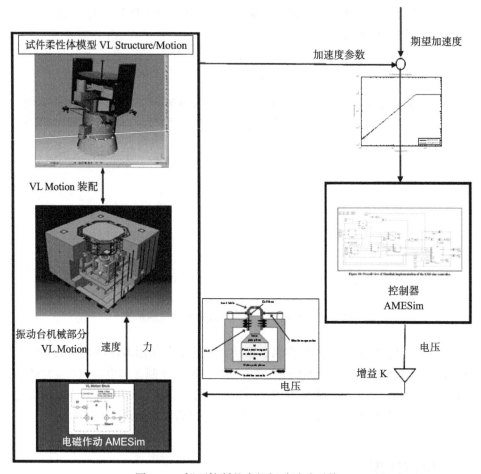

图 3-18　闭环控制的虚拟振动试验系统

Chapter4 | 第 4 章

基于模型的三维设计与仿真解决方案

4.1 基于模型的三维产品设计

针对 MBD，西门子工业软件公司提供了基于 Teamcenter + NX 集成一体化平台的解决方案，利用 NX 软件在 MBD 相关标准的规范下完成产品三维数字化数据定义；利用 Teamcenter 实现 MBD 数据的共享控制。

作为 ASME Y14.41 委员会的成员，以及 ISO 16792 标准的技术咨询组副主席，西门子工业软件公司提供的解决方案可帮助用户创建全面符合标准的 MBD 数据并实现共享。

西门子工业软件公司在其三维设计软件 NX 中内置了知识工程引擎，帮助企业获取、转化、构建、保存和重用工程知识，实现基于知识工程的产品研发：NX 提供重用库的功能，帮助企业管理和重用大量的工程数据，从而既提高产品研制的效率，又可极大地降低成本，如直接基于已有的某产品型号数据，通过局部修改（部分零部件的替换或部分零件的修改等）来完成新型号的设计；直接选用标准件数据（包括国标件和企标件等）；直接基于已有的典型形状，在新产品的零件设计中进行模型的快速创建等。

通过可视化方式，NX 的 Check-Mate（一致性质量检查工具）对 MBD 数据的合规性和可制造性进行自动验证，确保 MBD 数据的正确性。

NX 软件中的产品与制造信息（PMI）功能模块，使得用户能够根据 MBD 标准在产品的三维几何模型基础上完成产品制造信息（尺寸标注、文字注释、几何形位公差等）的定义，从而实现数字化产品的完整定义。产品与制造信息（PMI）用

基于模型的数字化企业（MBE）

于三维 CAD 及协同产品开发系统，旨在传递关于产品部件的制造信息，尤其是形位公差、三维注释（文本）、表面精度以及材料规格方面的信息。NX PMI 完整三维注释环境不仅可以捕捉制造需求，以及在这些需求与三维模型之间建立关联关系，而且还允许下游应用软件重用数字化数据，这是因为数据不仅与产品零件共存，而且还由产品零件驱动。不仅如此，由于支持 ASME Y14.41 和 ISO 16792 定义的所有主要概念和要求，因此 NX PMI 里面完整的功能清单提供了目前 CAD 产品中最完整的工具组合。另外，针对 NX PMI 定义的产品制造信息还可通过 Check-Mate 工具对其正确性进行检查，从而进一步确保了 MBD 数据的正确性。

Teamcenter 工程协同管理环境提供了对 MBD 数据及其创建过程的有效管理，包括 MBD 模型中的部分属性数据的控制，如 MBD 数据的版本控制、审批发放记录等，这些数据虽然最终是在 MBD 数据中表现，但其输入则需要在 Teamcenter 环境中完成和控制。

1. 基于知识工程的产品快速设计

三维设计软件 NX 中内置了知识工程引擎，帮助企业获取、转化、构建、保存和重用工程知识，实现基于知识工程的产品研发。知识是企业宝贵的智力资产，其内容包含：

- 标准与规范。即产品研发中须遵循的约定和要求，如国家标准、行业标准、企业标准等，其表现形式通常为文档资料。
- 典型流程和产品模板。针对典型产品研发的过程进行总结，它集中体现了产品研发过程中的实际经验，是多年反复的经验总结，典型流程是以指导书的形式供产品研发人员参阅，而产品模板则以可重用的典型产品数据的方式呈现。
- 过程向导。针对产品研发中特定工作而开发的专用工具，该专用工具集成了企业产品开发的实际经验。在进行新产品开发时，该工具将一步一步引导产品研发人员完成相应工作，获得需要的设计结果，从而使不具备丰富经验的研发人员也能开发出具有专业水准的产品，而对于具有丰富经验的人员则能更快地完成其工作。
- 重用库。即可重用的特征库和零件库等，为产品的模块化、系列化研发提供了技术保障。

基于 NX 知识工程的产品研发应用场景见图 4-1。

设计人员利用知识工程完成产品开发的过程如下：

- 设计人员接受设计任务。

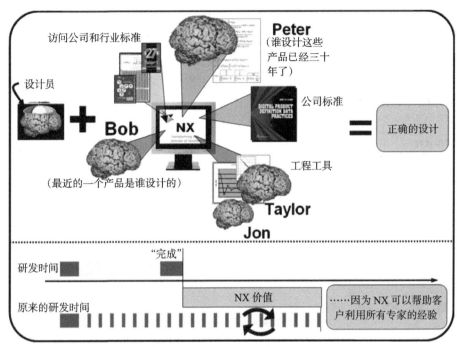

图 4-1 基于知识工程的产品开发

- 从产品知识库中寻找最近完成的类似产品（即典型案例库），并以该产品为基础进行新产品的设计。
- 在产品设计过程中，设计人员将利用知识库快速访问公司和行业标准（即标准和规范库），以及零部件等各种库（重用库），实现数据的重用，减少风险，使新设计的产品符合公司和行业的规范。
- 针对一些典型零部件的设计，可以充分利用专家的知识和经验，如利用以专家知识为基础开发的专业工具（即过程向导库），来帮助快速、高质量地完成设计任务。
- 对于完成的设计任务，可以利用企业的检查工具对设计的结果进行质量检查，以确保设计的结果满足标准的要求。
- 在设计完成后，还可利用专家的建议，对设计的结果进行优化。

知识工程的应用将改变设计人员的传统工作模式，使设计人员的工作效率和质量产生质的飞跃。从上述可以看出，设计人员并不是个人在独立完成设计任务，实际上他在利用其他人的头脑帮助他共同完成，从而使得设计过程从串行过渡到并行，以知识重用的知识驱动方式保证了产品研发的正确性和周期要求。

(1) 产品的重用库——提高效率

为了便于管理企业大量的可重用数据,NX 软件系统提供了 NX 重用库的功能。NX 重用库能将各种标准件库、用户自定义特征库、符号库等无缝地集成在 NX 界面中,具有很好的开放性和可维护性,方便用户使用和维护,最终形成企业的各种重用库(见图 4-2)。

重用形状库
- 可对外部非参几何添加参数后并定义为重用几何
- 插入后,系统自动创建相应的特征及参数,后续用户可按需对几何外形参数进行修改

用户自定义特征库
- 将多个 NX 标准特征组合起来以形成一个客户化的特征
- 可控制用户自定义特征是否被允许爆炸展开

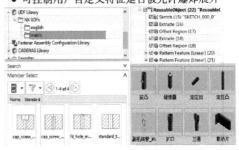

图 4-2 NX 重用库

NX 重用库支持的对象包括:

- 行业标准部件和部件族。NX 提供了轴承、螺栓、螺母、螺钉、销钉、垫片、结构件等 280 多类国标件,并可在后续根据产品设计部门的需求继续扩充。设计师也可自行创建需要的标准件并添加到库中进行管理。
- 通过 PTS(Product Template Studio)定义的典型结构模板部件。
- 管线布置组件。管理和重用管材和标准件,如各类管接头等。
- 用户自定义特征。在创建模型时,经常会遇到多个部件具有类似形状,但往往这些特征绘制起来比较复杂,须花费大量时间。NX 可将这些形状做成用户自定义特征,并添加到重用库中,后续可直接由重用库快速创建这些特征。
- 规律曲线、形状和轮廓。针对以方程表达的规律曲线,以及典型的形状(如塑料件的卡扣、安装柱等),形成相应的库对象并实现数据重用。
- 2D 截面。NX 提供了一系列二维截面库以供设计师重用。这些截面均为全约束,设计师可方便调整尺寸及重定位。
- 制图定制符号。针对工程制图需要,定义和使用常用的特定符号。

在产品设计中需要应用重用库中的对象时,可通过拖曳的方式实现,在重用库中选取所需的对象(如螺钉),将其拖拽到 NX 软件的图形区,此时系统会自动

弹出针对该系列螺钉的对话框,只要选取需要的规格参数,系统就能创建出所需要的对象(见图4-3)。

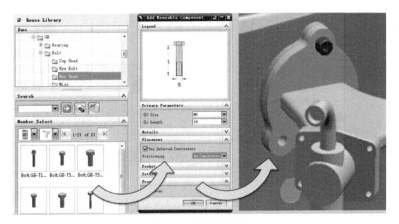

图4-3 重用库调用

(2)产品的设计模板——促进数据重用并提高效率

对于相似产品或者产品零部件的建模,设计师可借鉴已有的零部件来修改完成产品设计,从而大幅度提升设计效率。但是由于每个人的设计习惯不同,以及庞大的模型特征树结构导致修改者难以理解设计意图,并花费大量时间在模型的修改上。NX创新的产品模板工作室(PTS)通过提供一个无须编程的、可视化的界面让用户理解设计者的意图,包装出一特定的界面,从而实现典型零部件的快速重用,大幅减少零部件修改所需的时间,提高三维设计效率。图4-4是一个典型的夹具结构,只要在其界面中给定零件的参数,就能得到需要的对象。

(3)过程向导工具——实现知识的累积和重用

过程向导是将产品开发中的专家知识进行总结,然后以相应的工具进行表达,形成专用的工具,以供技术人员使用。在使用过程中,系统将逐步提示技术人员完成相应的操作,最终得到所需的结果。利用过程向导,使得不具备专家经验的技术人员也能获得具有专家水准的操作结果,并能做到操作和结果的标准化,便于交流和数据的重用。

关于过程向导的知识管理实现技术途径如下:

- 对典型流程进行总结和评审。
- 确定过程向导开发的工具。
- 创建过程向导的开发说明书。
- 进行过程向导的开发。

- 进行过程向导的测试。
- 准备使用培训资料。

产品设计模板库
- 产品级（零部件或装配）的设计模板
- 无须用户具有任何编程经验
- 可针对设计、加工及仿真分别创建模板

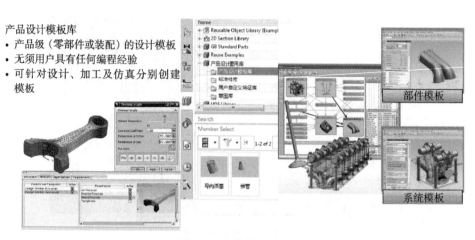

图 4-4 产品模板应用

图 4-5 为一个过程向导的样例。在使用时，系统会根据操作的进程自动提示技术人员完成适当的操作，如定义气道要求、截面形状等，然后将自动创建所需的结果。

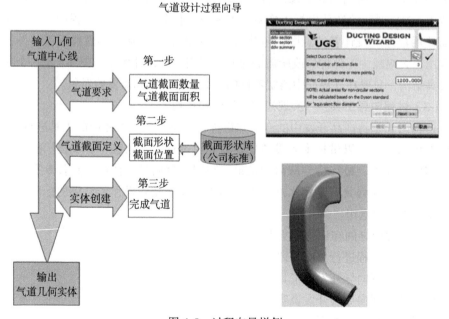

图 4-5 过程向导样例

2. 基于 Check-Mate 的一致性质量检查

MBD 模型数据的合规性和可制造性检查是确保 MBD 产品设计质量的关键环节之一，为此，NX 软件系统提供了 Check-Mate 工具，通过可视化方式，对 MBD 模型进行计算机自动检查。

关于 MBD 模型的合规性检查，Check-Mate 主要是检查三维设计是否按照标准和规范进行，合规性检查涵盖零件、装配（见图 4-6）。

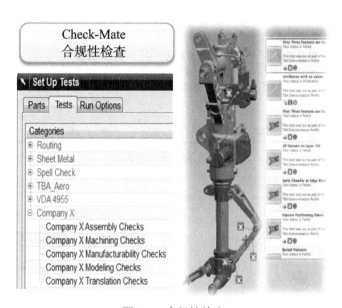

图 4-6　合规性检查

检查的内容包括（见图 4-7）：建模合规性、装配合规性、几何对象合规性、文件结构合规性等。

MBD 模型合规性检查的意义如下：
- 确保产品设计遵循公司标准，因此促进整个产品开发的一致性。
- 通过早期错误的检测，避免在下游开发中修正所消耗的成本与时间。
- 减少有关工程更改单、保证修补和产品召回的成本。

针对 MBD 模型的可制造性检查，可采用集成于 NX Check-Mate 的 DFMPro 来进行。DFMPro 是集成于 NX 系统的面向可制造性设计的计算机辅助工具，由 Geometric 公司研发。DFMPro 能够辅助设计师在产品设计阶段就考虑设计的可制造性，通过对设计模型的可制造性检查和校验，避免后期制造阶段不必要的设计修改，提升设计质量，降低设计成本，加快产品研制的速度（见图 4-8）。

基于模型的数字化企业（MBE）

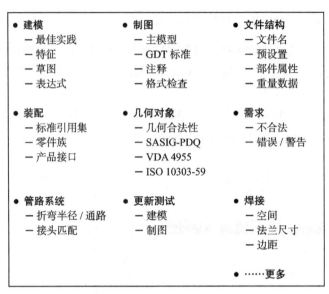

图 4-7 合规性检查内容

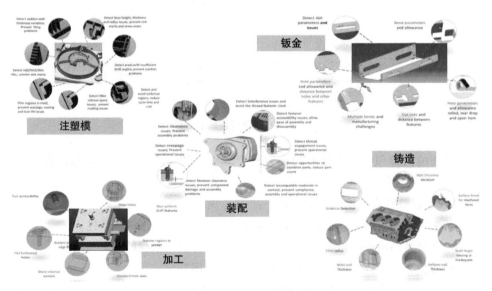

图 4-8 DFMPro 可制造性检查

DFMPro 的主要功能包括：
- 机加工类产品设计。DFMPro 支持对常见的机加工类产品设计的可制造性指导，经济和快速地辅助机加工类产品设计，同时确保产品设计的质量品质。DFMPro 提供的规则知识库支持铣削、车削、钻孔等常见的机加工产品设计，在机加工类产品设计过程中可有效地避免像小直径深孔、平底盲孔、不利于刀具路径的特征等设计约束问题。
- 钣金类产品设计。DFMPro 提供对金属钣金类产品的设计指导，通过在早期识别设计的缺陷减少后续的返工，降低设计成本。DFMPro 支持常见的钣金的设计准则如孔与孔之间的最小距离，切口、槽、孔之间的有效距离，在同一方向的多个折弯，最小弯曲半径，最小尺寸开槽等。
- 注塑类产品设计。DFMPro 提供对注塑类产品的设计指导，用户可通过 DFMPro 验证型腔表面形状、模具厚度、拔模角度、加强筋设置等注塑模具和产品的特征设计。
- 产品装配设计。DFMPro 为系统装配设计提供自动化的装配信息检查能力，将设计师从烦琐耗时的人工检查工作过程中解放出来，显著提升装配设计的效率和质量，包括装配定位孔检查、间隙尺寸有效性检查、部件干涉批量检查等。
- 知识规则定制扩展。DFMPro 为用户提供了知识获取的框架，用户可定制自己的企业知识以及工程师的产品设计最佳实践经验，实现知识共享。基于知识工程的先进知识获取框架，工程师可方便地定制自己的规则知识。依据企业现有的产品设计规范和实践可分类配置和建立企业知识库。规则知识的定制不影响现有的 CAD 软件配置及使用方式。用户可定制产品设计过程的各种条件关系，包括几何特征和参数值之间的关系、设计分析输出与外部工具的关系、模型属性之间的关系（见图 4-9）。

图 4-9　DFMPro 可制造性检查样例

3. NX PMI 完整三维注释环境

NX PMI 把三维注释的功能集中在一个菜单选项下面，该菜单选项提供了使三维模型成为产品和制造数据知识库必需的所有工具。PMI 工具栏为创建、编辑和查询实体设计上的 PMI 提供了一个统一的界面。除了促进创建三维产品定义外，该工具还将检查模型是否符合 ASME 和 ISO 标准，让用户自行选择严格和宽松的符合性水平（见图 4-10）。

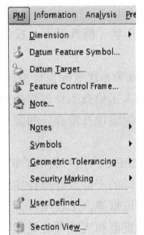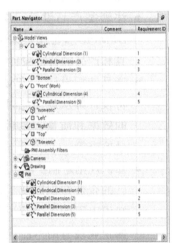

图 4-10　NX 中 PMI 模块启动菜单

通过在三维注释与几何体的相应部分之间建立关联关系，设计人员可以把三维注释直接附在模型上，表明设计意图。创建注释的平面处于用户控制之下，用于定义阅读方向，以便放置注释。模型视图 Model Views（相当于 ASME Y14.41 的 Saved Views）可用于管理模型上的注释，将其组织到与模型的一个特定取向或该模型的一种特定用途相关的信息集中。NX 部件导航器（NX Part Navigator）可以把 PMI 注释组织到一个方便的位置，以便查看并调查其与模型几何体之间的关联性（见图 4-11）。

NX 部件导航器提供了管理和组织 PMI 的工具：
- 在模型视图节点中可观察 PMI 对象。
- 通过 PMI 节点显示关联的对象。
- 选取盒子图标来显示或隐藏 PMI 对象。
- 改变视图依存关系的选项或使 PMI 在其他选取视图中显示的选项。
- PMI 装配过滤器用于控制哪些部件的 PMI 对象在装配中可见。

第 4 章 基于模型的三维设计与仿真解决方案

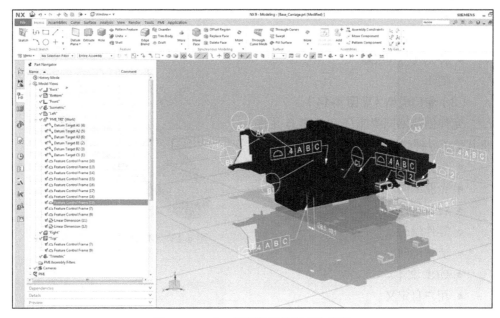

图 4-11 MBD 模型数据的管理和组织

NX PMI 提供了全面的工具套件，实现三维注释创建的全过程：

（1）尺寸标注（见图 4-12）

- 在模型视图上任何选取的方位创建尺寸标注。
- 类似于二维工程制图中的尺寸标注，PMI 尺寸标注按三维空间计算，放置在（或平行于）注释平面。
- PMI 尺寸是三维的，可以具有第二延伸线。
- 三维尺寸可以有或没有公差：有公差，没有公差，单面公差，名义尺寸，参考尺寸。

（2）常用注释（见图 4-13）

针对 PMI 标注的不同类型，允许指定重要的制造需求：

- 文本注释
- 基准特征
- 基准目标
- 表面粗糙度
- 焊接

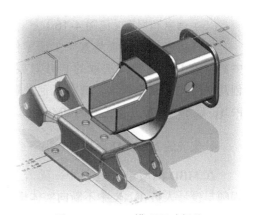

图 4-12 MBD 模型尺寸标注

- 标号
- 客户化符号
- 补充几何（区域）
- 剖切

（3）专门类型（见图4-14）

允许创建不同类型的PMI节点并将将其赋予零件，以用于信息沟通：

- 坐标，通用和专用文本。
- 企业编码。
- 材料特性。
- 零件编码。
- 流程说明。
- URL 文本。
- 用户自定义。
- 字串，实数，整数注释。

（4）安全标记（见图4-15）

当打开零件文件时，安全标记将被应用，并显示在信息窗口中。用户必须点取接受按钮，表明他们已阅读并接受了上述规定，零件才能被装载。

- 管理安全信息。
- 公司所有权信息。
- 导出控制。

（5）信息和报表（见图4-16）

PMI 报表输出选项将基于工作零件中的所有 PMI 对象或选取的 PMI 对象，创建一个电子表格报表。查找几何关联 PMI，确定与选取几何关联的 PMI 对象。

4. 集成的 NX PMI 愿景

在 MBD 模型定义过程中，随着工程师与设计人员在 NX 中不断向实体模型添加 PMI 信息，这些主模型变得越来越"智能化"，远远超出了几何表示，明确嵌入了设计意图，并且避免了因依赖人为

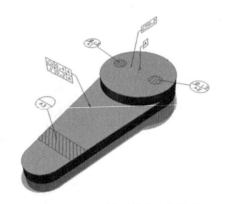

图 4-13　MBD 模型补充几何注释

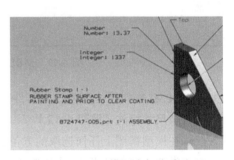

图 4-14　MBD 模型专门类型注释

图 4-15　MBD 模型安全标记

推理产生的风险（因为这些模型将在所有下游过程中使用）。事实上，这是 PMI 的主要愿景：一次创建，随处使用（见图 4-17）。

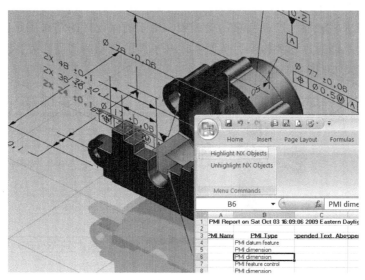

图 4-16　MBD 模型报表输出

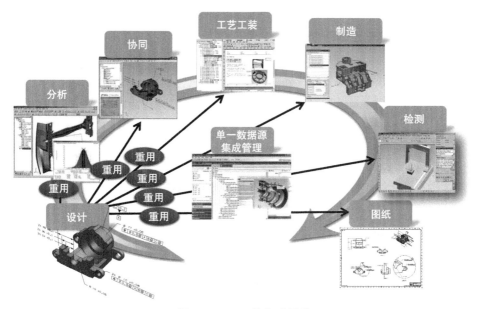

图 4-17　PMI 的集成愿景

在集成的 PMI 愿景中，可以将产品的 PMI 信息，如组件之间的安装与配合要求、子系统之间的接口关系等转换为作为系统能识别的需求检验项,与最终的设计结果相关联,确保设计输出满足需求。将两子系统之间的接口定义为 Teamcenter 中管理的需求,并将其与产品关联。在 NX 中进行产品的细节设计时,该关联的需求将转换为产品数据的检测项,用于确保设计的结果满足要求,如果不满足,则不能通过相关检测,从而实现基于需求驱动的产品研发,满足面向制造的设计要求(见图 4-18)。

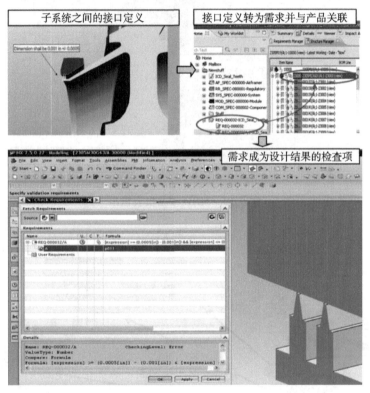

图 4-18 基于需求驱动的产品研发

5. MBD 数据重用

(1)通过协同,共享设计和制造信息

支持从 NX 中提取 PMI 信息到中性 JT 文件,通过使用西门子工业软件公司的 Teamcenter Visualization、XpressReview 或 JT2GO 等直观地查看应用软件,使制造企业能以一种低成本、高效率、低风险的方式,实现与其整个供应链的协同(见图 4-19)。

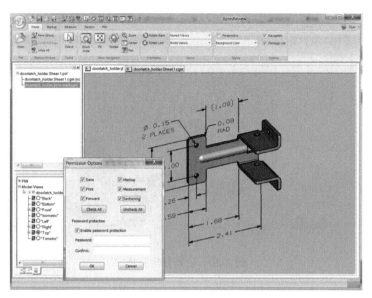

图 4-19 基于含 PMI 的 JT 数据的设计制造协同

（2）通过分析，验证产品可制造性

基于 NX PMI 完成了产品的 MBD 模型定义后，所有的零部件都包含了产品制造信息（特别是公差信息），这些信息是否正确给定将直接影响产品最终的制造质量和成本。如果给定的公差精度太高，则可能增加制造的困难，使制造成本增加；如果给定的公差精度太低，则可能使得生产出来的产品不满足功能要求，因而需要对产品设计的正确性进行提前确定。

为了对设计的结果进行分析，西门子工业软件公司的设计验证模块 VSA 可以直接读取从 NX 中提取了 PMI 信息的中性 JT 文件，并基于蒙特卡罗原理进行产品的验证分析，分析的结果包括模拟最差状态分析、估算全部变化范围、鉴别影响因素（见图 4-20）。

通过验证分析，可以在产品设计的早期就识别潜在的问题，改进产品质量，实现面向制造的设计，其效益体现在以下几个方面：

- 测试尺寸公差和几何形位公差应用的正确性。
- 通过最差装配的模拟及影响因素的鉴别，明确地指示产品的设计是否满足生产要求。
- 提供在产品设计早期就消除可能潜在问题的方法。
- 鉴别放松公差精度等级的机会，从而降低制造成本。
- 减少工程更改，确保一次性正确制造。

基于模型的数字化企业（MBE）

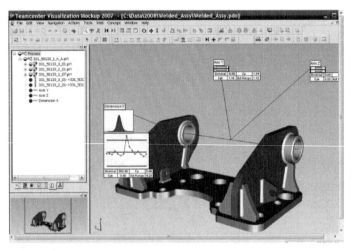

图 4-20　公差分析验证

6. NX 与标准规范的结合

在 MBD 模型定义过程中，采用 Teamcenter + NX 集成一体化平台的解决方案，利用 NX 在 MBD 相关标准的规范下完成产品制造信息定义时，需要考虑：

- 产品设计标准、准则如何集成到 MBD 中，如尺寸公差、形位公差、技术要求、材料处理等标准数据。
- 产品制造信息如何规范定义，如沉头孔、埋头孔等有一整套的标注规范，如何确保不同工程技术人员都能标注一致，产品制造信息通过 PMI 标注定义，而不同模型的尺寸大小不一，需要定义 PMI 标注的尺寸与模型大小匹配。
- 如何方便快捷地标注产品制造信息到确定标注平面，如 PMI 标注在 XC-YC 平面。

为了实现 NX 与标准规范的有机结合，可以基于 Teamcenter + NX 平台进行定制开发，通过定制国标化、规范化、流程化、自动化的工具，帮助客户在已有的 PMI 技术基础上，方便快捷地完成 MBD 模型的定义。如图 4-21 所示是经过定制的 MBDS 设计工具，该工具的特点如下：

- 内嵌了 MBD 标准规范，创建的标注符合相关标准。
- 集成了企业常用设计数据，通过图形化界面查询选用。
- 采用对象组与模型视图复合结构组织管理三维产品制造信息。
- 具有支持查询、统计、汇总三维产品制造信息的功能。

基于 Teamcenter + NX 的 MBD 模型定义解决方案为基于 MBD 的三维数字化产品研发提供了工具保障。具体价值体现如下：

- NX 知识工程应用，实现产品的快速设计。NX 重用库帮助企业管理和重用大量的工程数据；产品设计模板可实现典型零部件的快速重用；过程向导工具可实现知识的积累和应用。
- NX 的 Check-Mate 一致性质量检查。通过可视化方式，对 MBD 模型数据的合规性和可制造性进行自动验证，确保 MBD 模型数据的正确性。
- NX PMI 提供了完整的三维注释环境。全面的工具套件实现 MBD 模型定义过程的流畅；简单化的创建、放置和编辑，便于 MBD 模型的快速定义和 PMI 数据的有序管理。

图 4-21 设计工具

- Teamcenter 提供了工程协同管理环境，以及对 MBD 模型数据及其创建过程的有效管理，便于设计制造的协同。
- 集成的 NX PMI 愿景，通过 PMI 的一次创建、多次多点应用，实现数据重用的最大化。

4.2 基于模型的设计分析

传统的设计产品分析都是需要把 CAD 模型用通用格式如 STEP、Parasolid、IGES 等（也可购买 CAD 软件的直接接口，须额外增加成本）从 CAD 软件中写出来，再导入 CAE 软件的前处理器中来划分网格。这样几何数据需要在不同公司的软件之间传递，这就带来了几何模型精度和完整性问题。比如：在 CAD 软件中产生的高精度曲面，导入传统 CAE 软件的前处理器后要降阶，高精度曲面曲线就变成了折线和简单曲面，甚至有的 CAE 前处理器无法读入 CAD 模型，CAE 工程师只得在这些 CAE 软件的前处理器中建立非常简化的几何模型来进行分析（这是因为传统的 CAE 前后处理器没有专业级的几何建模工具，只有简单的几何模型创建功能），更不用说附加在原模型上的特征参数、注释、PMI 信息了。分析工程师花费大量时间在几何模型传递与处理上，造成分析跟不上设计节拍、分析与设计脱节、设计分析"两张皮"问题，从而导致 CAE 分析的价值不能充分发挥出来，严重影响对产品性能的及时验证和产品创新。企业迫切需要一个能完全基于设计模型、设计分析能够联动的成熟解决方案来提高产品研发、制造生产的效率。

基于模型的设计分析是新一代分析方法,要求所有的 CAE 分析都是完全基于设计模型的,即分析的模型同设计模型完全一致与关联。设计模型的信息全部都能带入分析中,若设计模型被修改与更新,分析模型可以自动捕捉到设计的变化,可控地自动更新分析模型。设计更改了,分析的模型自动更新后,用户只需要简单提交求解,很快就能获得更新后的设计分析结果。无论是单个零件模型还是复杂的装配整机(系统)模型,设计变更后,只需自动更新有变化的几何模型相应的网格即可,不需要重新划分网格模型,从而极大地减少了重复劳动。

Simcenter 是目前市面上唯一能实现完全基于模型的设计分析工具集合,它与 NX CAD/CAM 完全集成于一个环境中,实现高端多学科多物理场分析(包括耦合分析)真正使用一个前后处理器(而不是简单的封装),它颠覆了传统的 CAE 分析流程,从先进的软件工具层面实现了基于模型的设计分析方法与流程(见图 4-22)。

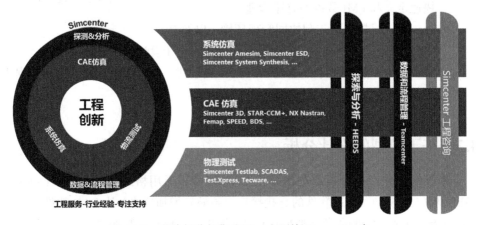

图 4-22 设计与分析集成于一个环境 Simcenter 中

基于模型的设计分析的 Simcenter 具有两大适用对象:①面向广大产品设计与工艺设计工程师;②面向专业 CAE 分析师。无论是设计与工艺设计工程师还是专业 CAE 分析师都是共用一个前后处理界面,都是基于模型进行产品分析。只是设计与工艺工程师和专业 CAE 分析师所分析的产品对象与学科不一样。设计工程师、工艺工程师通常只是对零部件(简单的套件合件等)进行常规的强度和刚度分析、模态分析、机构运动仿真和常规的热分析;专业 CAE 分析师主要针对复杂模型(整机、大的系统等)进行结构分析、非线性分析、振动噪声分析、流体分析、热分析、机构运动分析、烧蚀汽化分析,刚柔联合仿真及非线性多体分析、机电液联合仿真、疲劳耐久性分析、拓扑优化、几何优化、形状优化、几何优化及系统优化、复合材料分析、强度刚度失效分析、复合材料损伤破坏计算等。Simcenter真正能满足整个企业各个层面CAE分析的需要，设计工程师、工艺工程师基本可利用Simcenter的智能化与自动化、基于模型的网格划分工具来快速地完成仿真建模；专业分析师既可以利用自动化工具，也可以利用手动辅助建模工具来按照自己的设想建立出"艺术化"模型（见图4-23和图4-24）。

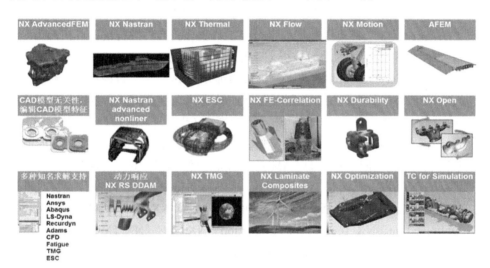

图4-23　多学科多物理场统一环境下Simcenter解算器

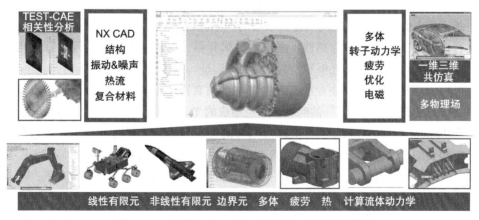

图4-24　西门子PLM CAE广泛的工业应用领域

Simcenter产品是完全集成在NX中的满足对产品进行多种学科分析验证的高

端产品，具备实现基于模型的设计分析的必要与前提条件，用户在完成产品设计模型后，可直接在 NX 环境对该产品进行 CAE 建模与仿真分析，Simcenter 具有高度自动化与智能化的 FE 建模能力，设计工程师、工艺工程师、专业 CAE 工程师都可以直接采用这种网格划分方式快速建模分析模型，相比市面上其他 CAE 的前处理器工具，网格划分时间可以缩短为原来的 1/5、1/10 甚至 1/100。Simcenter 的前后处理器中自带多种求解器对网格质量的要求标准，在自动划分网格过程中，实时检测网格质量以确保划分出来的网格满足求解器的要求，确保 FE 模型质量。Simcenter 是多学科集成环境的平台级工具集合，客户进行结构分析静力（线性、非线性）、非线性结构动力分析（隐式、显式）、动力响应分析（瞬态、频率响应、冲击谱响应、DDAM、跌落、随机振动等）、噪声分析、机构运动（刚性、刚柔联合、非线性多体、机构-控制联合等）、疲劳耐久性分析、参数优化、拓扑优化、热分析、CFD、热-流耦合/热-结构耦合/热-流-结构耦合/流-结构-机构运动耦合分析、电子系统散热分析、空间系统热分析等时，都用统一的前后处理器界面环境，同 NX CAD/CAM 是一样的操作风格。进行 CAE 分析时，不需要离开 NX 环境，直接基于设计模型，也不需要花费额外的时间，直接对设计的产品进行 CAE 仿真分析。Simcenter 的求解器如 NX Nastran、NX Durability、NX Optimization、NX Topology Optimization、NX ESC、NX TMG、NX Motion-Recurdyn、NX Response Simulation、NX Laminate Composite、FE-Model Correlation、FE-Model update 等提供了高速、高精度的求解能力，对于大规模问题的求解，用户可以直接设置并行计算（SMP，DMP），对于用模态叠加法求解的模态问题、动力响应问题，NX Nastran DMP RdMode 提供了具有专业加速软件效率的并行算法，把基于模态叠加法的大规模问题的求解时间缩减几十倍左右；利用 Simcenter 自动化智能化的前后处理器与高速、高精度的解算器，用户在做设计的同时就可直接对产品进行快速的仿真分析和及时（实时）验证，确保产品质量和驱动产品创新。Simcenter 可以彻底帮助企业改变过去存在的仿真跟不上设计步伐、仿真与设计脱节、仿真与设计"两张皮"的问题。通过集成的 Teamcenter for Simulation 模块，可以在 Teamcenter 环境中直接对仿真数据与流程进行管理，利用 HD-PLM 将各种与分析相关的信息（分析规范、流程规范、建模规范等）直接标注在分析模型上，任何有权限的用户可以直接从模型上获得该分析模型的信息。对于已经成熟的产品类型，可以用 NX Open 定制分析流程模板，对于新来的人员或者以前没有做过该类产品分析的人员，可以通过流程模板快速获得符合要求的分析结果（见图 4-25）。

  作为新一代的基于模型的设计分析成熟解决方案，Simcenter 具有领先于市面其他 CAE 工具的强大优势以及给企业带来独有的价值。

第4章 基于模型的三维设计与仿真解决方案

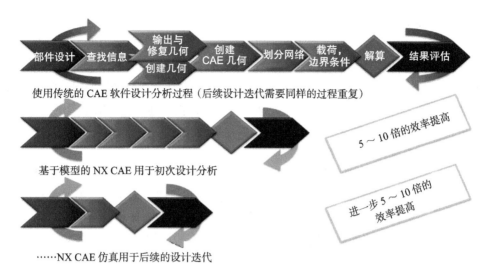

图4-25 Simcenter基于模型的设计仿真与传统CAE工具效率对比

（1）高端的设计分析一体化

NX是目前全球唯一一家将高端CAD与高端CAE产品完全集成的产品，CAD与CAE一体化的重要好处是设计模型与分析模型同步关联，设计变更后，CAE模型可以自动捕捉到几何模型的变化，从而能够可控地自动更新。也就是说更改设计或者重用以前的设计，有限元模型不需要重新人工划分网格，这样能够快速获得新的模型的分析结果，极大地减少了重复创建有限元模型的时间（见图4-26）。

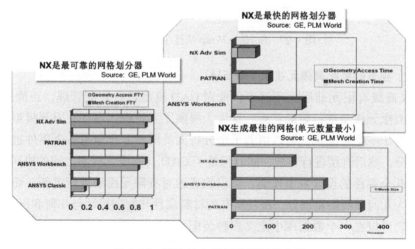

图4-26 被公认为最好的网格划分器

（2）同步建模技术实现 CAD 模型来源的无关性

同步建模技术使得用户可读入任何来源的 CAD 模型，且能识别、编辑和修改几何特征，对特征再参数化，从而实现 CAD 软件的真正无关性，读入的 CAD 模型就像是 NX 自己创建的几何模型一样。利用特征定义、几何特征抑制、曲面提取和装配等强大的模型抽象工具直接处理几何模型，极大地简化了前处理的工作量。同步建模技术非常容易掌握，不需要 CAD 建模经验。

（3）复杂流体域几何生成器

Simcenter 前后处理器新增加自动流体域几何模型生成器 Surface Wrap，基于该生成器用户通过简单的操作就能完成复杂流场几何的自动生成，通过解析度参数控制生成流体几何模型与结构模型的贴合程度。过去流体域极难生成、需要耗费大量人力与时间的难题，被 Surface Wrap 技术迎刃而解了，这将带动 CFD 分析效率的革命性进步（见图 4-27）。

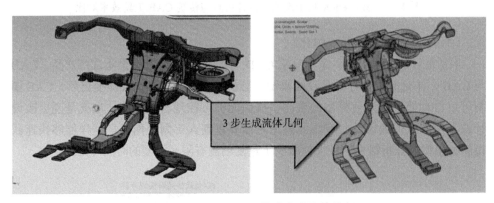

图 4-27　Surface Wrap 快速生成流体几何

（4）独有的装配有限元技术（AFEM）

NX 高级有限元前后处理器不仅能对 CAD 模型进行装配管理，还能按 CAD 装配对有限元模型进行装配管理，这大大提高了系统级多零件有限元模型的生成效率。对于一个装配体，可以由若干个分析人员同时并行地对各个零件进行多种网格划分，然后直接进行装配，同时保持了 CAD 与有限元模型之间的协同性，即如果某几个零件的设计发生改变，可以快速地对有限元模型进行更新，而不需要重新导入几何和网格重划分，而且所有的材料属性和物理属性与几何和网格无关。此外，它可以在一个数据库中定义多种装配关系，包括一个零件的多种网格、一个系统的多种位置关系等，可以将复杂模型的建模效率提高 5～10 倍。装配有限元技术颠覆传统的 CAE 分析流程，传统 CAE 软件都是要等产品 CAD 模型装配好才能写出 Parasolid 或者 step 等格式输出后，读入传统的前后处理器中进行网格划分，这使得设计过程和分析过程是串行的。装配有限元技术可以使得，一旦设计的零件做好，就可以对该零件直接划分网格，并根据需要单独对该零件进行计算，当产品零件都创建好后，再把这些零件装配在一起，原来零件的有限元模型可以随几何模型装配而自动跟随零件装配定位好。这样使得设计过程与分析工程融合，实时仿真，及时对设计进行校核验证。

（5）完全图形界面支持的超单元定义

超单元是 Nastran 首创的功能，主要用来解决大模型分解计算以及不同单位数据协同时的模型相关信息保密问题。Simcenter 新增超单元定义界面，通过装配有限元来定义超单元，使得超单元定义这一本来非常麻烦且易出错的定义完全在图形界面上完成，既简便又不会出差错。而且定义好的超单元可以用符号、简化模型和详细模型来显示。超单元技术使得复杂的大规模问题可以分解成若干相对小的子模型，单独计算这些子模型用的计算资源少，等这些子模型计算好后，把这些子模型按照超单元模式装配起来再计算整个模型，此时直接利用子模型的结果进行处理，利用较少的时间与计算机资源就能很快完成大的模型计算（见图 4-28）。

初始完整模型显示

在装配有限元中任选超单元的显示方式

不显示超单元　　　　　　　超单元以简化有限元模型显示　　　　　超单元用符号标识

图 4-28　独有的超单元图形界面定义与显示技术

（6）领先的模型连接与计算技术

Simcenter 一方面可以让我们用金字塔单元，NX Nastran 增加了该单元，使得六面体单元与四面体单元可以通过该单元自动过渡连接，因而六面体与四面体混合建模就变得更加方便。另一方面提高了线性粘接功能，在两部分体模型交界面定义一个 Glue 关系即可，不需要节点合并，使得建模变得更加自由与方便，NX Nastran 求解大量线性粘接问题时不影响计算速度，与节点重合连接方式一样。线性 Glue、线性接触功能经过 20 多年的实践检验，无论是计算速度与精度都是其他软件的标杆。而且 Simcenter 的线性 Glue、线性接触是解决纯线性分析（静态，动力响应）中所需要解决的接触与粘接问题，可以在 Nastran 求解系列 sol 101/103/109/110/111/112 等直接应用，并且具有线 – 面 Glue 功能，极大地方便壳单元与体单元的连接，这是线性结构分析中需要经常用到的，它解决了困扰 CAE 工程师多年的难题（见图 4-29）。

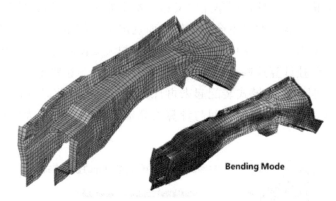

图 4-29　线性 Glue 技术应用

（7）螺栓预紧力直接定义界面菜单

NX 前后处理器能够直接定义螺栓预紧力给 1D 螺栓和 3D 六面体网格螺栓，这个轻松解决了传统 Nastran 软件需要用温度冷缩来模拟螺栓预紧力的问题。

（8）机械 CAE 仿真工业标准求解器 NX Nastran

新一代结构求解器 NX Nastran 来自 2003 年被美国联邦贸易委员会根据反垄断法强行拆分的 MSC Nastran，这些年来西门子工业软件公司投入大量人力和财力致力发展 NX Nastran。目前 NX Nastran 在线性接触、线性粘接、并行技术、迭代求解、流固耦合、热固耦合等仿真技术方面处于行业领先地位。NX Nastran 将 Adina 非线性功能完全集成进来后，扩展了传统 Nastran 非线性分析的能力，为客户提供了方便使用知名非线性分析软件的集成环境。用户所有的应用方式都是 Nastran 风格，不需要再重新学习 Adina 格式。

（9）真正的多学科多物理场一体化界面环境

Simcenter 是真正的多学科多物理场一体化图形界面环境，即在一个界面环境中可以进行结构静力/动力（线性/非线性）、CFD、机构运动、热、热流耦合、热结构耦合、热结构流体耦合、机电液联合仿真、疲劳和优化分析等。所有的操作界面风格完全一样，便于交流与应用。

（10）超大规模模型计算能力

广泛应用的 NX Nastran 求解器开发出了先进的 Iterative Solver 快速算法，特别适合于结构的强度与刚度快速计算，其计算效率是其他求解器的 5 ～ 10 倍；并行处理特别是 64 位计算能力得到极大提高，应用 NX Nastran 的 DMP 或 SMP 可以高效地进行大规模模型的求解；在连接单元处理技术方面领先于其他厂商的产品，可以方便地进行线性接触计算、螺栓预紧连接、GLUE 粘接处理；在非线性能力方面具有显式与隐式非线性计算能力，考虑结构的大位移、大应变、材料的非线性特性与接触等，收敛稳健且并行计算效率高。针对动力响应分析，NX Nastran 开发了新的 RdMode 方式的并行计算技术，可以使得模态法求解速度达到专业加速软件的效果。

（11）专门的动力响应分析工具包

NX 提供了一个新的模块 NX Response Simulation，该模块使得做各种各样的动力响应分析变得异常便利。可以方便输入时间域、频率域的各种类型的载荷数据（曲线）以进行瞬态和频率响应分析、随机分析、响应谱分析、跌落分析、冲击分析等，而且响应的分析结果可以实时生成云图、曲线、动画等。无论是设计工程师还是专业 CAE 分析人员都能很容易使用。该模块还带有数据变换功能，如可以将试验曲线（或者其他来源曲线）进行时域傅里叶变换、时域生成 PSD、时域到 SRS，或者从 PSD 变换到时域，也可以自动由速度曲线生成加速度曲线等（见图 4-30）。

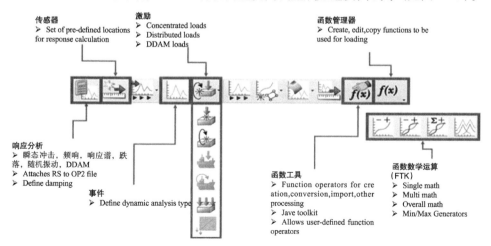

图 4-30　专业的动力响应分析工具集

(12) 强大的二次开发工具 NX Open

具有强大的 CAE 二次开发、客户化定制功能：NX Open 利用 .NET、XML 等开发语言将客户的典型分析流程、分析规范模板化，方便进行正确、高效的分析工作。

(13) 广泛的求解器支持

Simcenter 可以为多种第三方求解器（如 Ansys、Abaqus、Nastran、Ls-dyna、Adams、Recurdyn 等）做前后处理器，这样客户可以利用 Simcenter 强大的有限元建模能力，使用户原有的软件发挥出更大的功效。

(14) 西门子 PLM CAE 未来开发方向（见图 4-31）

图 4-31 西门子 PLM CAE 愿景方向

Chapter5 第 5 章

基于模型的电子电气系统工程

相对于过去几十年机械三维工具的迅猛发展,电子电气领域自动化工具在交通运输行业的应用仍然有相当大的距离,许多工程师甚至是主管领导尚没有认识到使用图形而非数据工具进行设计和制造的局限性。然而随着近年来电子电气领域突破性和爆发性的发展,传统的设计方法和理念已经不足以应对这些挑战。

汽车行业正在经历一场电子革命。嵌入式计算机和传感器已成为现代公路车辆中包括动力系统、制动系统和转向系统在内的大多数安全关键系统的核心。自动驾驶和电气化则进一步强化了这种依赖性。不仅如此,电子设备还为信息娱乐系统、空调和加热座椅等一系列舱内设施提供支持。高端豪华车甚至拥有更多配置选项,所有这些都令车载计算变得越来越复杂。

最终,电子控制单元(ECU)、传感器、执行器等大规模复杂系统都必须通过贯穿整个车辆的线束进行互连(见图 5-1)。现代车辆中包含数以亿计的软件代码行、数十个计算机和控制模块,以及总重量超过 45 千克的线束。

汽车业高管将创新视为决定公司成败的关键因素,并且在很大程度上是电气、电子和嵌入式软件进步的共同结果。凭借传感器、处理器、网络和其他相关技术领域的进步,先进驾驶辅助系统(ADAS)、车辆连接和电气化的实现与日俱进。

通常来讲,自动驾驶汽车是一个完整丰富的系统,其中包含先进传感器、车载计算机、高速高带宽数据网络,以及将所有这些连接起来的布线。这个由摄像头、雷达、激光雷达传感器和电子控制单元(ECU)组成的复杂网络将负责检测和解读动态环境条件,以便为实时驾驶决策提供信息。这意味着它每秒要收集、处理、分发吉字节级别的数据,方能支持算法和ECU响应快速变化的驾驶环境(见图5-2)。自动驾驶所需的电气电子系统的复杂性和关键性会大幅提高汽车设计与工程开发的挑战难度。这是因为要确保这些系统的安全性,必须进行大量的测试和验证。如果不采用设计、验证、修正、反馈等先进工具来正确构建满足规范的设计,以及进行数字化的仿真和分析,那么根据大多数估测,自动驾驶汽车将需要相当于数十亿英里⊖的测试才能确保其安全性——无论在成本上还是在时间上,这都不具备任何竞争力。

图5-1 车辆的电气系统变得异常复杂

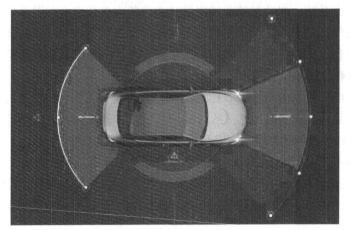

图5-2 自动驾驶汽车平台必须通过高速数据网络连接一系列先进的传感器和计算机,以感知、评估环境激励并采取措施

⊖ 1英里≈1.61千米。——编辑注

第 5 章　基于模型的电子电气系统工程

以化石为燃料的传统汽车中也包含大量的传感器、控制部件以及娱乐系统，每时每刻各个部件之间都在传递信号和电力。从用电设备来讲，车上的电气设备是在逐年增加。在产品的开发环节，汽车这种复杂的产品需要各个部门之间高效地合作，不但需要各个电子子系统能够被正确设计和验证，而且还需要整合各个子系统并在整车平台级别进行设计和验证，而在平台上就必须考虑由于市场的需求和用户的选择所带来的车型配置为电气的复杂性带来的挑战。如果我们希望在开发时能够自动嵌入公司所积累的设计开发经验，以及考虑车辆大规模制造时对装配工艺的要求而产生的线束的分块和安装等，如果缺乏适当的工具来综合考虑众多的需求和输入，而且期望在短时间内获得优化的、被验证的结果，那么无论是多么有经验的设计人员，在面对需要多学科多团队协作才能完成的复杂产品时，无论是在设计的质量还是进度上，都面临着巨大的挑战。

说到电气领域的制造环节，目前的状况则更为糟糕。为车辆传输动力和信号的系统实物我们常常称为线束，在数据的传递和使用上，由于上游的主机厂可能会用到各种各样的设计工具，而且提供给线束制造商的设计文件通常不是产品的数字化描述，供应商不得不重新对图纸进行加工，把图面的图形信息和一些 Excel 文档转换成自己内部流程所需要的文件格式，并在此基础上进行制造工艺设计。线束供应商面临的挑战是如何在竞争激烈的市场中获得更大的利润，通常线束行业是以量取胜的，本身的单件的利润并不丰厚，要获得更高的利润生存下来，供应商需要考虑优化生产的各个环节以最经济地制造成品。例如，它们需要考虑如何调整生产线以应对不同配置的车型所需要的不同复杂度的线束；如何在满足客户生产节拍的前提下迅速实施产品的设计变更，同时还要满足质量部门对变更后的生产设备的质量验收要求；在物流上，为了与客户的生产节拍同步，必须要在满足客户需求的情况下，尽量减少库存并期待零库存。国内的大部分线束供应商仍然依靠大量手工工作来完成工艺设计、制造产线优化等，这不但花费大量的时间，而且容易出错，同时也不具备有效的手段以在多维度的输入条件下对生产工艺和流程进行优化，以获得更大的盈利。

而在产品最终交付给客户后，该产品则进入了使用和维护阶段。常见的维护文档则是在产品设计部门完成设计后，把结果传递到相关的售后部门，通过售后部门的协调，委托第三方的服务提供商来完成。从产品的设计发布到最终获得维修手册，一般 3 到 6 个月不等，考虑到电气设计频繁的设计变更，维修手册在被出版的那一刻，通常就已经不反映最新的设计状态了，也就是维修人员手上的维修手册已经过时。纸质的维修手册缺乏直观的交叉引用关系，无法从关注的内容自动进行参照获得。最重要的一点是，维修手册通常包含所有的功能配置，是该

基于模型的数字化企业（MBE）

产品的所有可能的组合的电气设计，而维修人员在面对特定配置产品时，需要排查哪些并不属于该产品的功能，这个工作费时而且容易产生错误的引导。因此，智能化的维修文档迫在眉睫，这不但可以加速产品的维修速度、缩短时间、提升产品的利用率，同时还可以提升产品的品牌形象。

原始设备制造商采用的传统方法和工具难以满足这一全新汽车工业格局的需求。工程师被要求在严格的预算、时间限制下遵循安全性和可靠性标准，创建更复杂的设计。对供应商而言，需要能够迅速地评估制造成本以及获得最佳制造工艺流程和设计，并能够按时、高质量地完成产品交付。

基于上述粗略的描述，我们可以发现，整个电子电气领域需要系统的应对方法，而基于模型的系统工程（MBSE）被证明是一种有效的系统工程方法论，它创建和利用各个领域的系统模型，将其作为各个领域之间信息交换的主要手段，而不是基于文档的信息交互方式。

汽车开发的未来依赖于建立基于模型的数字化企业（MBE）。在此企业中，将使用开发中的产品的数字化仿真模型来完成产品开发。迄今为止的数字产品模型都是几何实体化模型，它代表了开发中产品的物理形态。要转变至基于模型的过程，下一步需要创建数字化仿真模型，对开发中的产品的实际功能进行建模。数字化仿真模型将车辆的物理和机械模型与电气、电子、网络和软件模型集成在一起，创建自身的功能表示。传统的系统工程 V 过程的每个阶段都有助于创建此功能孪生。产品工程模型直接馈入特定领域的架构模型，同时在整个工程过程中进行确认和验证。另外，始终通过产品生命周期管理（PLM）系统，以数字方式管理和分发所有的设计数据。

采用 MBE 方法时，功能孪生将驱动从设计到制造再到售后服务和支持的产品开发过程。在这类环境中，多个工程领域开展有效且高效的协作，根据严格的时间表创建高度复杂的车辆（见图 5-3）。

如图 5-3 所示，针对多领域的系统架构任务，以及其中的每个功能，用数字化的手段来描述该功能是如何实现的，信号是如何发生、传递、处理，如何发出执行指令、触发执行器等。另一方面，该系统还必须与其他系统进行数字交互，涉及硬件、网络、软件以及机械的融合。在设计该系统的过程中，还必须考虑整合后系统之间的相互关系和行为，在平台级别上考虑整个产品的电子电气架构如何定义和具体实现，从而从总体上获得比较好的折中方案。在该基础上把获得的结果数据分别推送到各个领域专门的工具，再对该模型进行细化和详细建模、设计和验证。

Capital 关注设备和系统之间的连接，产品的所有系统以及连接性的数字化设计、制造和使用完全在 Capital 中实现。

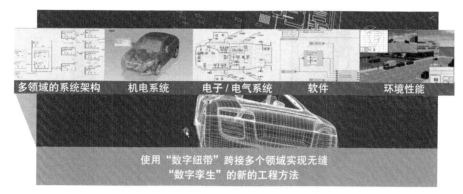

图 5-3 基于模型的系统工程能够连接各个不同领域实现数字的无缝流转

  Capital 软件是一组基于模型的系统软件，可高效创建并利用电气设计数据，其强大的技术能力可压缩产品定义、设计、验证、制造、服务等环节的成本，帮助企业获得最大的商业价值。Capital 专为航空航天、国防、汽车和越野车等交通运输平台而研发。无论小型的本地化项目，还是大规模的企业部署，Capital 均可胜任。无论是平台和电气系统的概念定义，还是通过详细设计到线束制造及现有维护文档的管理，均在 Capital 的涵盖范围之列。Capital 核心组件既可单独使用，也可相互配合以用于统一的设计流程，在相同设计环境下实现设计数据的完善与丰富。Capital 可与 MCAD、PLM 等类似设计系统完全集成，实现系统间的协同配合和高效设计。简而言之，Capital 帮助压缩系统的 V 周期（见图 5-4）。

  Capital 是明导电子（Mentor Graphics）公司为交通运输开发的集成设计环境。[⊖]该公司是电子硬件和软件设计解决方案（EDA）的全球领导者，为世界上最成功的通信、半导体、计算机、消费电子、汽车电子和国防军工公司提供优质产品、咨询服务和支持，可加快客户的电子及机械产品的研发速度，提高产品质量，增加成本效益。工程师可借助该公司不断推出的新产品及解决方案，以应对日趋复杂的电路板及芯片设计领域所面临的挑战。该公司拥有行业内最为丰富的顶级产品线，提供完整的 SoC/IC/FPGA/PCB/SI/PASDS 设计工具和服务，并且是唯一一家拥有嵌入式软件解决方案的 EDA 公司。

⊖ 西门子公司于 2016 年 11 月收购明导电子，而 Capital 产品则成为西门子工业软件中为电子电气提供解决方案的工具套件。

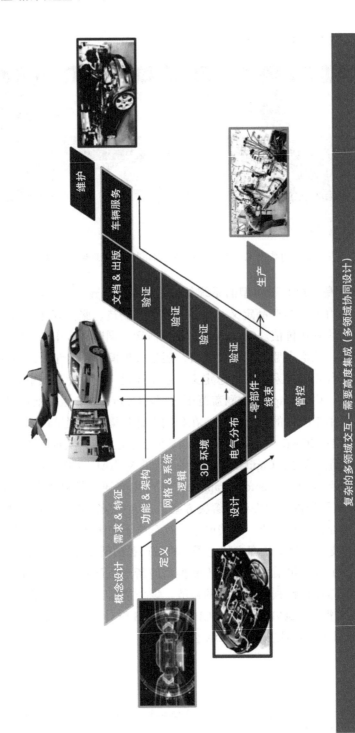

图 5-4 Capital 帮助客户压缩整个系统的 V 周期

5.1 基于模型的电气架构解决方案

5.1.1 电气架构设计的挑战

随着消费者要求更高程度的产品个性化和定期更新，以及自动驾驶和电驱动等新技术的成熟，新车的电气和电子化程度不断提高。与此同时，老牌汽车制造商正在与新晋 OEM 和高科技公司较劲（有时也合作），同时还必须应对车主不断变化的偏好，从 Uber、Gett、Lyft 等基于手机应用的服务的兴起到居民储蓄率的降低，以及一些政府宣布计划到 2040 年禁止销售所有汽油和柴油车的影响。事实上，汽车供应链中的所有公司，从原有的业界翘楚到硅谷和中国的初创公司，都面临着前所未有的竞争压力，当然也存在赢得客户和市场份额的新机遇。而当涉及如今车辆的电气/电子架构设计（其比以往任何时候都更复杂）时，所有这些剧烈变化都会带来一些非常实际的影响。

EE（电气和电子）复杂性表现在网络和架构设计的不断变化上。面对广泛的技术要求（带宽、重量、成本、CPU 利用率等），手动设计流程正在让位于指标驱动的自动化方法。先进的设计工具支持迭代，通过内置可配置的指标来帮助工程师及时完善网络架构或设计规则检查。此类工具还支持网络子网可视化和覆盖参数，如网络节点 ID、优先级或值表，从而可以在设计过程早期进一步优化报文和信号。所有这些数据都可以过滤到其他域中，因为这些网络信息可以作为 DBC 或 XML 文件轻松导出到平台、子网或 ECU 中。当然，复杂性与消费者需求直接相关，尤其是在兑现"大规模定制化"的承诺时，即在批量生产的现实情况下，允许客户选择其想要的车辆选项特定组合，但仅支付单位成本。这需要在设计过程早期对车辆电气和电子架构进行平台级优化。一款典型车辆有数百种可能的选项组合，所以制造商必须管理数以亿计的潜在电气配置来满足该需求。解决这一挑战主要有两种方法，分别以 Porsche Cayenne 选项手册和 Lexus 车辆选项手册为代表，前者有 160 页，而后者只有 14 页。然而，无论是汽车还是卡布奇诺，奢侈品市场的规范几乎总是会流向更主流的市场，因此定制的 EE 架构在整个品牌层次结构中将日益凸显。

目前，德国汽车制造商在采用 KSK 方法方面似乎处于领先地位，该方法是一种客户特定的模块化设计与制造方法，其中个别线束需要特别构建以涵盖多种选择。另一种广泛使用的替代方案是采用"打包"或复合方法，即对可用选项进行分组，从而减少需要支持的可能选项总数。

5.1.2 全球趋势影响 EE 架构设计

自动驾驶和电气化要求对 EE 架构进行重大变革。其部分原因是电气化引入的高电压、更多安全考量，以及显著减轻车重以使 EV 行驶距离最大化。自动驾驶的影响包括需要"失效运行"的设计、大大增加的数据网络负载和更高的虚拟验证要求。

尽管存在一些业内炒作，但这些趋势即将到来，在很多方面甚至已经来临。最近的统计表明，约有 300 家公司正在研发电动汽车和轻型卡车，其中大约 100 家公司已宣布自动驾驶计划。同样值得注意的是大众汽车集团宣布的"RoadmapE"计划，这可能是业内最全面的电气化举措之一。该路线图包括到 2025 年推出 80 款新电动车，并计划投入超过 500 亿欧元以进行电池采购，这是行业历史上最大的采购之一。

虽然电动汽车浪潮首先到来，但自动驾驶汽车竞赛也已开始（见图 5-5）。几乎所有领先的汽车制造商都计划推出自动驾驶汽车，包括通用、福特、现代、雷诺日产、丰田、本田。中国近 300 个城市和地区引入了"智慧城市"项目，激励人们使用自动驾驶汽车。

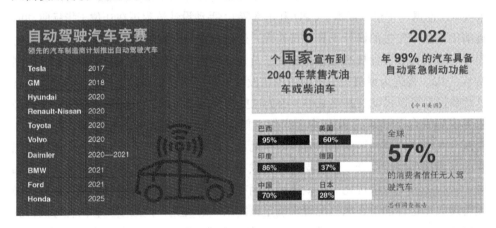

图 5-5　电动和自动驾驶远景

汽车领域新秀的激增主要由新型自动化和电气化技术驱动，这与伴随每一次行业新颠覆的变革是一致的。在美国汽车工业的早期，情况也是如此：1909 年有接近 300 家汽车生产商。但是到 1930 年，只有 27 家幸存下来。类似的颠覆性风潮正在吹遍整个行业，无疑会导致又一次波澜壮阔的整合和变革。现在的主导者与新来者谁能够在新的汽车世界里繁荣昌盛，将取决于其发展和调整商业模式及产品开发流程的能力。旧的交互式流程不足以满足快速行动的需要，只有在产品生命周期的各个阶段整合高水平的设计自动化、合成和验证，企业才能在此新世界里生存下去。

5.1.3 基于功能的系统工程

用功能性方法来介绍和开发系统架构通常是基于如 EAST-ADL 或 SysML 等 UML 衍生的特定域语言。同时，用各种形式和抽象层级（如功能、活动、序列和状态图）来介绍将要被开发的系统的技术内容（组件），然后为了执行而进行适当的映射（见图 5-6）。

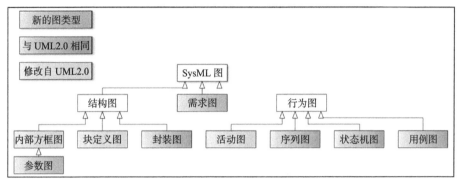

图 5-6　SysML 图类型（分类法）——来自维基百科

使用这种方法需要做大量的工作，不太适用于架构评估，而更适用于详细的归档。事实上，为了能够对整体系统架构进行有意义的技术和财务评估，必须非常详细地明确每个单个层级，直至达到足够程度的细节。在随后的映射中，工作量会按照细节程度的平方数增加。如果相应的指标计算不够敏捷，就无法及时地对功能分配的变化进行评价，也就无法为每个单个的将要被评价的选择提供真正有意义的结果，如一个具体控制单元的软件组件。

总体而言，这极大地影响了架构的研究。在某些情况下提供必要的数据和计算想要的指标所需要的时间可能比整个项目原计划的时间还要多！

功能模型：我们使用了在一个单一层级上结合了标准化的、分等级的功能模型来描述系统架构的技术内容。标准化的功能模型指可从它们最终作为硬件、驱动器和软件组件执行中分离出来的单个功能。不再在多个（在某些情况下是多余的）层级上分发模型，取而代之的是单个的特定域的描述可以与一个单个的功能抽象结合，从而消除了冗长的映射过程。通过可以被标准化（变成软件、电气或总线信号）的信号实现单个功能间的通信。所有部件都可以与一组来自详细的选项/变型模型的规则有关。硬件、软件和电子&网络通信的组件模型可以因此而集成在一起，并且使用设计规则检查（DRC）来同时检查和验证它们的语义依赖关系。

通过这种方式可以及早在功能抽象层级就捕获下游执行域（硬件、软件、网络和电气）的技术、变型推动的内容，并在所有变型中验证该内容（见图 5-7）。

基于模型的数字化企业（MBE）

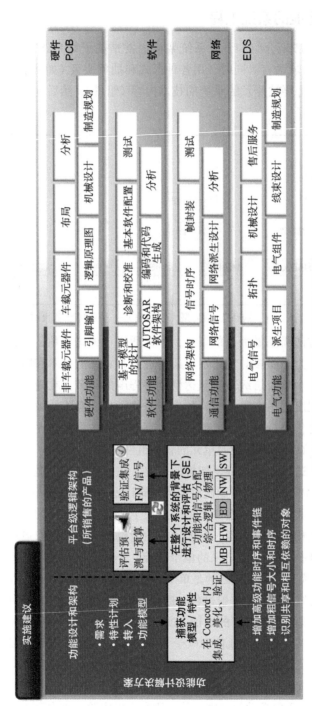

图 5-7 特定域流程和上游功能架构设计

第 5 章 基于模型的电子电气系统工程

为了说明这种方法，图 5-8 展示了许多功能块。软件功能（SW）、驱动器组件（D）、传感器（S）和执行器（A）在一个单个的抽象层级被描述和显示。功能间的信号根据它们需要执行的颜色显示：红色（SW）、绿色（PCB 上的电子信号）、橙色（线束上的电子信号）和蓝色（网络上的信号）。

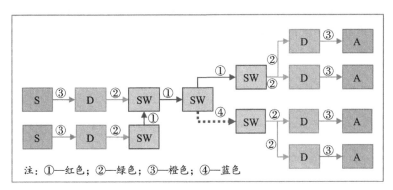

图 5-8 功能设计

在图 5-9 中，单个类型的分配与下游平台的执行要求一致。如果一个功能是属于软件类的，这意味着该功能在平台下游分配中被视为 SW 组件：它应被分配到控制单元，而不是一个单纯的电气组件。注意，一些功能和信息是可选的，与选项 / 变型模型呼应。

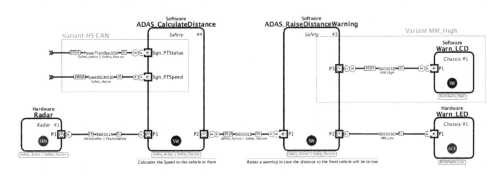

图 5-9 标出各种功能、选项分配和外部功能块或信号参考的功能图

功能可以按等级组织，功能信号既可以参考它们的原始功能（如果从外部功能设计开始），也可以通过一个信号库进行跨平台和跨项目使用。

逻辑平台：如果功能设计按如上所述所捕捉，那么就可以自动创建下游执行（硬件和软件、串行总线系统和电气分布），并且总是会尊重选项 / 变型的关系。

基于模型的数字化企业（MBE）

要做到这一点，首先定义一个逻辑平台。这可以由一个 3D 模型以物理拓扑的形式得到，但是也可以从一个抽象的逻辑网络拓扑开始。通过向一个选项/变型模型分配单个功能组件，逻辑平台可以包括（以汽车工程为例）一辆单个的车、一系列的车或一个汽车平台所有可能存在的衍生物，包括软件、电气系统、网络和硬件的变化形式。同样的原则也适用于卡车、越野车车辆、飞机和复杂的机电设备，如工业打印机和医疗设备。甚至，一个像防空系统这类经过扩展的系统也可以用这种方式建模（见图 5-10）。

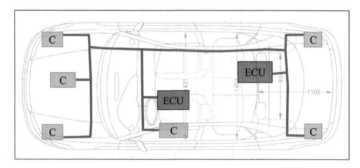

图 5-10　拥有标准化功能容器（资源）和连接通路（载体）的平台架构

平台的单个节点作为资源被标准化：电子控制单元（ECU）或线路可更换单元（LRU）、电气总线、电力或接地导体。它们可以通过电气或总线系统（CAN、LIN、Flexray、Ethernet、ARINC429 等），或通过光学或电波连接耦合。这些通信通路被称为载体。

合成：功能随后被分配到逻辑平台中。这可以手动或利用规则自动完成。执行的过程中将按功能的类型询问功能。例如，从 SW 类型中创建一个软件组件，然后将其分配到控制单元。功能之间传递的信号将在逻辑平台上分为软件、电气或网络信号并向载体分配（见图 5-11 和图 5-12）。

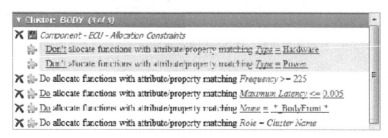

图 5-11　分配功能的规则

```
X  Do assign signal with attribute/property matching Max Latency <= 10 to carrier
X  Do assign signal with attribute/property matching PSF = .*_CAN23_.* to carrier
```

图 5-12　分配功能和信号的规则

由此产生的合成是集成地执行功能描述的四类域（硬件、软件、网络通信和电气），见图 5-13。利用设计规则的检查、任何必要警告或生成的错误消息来实时分析语义的一致性。这就是我们提到的边设计边验证，或者说设计即验证，因为规则的注入会影响结果。如果获得了结果，那么一定是符合规则要求的；否则系统不会输出所期望的结果而是输出告警信息，提示用户某些规则导致结果生成错误。这极大地提升了效率和质量。

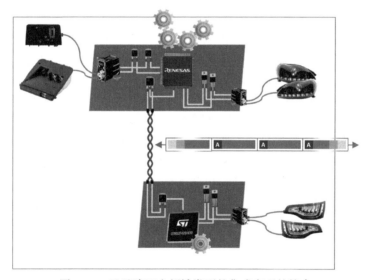

图 5-13　显示跨四个领域类型的集成实现的综合

指标：技术评估指标在合成过程中即可计算。可以通过设定让这些指标显示各种信息。例如，对于多路传输网络而言，有意义的指标包括负荷、容错和开销。电气域的指标包括电线、焊接点和连接器数量、电线长度、线束直径。控制单元的指标包括设备重量、CPU 负荷、RAM、ROM、FLASH/EEPROM 的要求、印刷电路板（PCB）面积和单位体积功率，以及热耗散。按与功能、资源和载体有关的参数计算指标：往往可以从先前的执行中详细了解这些参数。

如果一个值大于一个特定的水平，例如，如果预测内存的要求超出微处理器提出的预算，这一情况将通过设计规则检查发送警报或直接发布到平台架构师的图形显示器上，帮助工程师保证设计的可行性。可以计算的不仅仅是技术指标。通过扩展计算,还可以计算成本、重量、余裕、可靠性或再利用等项目目标(见图5-14)。

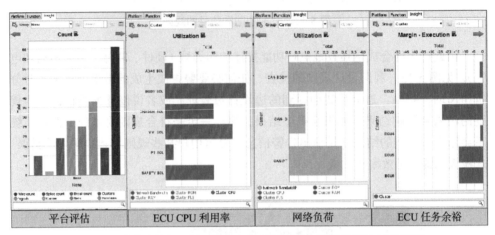

图 5-14 指标样例:目标数量、CPU 利用率、网络负荷和任务调度

评价和优化:因为使用这些指标进行评价是实时完成的,即当做出设计决定或改变时(见图5-15),指标立即反映出这些变化,并且随后可以进行替代方案的研究。

这一过程与评估替代执行(架构)或者实际修改功能内容非常匹配,因此可以迭代和交互地解决优化功能分区、电气优化、成本和运行时间优化问题。经过最后的评价,逻辑平台合成的结果以每个特定域的形式(如 ARXML、FIBEX 或 KBL)被输送到下游详细的设计过程中。架构研究阶段的结果可以被重新用作未来平台的执行建议。在一个集成设计环境中,数据当然可以直接被传递给相应的应用程序。

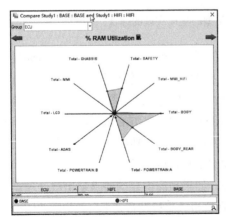 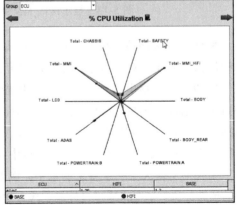

图 5-15 按对象数量、技术评估、CPU 和网络流量测量值比较不同的扩展和优化阶段

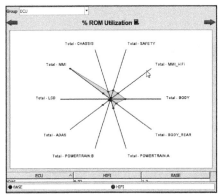
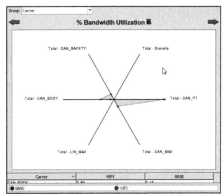

图 5-15 （续）

5.1.4 商用车的架构设计

为了更好地了解这一流程如何运作，可以借鉴 SAE J1939 标准以及商用和非公路车辆的架构设计。J1939 由一组参数组编号（PGN）和可疑参数编号（SPN）组成。PGN 标识通信正在寻址的一组相关参数，SPN 则标识该组内的特定参数。例如，其中一个 PGN 标识与发动机温度有关的数据。在该参数组中，有多个 SPN 标识发动机冷却剂、燃油、机油、涡轮增压器油和中间冷却器的特定温度数据。

自制定以来，J1939 已广泛应用于重型公路车辆和非公路应用。此外还制定了该标准的多种衍生标准，用于农业、林业、海洋应用以及与车队管理系统的接口。随着物联网和互联车辆的持续增长，卡车、公共汽车和其他大型车辆也开始相互通信并接入云端，J1939 将会发挥更重要的作用。

1. J1939 CAN 设计流程

现代商用和非公路车辆包含多达 6 个围绕车辆架构传输数据的控制器区域网络（CAN）。CAN 连接车辆架构中数十个 ECU 并传输关键信息，确保车辆平稳、安全地运行。商用和非公路 OEM 必须针对它们生产的每种新型车辆或衍生产品重新设计或更新这些复杂的网络设计。因此，精确、高效的 J1939 CAN 总线设计流程对于车辆开发而言至关重要。

Capital 从创建构成 CAN 通信的信号和消息字典开始，提供了精简的 J1939 CAN 总线设计流程。Capital 可以接收包含 J1939 中定义的标准化 SPN 信号和 PGN 消息集的 Excel、XML 或 DBC 文件。基于此输入，Capital 构建一个由 J1939 标准 SPN、PGN、SPN 与 PGN 的关联以及公司字典中所有其他信号和消息构成的字典（见图 5-16）。

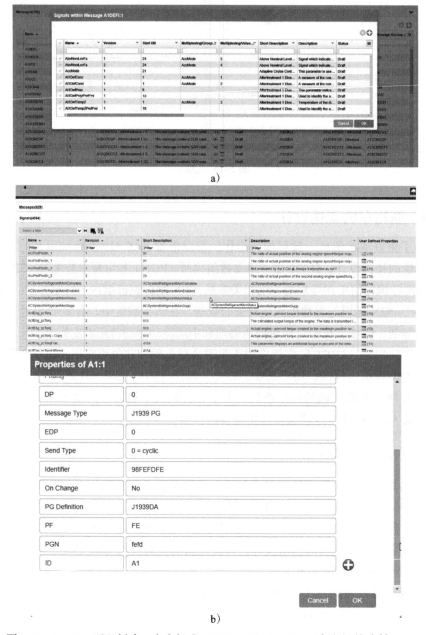

图 5-16　Capital 可以创建一个由标准 J1939 SPN、PGN、两者之间的映射
（图 5-16a）以及公司字典中所有其他信号和消息构成的字典（图 5-16b）

该信号字典将包括来自初始导入的标准 SPN 信号。J1939 提供了广泛的标准信号和消息集。借助 Capital，工程师可以使用与项目或制造商相关的更多信号和消息来丰富 J1939 标准字典。例如，许多商用卡车配备涡轮增压发动机。对于半卡车设计，信号和消息字典需要包括与涡轮增压器相关的 SPN，如增压压力、空气质量流量、进气温度等，鉴于实现要求，这些 SPN 可能需要自定义标度。

导入标准设计后，工程师可以将 Capital Systems 架构中包含的 PGN 和 SPN 视为网络和通信报告。在此视图中，工程师可以分析架构功能、连接属性的信号和消息映射。这样可实现进一步的分配或覆盖，修改标准设计的内容，以满足手头项目的需求。例如，工程师可以根据实现情况修改特定的属性值，避免创建独特的信号和消息来考虑细小的差异。此功能允许工程师根据目标实现的特定需求来调整现有设计，有助于重复使用现有的设计数据。

之后，工程团队可以使用此字典来简化未来的实现。借助可重复使用的设计工件库，工程师可以快速、准确地将经过验证的架构、SPN 和 PGN 映射以及功能设计集成到新车的电气和电子系统中（见图 5-17）。未来的涡轮增压车辆设计便已具备可在车辆网络中实现的可靠的信号和消息字典。这些资产的重复使用显著提高了设计效率，同时满足了现代车辆网络所需的数以千计的信号需求。

重复使用现有的设计数据是集成式电气设计流程的一项关键优势，它能减少设计错误，并最大限度减少甚至消除冗长的重新设计过程。Capital 使工程师能够导入黑盒功能设计和逻辑模型，从而进一步利用设计数据复用的优势（图 5-18）。导入现有的平台平面并补充 3D CAD 环境中定义的属性，或导入将在架构平台设计视图中使用的逻辑连接网络信号，现在都已成为可能的选择。

2. 设计数据复用

现有的设计数据为新车设计提供了大量经过验证和确认的资产。通过对现有的逻辑模型进行逆向工程，团队可以生成可靠的逻辑设计和组件库（见图 5-19）。可以导入功能设计以创建车辆的软件、硬件、网络和电气功能，还可以导入预先存在的车辆架构，以快速启动设备放置、线束布线通道设计、连接器位置等。最后，工程师可以合并存储在 XML 中的基于模型的系统工程数据，进一步了解和优化设计。

工程团队有时需要调整导入的功能设计，以用于新车架构。这些更改可能会影响默认的信号到消息映射的效率，导致设计中虽然存在大量消息，但只有少数信号映射到每条消息。一种常见的解决方案是重新设计架构中的 ECU 功能分配，让一些功能在同一 ECU 上共存。这会增加映射到每条消息的信号数量，从而提高

100 数字孪生实战
基于模型的数字化企业（MBE）

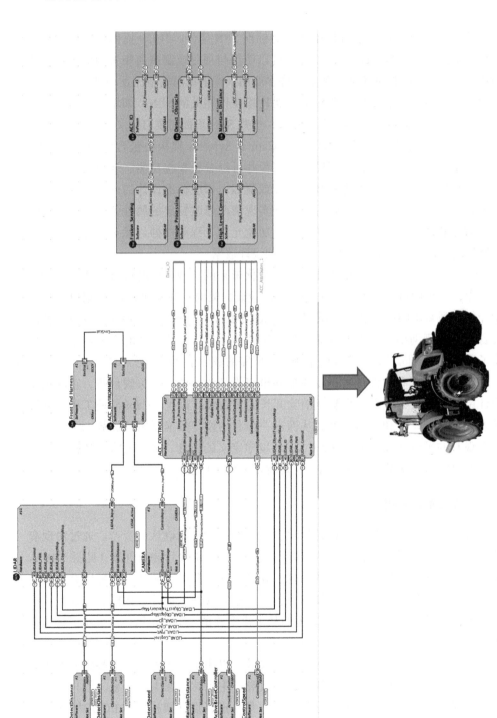

图 5-17 工程团队可以通过集成预先存在的设计工件来简化设计周期

设计效率。工程师可利用 Capital 在车辆架构中快速重新分配功能,从而简化设计排列的评估和最佳解决方案的实现(见图 5-20)。

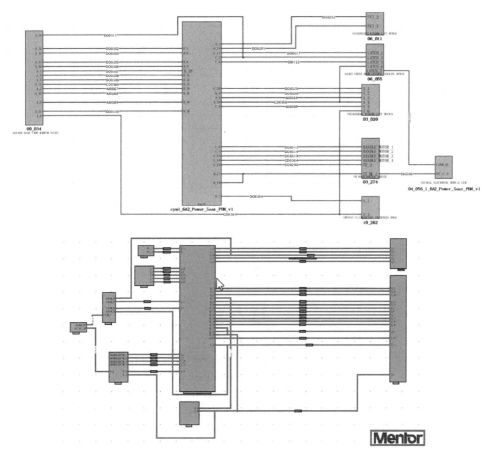

图 5-18　可以导入功能设计以简化设计流程。在这里,功能设计显示在消息视图(顶部)和信号视图(底部)中

或者导入的功能设计已经描述了 CAN 总线上的内容,在这种情况下,工程师可能希望增加更多设计细节,如电源和接地,或规划传感器和执行器的放置以及由此产生的数据流。这样可以重新优化功能位置,以改善网络带宽,缩短功率运行或减小电子数据系统(EDS)的质量。在为架构中的 ECU 分配功能时,工程师可手动进行,也可通过基于规则的自动化操作进行。将功能分配给架构组件后,Capital 可以分析系统功能,如进程加载和网络带宽利用率,以确定它们是否在可接受的范围内(见图 5-21)。

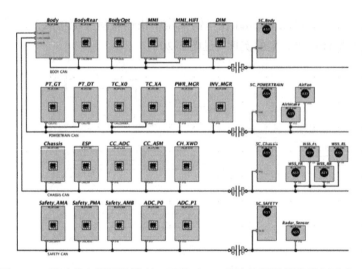

图 5-19 通过现有的逻辑模型,可以对 EE 系统的逻辑设计进行逆向工程

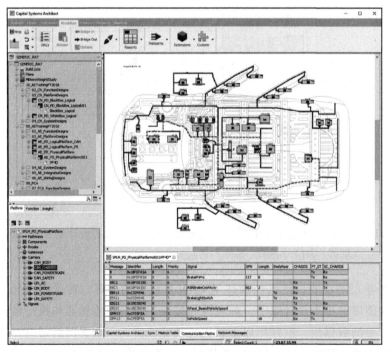

图 5-20 工程师可利用 Capital 在车辆架构中重新分配功能,以优化车辆中 ECU 的使用

基于模型的分析功能可进一步优化架构和网络设计。Capital 可以生成用于预测架构性能的指标,以及用于描述系统的信号和消息行为的网络报告数据。这些

分析可以确定优化措施,以提高架构设计的性能,简化 PGN 和 SPN 映射并提高网络效率。然后,Capital 可以生成用于与供应商沟通的报告,配置测试记录器,以及为其他客户报告或记录设计。

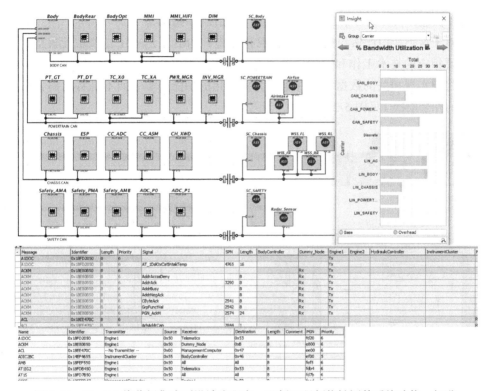

图 5-21 Capital 将分析集成到设计流程中,以便工程师能够评估系统功能,如进程加载、网络带宽利用率等

3. 软件、网络和诊断设计

也可以将设计数据发送到 Capital Systems Networks 解决方案,以完成详细的 AUTOSAR 设计和网络时序分析。在 Capital Systems Networks 中,工程师开始设计需要实施的软件,以启用已分配给各个 ECU 的功能。在此环境中,工程师可以深入查看诊断系统。

Capital 为拓扑提供架构设计、功能分配和信号。其中每项功能都会通过软件诊断网络相互关联。Capital 可以将此信号和消息的可视化和设计扩展到以太网或 CANFD 等其他网络类型。该方法还能扩展至设计诊断消息,实现基于互联网协议的诊断（DoIP）。

4. 全盘整合

新的车辆架构设计和分析方法使用功能抽象在单个层次整合各种 EE 领域，这样可以快速评估实施方案，同时准备用于详细设计的数据。

对于这类架构评估和验证，由于现有的基于 UML、SysML 或类似元模型的方法需要相应的技术工作和知识，因此不太适用。相比之下，新的方法使用功能抽象，将与实现相关的数据和工件组合为标准化的功能模型，而不是将它们分布到不同的冗余层次（见图 5-22）。

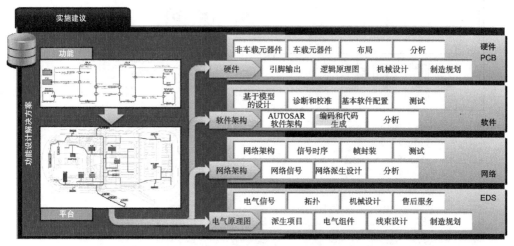

图 5-22　在新的抽象视图中，与实现相关的数据和工件被组合为标准化的功能模型

这些功能模型可采用迭代方式来验证实现的可行性，并且在它们被分配到逻辑平台后立即采用相应的技术和商业指标加以保护，从而获得适用于下游软件、网络、电气系统和硬件开发过程的实现建议。

5.1.5　总结

西门子的电气平台 Capital 的架构工具在一个单一层级上使用了功能抽象来整合不同的电子电气域，这反过来允许对执行其他方案进行快速评估，同时为详细设计准备数据。

因为对技术工作和知识的要求较高，现有基于 UML 或类似 SysML 元模型的方法对于这样的架构评估与验证不太适用。相关的复杂性导致在可用的时间内几乎没有可能提供综合评价所需的充分或必要的细节。

符合本文描述原则的商业软件可在 Mentor Automotive Capital 产品套件中找到。

压缩 V 过程在该方案中获得了完全的支持，设计即验证的方法确保用户快速获得正确的结果。这减少了用户的设计时间，同时也得到高质量的设计结果。

5.2　基于模型的电气设计解决方案

5.2.1　电气设计的挑战

汽车的电气系统实施了设备到设备的信号连接。信号可能涉及数字信号（如 CAN 总线上的信息）、模拟信号（如电源）、光信号（如 MOST 总线上的信息）或无线信号（如蓝牙数据）。由于汽车电子功能的快速增长，汽车电气系统变得非常复杂。虽然这一复杂度还会持续提高，但当前的汽车仅包括连接了数百个设备的数千个信号。这种复杂度级别的设计工作面临的挑战远小于设计现代集成电路（IC），后者可能有数十亿个互连。但实际情况远非如此简单。

另外，在新的汽车设计格局下，工程师面临三个方面的外部压力：与日俱增的设计复杂性、成本管理，以及在必须更频繁交互的领域之间管理设计变更（见图 5-23）。成本、复杂性和变更管理的压力共同营造了一个非常苛刻的环境，工程团队被迫在日益严格的时间限制下设计越来越复杂的系统，而设计过程中效率的任何提升都能带来显著的竞争优势。

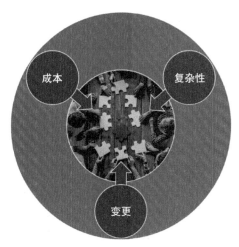

图 5-23　与日俱增的设计复杂性、成本和变更管理共同构成了当今汽车工程师面临的挑战

1. 配置与变型设计的复杂性

车辆平台的复杂化可归因于电气内容的增加，但另外两个因素增加了这种复杂性，进一步加剧了现代车辆设计面临的严峻挑战。首先，任何给定的车型都可以配备一系列电子系统和功能，这意味着存在数以百万计的不同线束版本（见图 5-24）。事实上，仅仅 20 项选配功能便能产生超过 100 万种独特的可建造车辆。对于在全球市场运营的公司而言，这个数字甚至更大，因为区域差异也会影响功能需求。

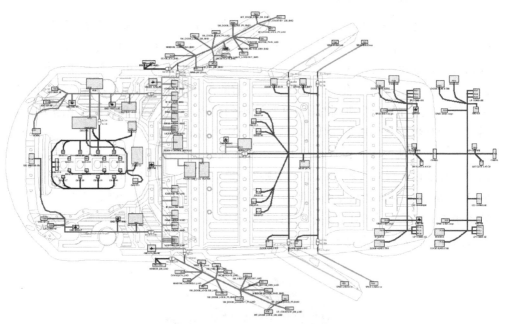

图 5-24 车辆平台将具有多种不同的线束变型，以支持潜在的无穷数量的选配功能组合

其次，汽车制造商还必须满足严格的安全、效率和可靠性准则。ISO 26262 等功能安全标准要求汽车制造商证明汽车系统具有"失效保护"功能，即 EE 系统即便失效或出现故障也不会造成不合理的风险。它们还必须证明安全关键信号能够到达预期目的地，并且负责接收的 ECU 能够产生正确的响应。

新车设计的第一步是基于选配功能列表、安全法规、效率和性能目标、车辆类型及更多因素定义数以百计的要求。在设计周期过程中，工程师必须能够跟踪这些要求，以确保最终设计准确无误，而且遵循各种安全标准。其中一些要求是每个线束变型的标准要求，另一些要求则是某些功能所特有的。工程师必须证明他们能够满足这些设计要求，并且管理人员必须在错综复杂的线束变型之间跟踪这些要求。

2. 成本

在激烈竞争的汽车行业，成本是首要的考量之一。电气和电子功能需求的日益增长要求公司维护更大的现货库存，废弃的零件要求持续开展重新设计工作，而且随着汽车制造商处理的设计变型数量日益庞大，匹配错误也变得屡见不鲜。设计、营销、制造、物流和工程团队必须齐心协力，才能满足市场的功能和性能需求，同时控制生产成本。充分利用所有这些领域的数据对于控制相关成本至关重要。

要想最大限度减少新车开发的设计工作，其中一种解决方案是重复使用其他车辆的系统和实现。许多汽车 OEM 的目标是通过复用之前的车辆，完成 80% 甚至更多的新车设计工作。这样可以大幅减少新车设计工程和验证所需的时间和成本。

材料和劳动力价格是影响线束成本的另外两个重要因素。为导线选择不同的金属材料和屏蔽可以显著节省成本。同样，也可以采用新的低成本劳动力中心来制造线束。不过，新材料是否易于获取、新制造地点交通是否便利等这些决定也可能增加线束装配面临的物流挑战。

最后，在召回的车辆中，电气系统故障占受影响车辆的比例排名第三（见图 5-25）。而要修复汽车上市后发现的问题，最高成本可达在开发过程中发现的问题的 50 倍。出现大规模召回时代价甚至更加昂贵，因为除了召回车辆的经济成本之外，它们还会对制造商的品牌造成损害。

3. 设计变更的影响

工程师必须考虑多个领域对布线系统的影响。车辆平台和系统的需求变更最为明显，因为它们可能需要全新的连接方案。由于可变的功率或带宽要求，元器件的选择将会对布线产生影响。机械考量则对总体线束架构有着重大影响。车辆中某一块电路板的热分析结果可能迫使该电路板必须以新的管脚输出而重新进行设计，这可能会改变该电路板与系统其余部分的接口，或者新的仪表盘设计可能需要将某个 ECU 重新安置在线束之外。

基于模型的数字化企业（MBE）

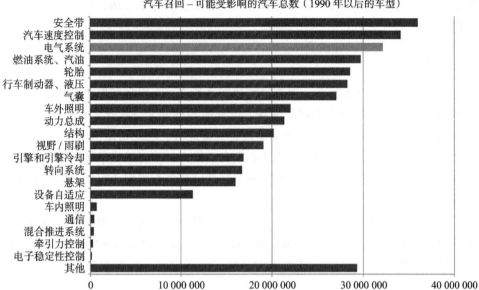

图 5-25　电气系统故障在召回车辆数量中的占比排名第三（NHTSA&Edmonds Inc.，2013 年）

5.2.2　解决方案：基于 MBSE 的生成式设计

系统工程的一个特殊领域被称为基于模型的系统工程（MBSE），它建立了设计抽象之间的正式关系：有可能通过算法，从更简单、更高级别的抽象获取设计数据。将更高级别的抽象作为模型，然后通过可执行的规范将这种模型转变为更详细的实施。事实上，当今所有 IC 设计都是通过这个过程创建的。

该设计流程能够帮助工程师管理日益复杂的电气和电子系统、由于此复杂性导致的成本，以及更多具有广泛影响的设计变更。生成式设计可以满足上述各项要求。

生成式设计使用自动化功能，针对电气和电子系统的逻辑、软件、硬件和网络生成架构提案（见图 5-26）。这使得工程师能够对这些提案进行迭代，从而优化性能、可靠性和重量。通过生成式设计，团队可以应对日益严峻的复杂性、成本和变更管理挑战。

首先，全程采用自动化有助于设计团队管理复杂性，却又不会延长产品上市时间。自动化通过减少手动设计工作，支持工程师专注于 EE 系统最关键的设计与验证方面。自动化通过快速生成可供工程师评估和迭代的建议，减少达到最佳设计所需的设计变更。

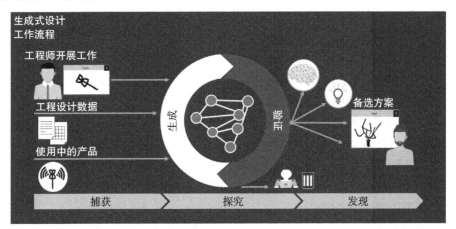

图 5-26　生成式设计使用基于规则的自动化，针对 EE 系统的逻辑、软件、硬件和网络生成提案

此外，生成式设计还使团队能够创建整车平台的 EE 系统。在完整平台环境中进行设计有助于了解信号在整车平台上的实现方式，从而减少接口错误或因线束复杂性引起的错误。因此，工程师现在可以应对当今汽车日益增加的复杂性，并从整车平台的角度了解设计变更的影响。

团队必须能够在不同的汽车平台上复用经过验证的数据，从而提高质量并降低开发成本。设计复用通过在新车平台中利用已知良好的设计数据来加快开发周期。生成式设计使工程师能够轻松地将现有数据应用于新平台，从而最大限度发挥设计复用的优势。

最后，生成式流程使电气工程师能够与其他领域（如机械或 ECU 设计）工程师和工具共享数据。汽车的电气、机械和软件组件之间的交互越来越多，这些领域之间无缝的数据同步可以改善与单一系统的集成，减少与设计变更相关的错误并降低成本。

汽车设计团队可利用生成式设计来克服复杂性、成本和变更管理带来的巨大压力。然而，实现这样的流程还需要一套工具来支持先进的设计自动化、平台环境中的整体项目视图，以及设计领域与上下游工具之间的无缝集成。

1. 基于 MBSE 的生成式设计布线合成概述

生成式设计在详细设计阶段的应用中最重要的环节是布线合成。对我们而言，信号连接（通常称为"系统设计""子系统设计"或"逻辑设计"）就是更简单、更

基于模型的数字化企业（MBE）

高级别的模型。这种逻辑模型不受最终实施的影响，而布线则是该逻辑的更低级别实施。导线最终将制成线束，因此需要大量的实施详细信息，例如：
- 对接连接器位置。
- 焊接点模式。
- 导线和多芯线的长度、颜色，导体详细信息和绝缘规范。
- 元数据，如选项表达式。

我们可以通过算法，从信号连接模型创建布线实施。具有完整详细信息的导线和焊接点可以自动合成，因此称为"布线合成"。最重要的是，无论采用复合方法（零件号驱动的超集）还是模块化方法（功能驱动的客户专属开发/KSK）来进行配置管理，我们都可以同时为所有汽车配置完成合成：通过将简单的选项标记连接到逻辑模型中的对象来完成。

为了合成布线，除了信号连接（即表达设备之间的信号和动力的连接关系）之外，还需要四种数据输入（见图5-27）：
- 拓扑结构即机械约束，最好在3D机械CAD中创建（例如对接连接器位置、潜在线束布线通道）。
- 规则，用于控制设备在物理平台中的放置方式，以及实施布线的方式（例如任何焊接点不允许超过六条导线、始终使用黄色导线来实施气囊布线）。
- 组件库，描述包含的组件（例如设备传输、双绞线导线、保险丝额定值）。
- 配置关系，描述可选配置和机械变化因素（例如汽车可能是左侧驾驶配置和右侧驾驶配置，但不能同时属于两种配置，或者不属于其中任何一种配置）。

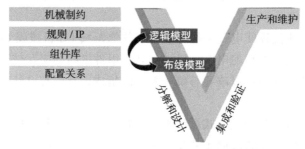

图5-27 通过我们熟悉的系统工程V图展示布线合成过程

所有这五种输入（特别是规则）共同构成了企业IP。规则可在多种精细级别上（如企业、项目、子系统设计、设备、线束、线束区域）应用。它们应该是插拔式的，以便对企业IP保密，并且可以移植，以确保严格的应用。

必须明白布线合成与布线之间存在很大差异，后者是传统的布线设计过程的一部分。从图 5-28 很容易看出这一点。

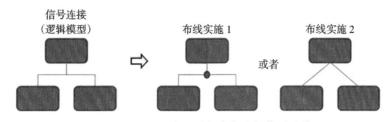

图 5-28 通过两种不同方式实施的信号连接

- 信号连接（逻辑模型）显示了连接三个设备的单个网络。这可能是为两个设备提供电池供电的电源网络。
- 第一种布线实施包括三条导线和一个焊接点。
- 第二种布线实施包括两条导线和一个多端接点。

两种实施都是有效的，但哪种更好呢？布线合成会综合考虑所有输入数据并自动确定这个问题的答案，由于其中一条规则禁止电源布线中存在焊接点，因此第一种实施被排除。

在实践中，综合考虑所有输入数据后，整个汽车的信号连接仍有多种可能的实施。因此，合成算法将选择成本最低的实施，通常是寻找总布线长度最短的实施，借此最大程度降低成本。

相反，传统的布线则需要将预先存在的导线穿过线束布线通道，以获取导线长度、线束直径等数据。信号连接不会产生新布线。修改的布线必须手动设计，如为了适应新的对接连接器的存在。除了可能导致错误之外，这种布线方式还会严重限制重复使用子系统设计和实施变更的能力。但应注意，布线合成过程将会完全定义导线长度，并支持对 3D 机械 CAD 进行反向数据标注，以便进行空间预留和振动分析等工作。

同样，网络与导线的简单 1:1 映射也不能解决问题。在上例中，生成的第一种实施并非最佳解决方案，甚至是不允许的。因此，布线合成可将更高级别的输入与它们的实施真正区分开来，这是软件工程领域的一条基本原则，称为"关注点分离"，具有诸多益处。

2. 基于 MBSE 的生成式设计需要考虑的几个方面

（1）配置管理

配置关系是合成过程的五种数据输入中的一种，因此布线合成可通过复合方法（配置超集）或模块化 /KSK 方法（功能驱动）完成。在此过程中将会自动创建可识别配置的实施数据,反映选项标记和配置的关系。此外还会自动为布线生成布尔值选项/模块表达式,并贯穿整个过程,从而最终制造出正确的线束。这些选项/模块表达式可能变得非常复杂,并成为导致成本高昂的线束配置错误的主要错误源。表达式是自动生成的,这个例子很好地说明了布线合成能够从更简单的输入生成"设计即正确"的复杂实施,这是 MBSE 的主要特征之一。

图 5-29 显示了一个简单示例。逻辑模型使用三个信号连接了两个设备,其中一个信号是可选的(仅在某些情况下存在,取决于汽车的可选功能)。布线实施正好包括两个对接连接器(即三个线束)。导线 W4~W9 始终都会合成,导线 W1~W3 仅针对涉及信号 S1 的配置进行合成。导线 W2、W5 和 W8 称为连接导线。人为错误可能造成连接导线缺失,这是一种很常见的错误,而自动合成流程完全杜绝了这种错误。

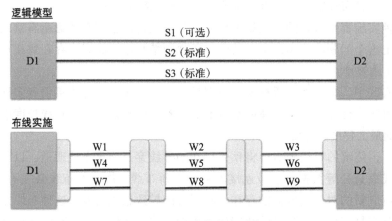

图 5-29 可选布线的自动合成

通过这个简单的实例,我们可以看到,布线合成能够自动管理汽车电气系统中存在的极高的配置复杂度。实际上,借助赠送件的自动优化,它的优势还可以进一步扩大,请参见后文。

(2)变更管理

布线合成的五种数据输入都是完全独立的(关注点分离),因此这些输入全部可以独立更改,并且迅速生成新的布线设计来实施变更。为了最大限度地缩短计算时间,并产生尽可能少的下游工作,在仅创建新布线/删除布线/编辑布线的情况下,应该可使用增量合成。

可通过该过程自动传播的设计变更示例包括:
- 更改的信号连接或者全新的子系统,它们反映了新的汽车功能。

- 更改的机械约束，如引入新的对接连接器以简化汽车装配。
- 更改的规则，反映新的法规要求，如要求将对安全至关重要的接地线与普通接地线隔离。
- 组件更改，如用功能更强大、具有不同引脚输出的同类器件来替代 ECU。
- 更改的产品计划，其中某项可选功能可能在特定地区成为标准功能。

布线合成能够清晰地隔离设计变更的来源，然后将变更影响传播到"设计即正确"的实施，从而为变更管理提供了极大便利。另外一些功能可以提供辅助补充，如受控设计修订、跨域变更策略、生命周期工程变更单。

（3）设计质量

正如上文所述，布线合成是一个"设计即正确"流程，可从更简单的输入生成复杂的布线实施：MBSE。我们可以更轻松地确保这些更简单的输入的正确性，它们通常由产品计划人员等技术专家开发。因此，我们可以消除很多实施错误，如缺失连接导线。在设计频繁发生变更的情况下，这一点尤其重要。

一些技术可以作为布线合成的辅助，进一步提高设计质量。此类技术的例子包括自动化设计规则检查和数字连续性，也就是与相邻领域（如需求建模和线束工程）的无缝数据整合。结合软件增强的流程约束和技术，如功能验证，我们可以向质量合规性的目标大步迈进。

（4）成本、重量和体积

线束实施了信号连接，最终实现驾驶员和乘客喜爱的功能。在通常情况下，不仅平台的电气架构（在早期阶段通常处于冻结状态）实施不止一种，平台在整个生命周期内的实施也不止一种，如在增加新的子系统时。

这些替代实施会对成本、重量、体积产生不同的影响，布线合成在这方面也能提供帮助。它可以建立多个指标，为成本、重量甚至体积建模，并以动态方式呈现给工程师（见图 5-30）。由于合成过程非常快，我们可以评估多种实施方案，并从其中选择一种最佳方案。根据明导公司的经验，使用这种决策支持技术，每辆汽车可以节省几美元的成本。对于任何拥有合理产量的 OEM 而言，这意味着实施这种突破性合成技术所需的投资将会产生可观的投资回报。

（5）开发速度

布线合成大幅提升了汽车电气设计主要任务的自动化程度，并有助于提高设计质量。结合本书提及的其他技术，电气设计团队的生产率能够得到真正的转变：可能实现 50% 的资源节省，这也是体现 MBSE 优点的一个有力例证。毋庸置疑，这一节省可以降低开发成本，压缩开发周期时间或者将工程师解放出来，从事需要创造力的工作。第三个机会似乎最令人感兴趣，它能够帮助我们开发更好的产品,并且提升个人的工作满意度。

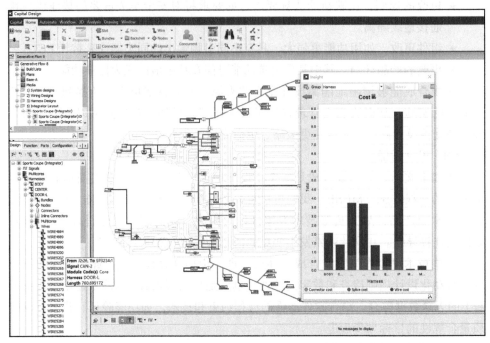

图 5-30 动态指标(叠加的条形图)可指导工程师做出更好的决策

(6)可重复使用的设计数据

生成式设计支持广泛的设计数据复用。为了缩短周期时间和降低开发成本,工程团队应尽可能多地复用经过验证的数据。集成现有的设计可以消除提供给定功能所需的新系统或子系统设计,从而减少工作量。复用还无须验证新设计的功能。

系统设计一经验证和发布,就必须加以捕获并在多个平台之间复用,而无须平台驱动的变更。设置、要求和其他过程控制都能跨设计领域和设计进行复用和传输,这一点非常重要。高度自动化的过程需要复杂的控制,以获得可重复的结果,满足业务标准和需求。这些依据工程师的专业知识在指令或约束中创建的控制,可以强制或限制自动化设计系统的行为。先进的过程控制可确保经综合的设计数据符合所有相关的制造和认证要求。

除此之外,汽车电气电子复杂度的提高意味着布线合成等技术将成为必需的技术——传统的半手动流程再也行不通了。未能采用这些技术的企业将会发现,他们在开发能力、人员招聘和保留等方面均处于竞争劣势。

5.2.3 总结

生成式流程是基于 MBSE 的一项革新的技术，为用户提供了在设计电气系统时通盘考虑会对它产生重大影响的各种输入，并融入了企业的知识产权和标准，能够快速地获得正确的经过验证的结果。它回应了交通运输工具所关切的重大问题：

- 产品的复杂性解决方案：在基于产品配置计划的基础上，根据产品功能选项的特点及其相互关系，自动生成符合目标的线束等级和车型配置，并实时对结果进行验证，确保每个车型配置均有至少一个等级与其匹配。所有的选项表达式均完全自动合成，如果考虑到各种复杂的情况，人工完成几乎不可避免地会发生错误，而这种错误在后期发现会对成本和时间造成重大的损失。
- 工程变更：快速地利用计算机的强大功能对设计变更进行迅速处理，包括系统逻辑设计和 3D 的变更。生成式设计利用合成的计算方法，把各种变化在车型平台上进行自动合成，从而考虑到变更可能对各个领域所造成的影响。
- 设计质量：合成方法内在地嵌入了"设计即正确"的理念，即结果是所有输入在满足特定条件和约束下的输出，具备正确的输入和适当的约束，所获得的结果一定是满足要求的。这极大地提升了设计质量。
- 成本、重量和体积方面：在平台级别上进行评估，从而确保结果是多个维度的折中的结果，协助工程师获得最佳指标。多指标、多迭代、多场景的方式为客户提供强有力的手段，使设计人员能够关注于创新方面，解放工程师的创新能力。
- 开发速度：充分利用计算机强大的计算能力，设计和验证同时进行，极大地压缩了设计开发周期，节约了人力资源，允许用户更专注于产品，实现更好的产品开发。

5.3 基于模型的电气分析解决方案

5.3.1 电气分析的现状和挑战

包括安全关键功能在内，随着由车辆电气和电子系统来完成的车辆功能越来越多，系统弹性在确保车辆的安全性和功能性方面发挥着越来越重要的作用。当车辆通电时，电气系统将被置于一系列电气负载下，并在操作期间介入各种功能。驾驶员可能正在运行空调、加热座椅、立体声和导航，与此同时，ADAS 和其他被动安全功能则在监视状况，为驾驶员提供危险警报。

正常操作期间可同时激活这些功能的任何组合以及其他数十个传感器和 ECU，共同构成动态电气负载。电气负载分析（ELA）是车辆开发过程中的关键步骤，用于分析电力系统，确保在所有运行状况（甚至是紧急状况）下供应足够的电力。ELA 有助于确认车辆电气系统的安全性和操作准确性。

不过，目前进行 ELA 的方法存在一个问题：它们非常依赖在基于电子表格的工具中进行的人工手动数据输入和操作。因此，ELA 通常需要几个月的时间才能完成，并且很容易出错。由于该项分析的持续时间很长，因此电气负载问题经常在车辆开发临近结束时才被发现。这需要进行昂贵的重新设计，并可能导致产品推迟上市，从而产生进一步的成本。

在当前面临的电气和电子设备复杂性、动力传动系统电气化和自动驾驶条件下，这种手动进行 ELA 的过程变得越来越没有立足之地。随着电气系统的规模越来越大，复杂性越来越高，按时完成 ELA 并避免过多的错误变得越发困难。新方法采用实际电气系统设计数据作为开展分析的基础平台，从而将数字化流程从设计扩展到分析。新的高级设计工具可自动执行 ELA 并生成 ELA 报告，而不是手动执行分析并在电子表格中记录结果。连接、单线接线图和其他信息均从设计中自动提取，这意味着几乎可以即时执行 ELA。基于模型的设计和验证流程将 ELA 从一个仅在紧要关头提供结果的艰难过程，转变为一个可在设计过程的任意时刻使用的动态设计分析和验证工具。

5.3.2　基于 MBSE 的电气负载分析方法

1. 统一数据管理

MBSE 建立在数字化建模的基础上，为了解决电气负载分析的问题，Capital 提出一种新的电气数据管理方法，这种新方法的关键创新在于，使用数据管理器将所有 ELA 相关的数据集成到电气系统设计数据中（见图 5-31）。工程师不再需要将设计中的数据复制并粘贴到电子表格中以执行分析，而是可以自动收集数据进行分析，杜绝了手动重新输入引入错误的可能性。这些数据包括设备（AC/DC 电源和负载、转换器、逆变器等）、设备信息（额定功率和功率因数）、瞬态负载信息、运行场景、注释和车辆信息等。

在数据管理器中统一 ELA 和设计数据可以确保 ELA 相关的数据与底层设计

数据保持同步，这为电气系统设计的数据修订建立了控制，确保变更以有序的方式流转，从而改进设计的可追溯性和修订管理。

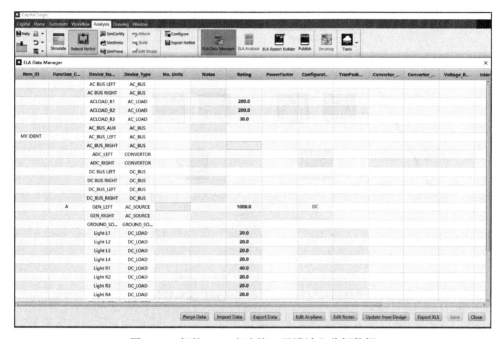

图 5-31 新的 ELA 方法统一了设计和分析数据

现在可以直接访问 ELA 数据以创建下游报告和图表，包括描述电源架构的单线接线图和全面的 ELA 报告。

2. 电源架构和电池模型

电源架构描述了电源、总线、负载和其他组件的连接。单线接线图源于底层设计，是该架构的一种描述。工程师无须手动创建单线接线图，而是自动生成该图，并与底层设计数据完全保持同步。工程师可以编辑该图的视觉样式，以满足其需求或偏好。用户还可以筛选单线接线图，以显示每种车辆运行状况的架构视图。用户可以在单线接线图中标记与每个组件相关的操作条件，然后可以显示该图经过筛选的视图，仅仅显示给定条件下涉及的组件。这种做法特别适合通过检查潜藏通路和确保按预期连接负载，来验证特定的失效模式。

利用单线接线图，还可以对每个电源组件的利用率以及图中各个总线组件的负载执行按需分析（见图 5-32）。工程师可以快速访问每个组件的分析结果，这些结果已自动组织为图表和图形供其使用。设计数据或操作方案定义的任何变更都将应用于图中,并反映在分析结果中。

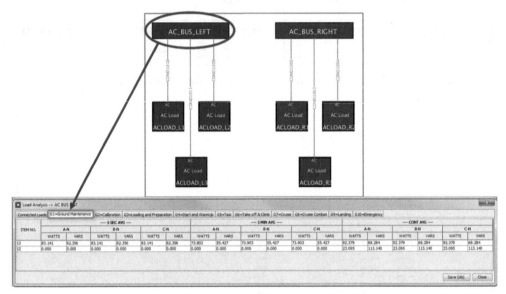

图 5-32 单线图可以针对电源利用率和总线负载提供按需分析

以前,生成 ELA 报告需要手动重新创建显示分析结果的图表和图形。在基于数字的新方法中,可以基于最新的设计修订,随时自动创建图表和图形。用户还可以将必要的图表和图形类型嵌入 ELA 报告中,这些图表和图形将会自动更新最新的数据。这取代了漫长、乏味且极易出错的手动 ELA 报告过程。

电池是电源架构中的独特设备。当其他电源为电池充电时,电池可充当负载;当其他电源不可用时,电池也可以充当电源设备。由于这种双重用途,对电池进行手动分析可能特别令人混淆而且耗时。

现在,电池可使用电池充电因子进行建模,以计算每种工作情形下每个时间间隔的电池电流。与此同时,电池放电模型使用多种不同的放电模式。结合相互作用的负载设备的所有这些模式,可以得出电池的运行时间。利用这些模型,工程师在进行 ELA 时,可以在电池作为电气负载时快速对电池进行建模,并在电池作为电源时观察电池的运行时间。

3. 生成 ELA 报告

通过创建详细说明 ELA 结果的综合报告,整个设计团队可以在设计要求和状态方面协调一致。过去,ELA 工程师将大部分时间花在手动创作和更新此报告上,但由于报告采用手动维护，因此往往滞后于最新的设计版本，在完成产品设计时已经变得过时。

在新的基于模型的设计和工程流程中，ELA 报告将基于用户定义的模板自动生成。现在，ELA 工程师可以使用设计工具（如 Capital）中的表格和图表自定义报告模板，并输入任何公司特定的文本（见图 5-33）。工程师还可以创建源设计数据的直接引用，然后发布全部或部分 ELA 报告。

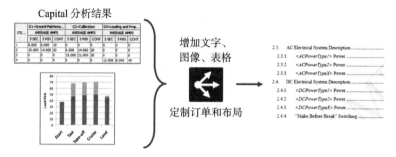

图 5-33　类似 Capital 这样的新工具可以使用可自定义的表格和图形自动生成 ELA 报告

基于模板的报告机制提供了两个重要优势。首先，模板可以在整个组织中重复使用。其次，将自动化软件和用户定义的模板相结合，意味着可以随时生成 ELA 报告。工程师可以向任何相关团队提供报告，以确保整个组织的合规性。按需创作报告则可以确保组织之间的设计完整性，甚至包括那些跨地域分布的组织。

5.3.3　总结

首先，与传统方法相比，将 ELA 嵌入实际设计数据中体现了显著的进步，可以借助强大的软件解决方案加快 ELA 的性能和报告。ELA 数据管理器可确保 ELA 数据始终与设计同步。其次，工程师可自动创建单线接线图，并根据需要在所有工作情形下运行 ELA，从而在任何时刻和任意设计阶段观察设计影响。最后，基于模板的 ELA 报告生成大幅缩短了创建和维护 ELA 报告所需的时间，能够实现与底层设计的同步。

这极大地简化了针对许多法规的合规性。工程师可以轻松地执行并记录初始电源架构设计和评估、断路器选择，以及各种工作情形下的失效模式分析。利用自动化和数字化数据连续性，工程师可充分运用 ELA，而不仅仅是证明合规性。ELA 现在可以成为设计过程中的一个活跃部分，为电源架构和系统的设计提供信息。跨设计团队的报告分发还能确保设计和产品的完整性。

5.4 基于模型的线束制造解决方案

5.4.1 当前线束行业面临的挑战

作为汽车、航空、航天等大型设备不可或缺的组成部分，线束好比人体的"神经系统"和"血液系统"，主要承载着电源供电和信号传输的功能，从而确保各种电器设备能够正常运行。

随着现代车辆中电气和电子功能的逐渐增多，为这些不同系统供电和提供互连的线束越来越受到重视（见图 5-34）。例如，IVI 系统必须与车辆周边的数十个 ECU 通信，以向驾驶员提供诸如油位、发动机温度和速度等数据。ADAS 和自动驾驶系统由于需要使用外部传感器来感知车辆所处的环境，因此对线束的要求尤其严苛。

图 5-34 随着电气和电子内容的日益增加，线束对于车辆功能而言变得越来越重要

车用电子设备需求的增长极大地推动了线束制造业的发展。目前，该行业每年的销售额超过 1500 亿美元。其中近 30% 的比例来自汽车行业，而且汽车线束的销量还在增长。据分析人士预测，到 2021 年，汽车线束行业的年收入将超过 610 亿美元，到 2025 年将超过 910 亿美元。

线束作为一款"柔性"产品，其生产制造主要以零件逐级装配为主，当前线束制造应用的方式和方法已经无法适应市场的需要，进行必要的技术改造也是势在必行。当前线束制造主要面临以下几点挑战。

- 线束制造周期无法满足项目要求。由于上游产品的竞争越来越强烈，产品更新迭代越来越快，而线束是在其他设计冻结之后才能完成设计冻结，却是第一个被安装的部件。这样，留给线束制造厂商完成线束工程、工装制作、工艺设计、产线排布等的时间就显得非常紧迫。目前线束厂商主要还是凭借工程师的经验和简单的 Office 工具来完成线束制造的工艺设计，需要把设计的结果再次手工传输和重新录入制造系统中，通常一个有经验的线束工艺工程师完成一根大线束的工艺流程排布至少需要两周时间，这还不包括试制后的调整时间。从缩短线束制造的周期需求出发，当前大部分线束制造企业的工艺设计周期都表现得过长，无法满足实际需求。

- 工艺设计质量参差不齐。在实际执行过程中，当前线束工艺设计受到工程师水平、经验、责任心等的影响，同样的线束设计会出现不同的工艺设计方案，应用到实际生产现场时就会产生不一样的效果，往往需要多次试装来进行修正或者测试，才能获得比较理想的工艺设计和生产线，这将严重影响产品的正常交付周期，造成巨额的成本浪费。另外，企业的知识经验积累不能嵌入设计工具中进行规则驱动或者进行检查验证，好的设计仍然依赖有经验的工程师。

- 线束制造成本核算时间长，精度不高。在当前线束生产制造领域，所有产品的生产工艺流程排布、成本估算、工装指导书均由工程师按经验手工完成，无法构建数字化模型从而进行高效的自动计算，更无法形成企业级计量估算模型。绝大多数厂商的线束制造成本只能通过 Excel 表格进行估算，这种方式非常容易产生错误以及非常耗费时间，而且结果并不准确。同时，错误的工时还可能造成排布流程不合理且不能在第一时间被发现，延误整个工艺设计的周期。最大的问题是不准确的工时还会导致错误的利润计算，从而影响公司的盈利。

- 过度依靠工程师经验。随着上游产品设计的功能不断增加、电子娱乐的集成以及各种可选功能模块的提供，线束本身的衍生项数量从过去的数十种发展到如今成千上万种，甚至在某些高端豪华品牌的车型上达到千万级别。对于如此庞大而又复杂的系统设计内容，无论线束工艺工程师的经验怎么丰富，不依靠专业化的设计工具，也很难在短时间内完成最优化的线束生产工艺以及产线设计。另外，有经验的设计者的知识和积累很难强制、有效地传递给经验欠缺的工程师，那么如何提升所有设计人员的能力从而保证整个团队的高水准设计呢？

- 人力成本持续上升的压力。由于自身的特点，线束行业难以实现由机器人自动生产和总装,特别是在总装环节,每个线束厂都使用大量的工人,随着国内人口红利的逐渐丧失,人力成本会越来越高,这就迫使企业想办法减少人员或者降低其他方面如设备、耗材的成本;同样地,企业也希望工程师能够在有限的时间内做出更有创造性、能够为企业带来更多价值的创造性工作,而先进的工具是必不可少的。

- 频繁的设计变更。线束通常具有很高的柔性;在一定限度内,它可以弯曲和折叠,以便进行包装和安装。由于汽车内部的安装空间非常宝贵,需要经常对线束进行重新布线,以适应更多刚性元器件的变更。这导致线束是整个汽车部件中变更最频繁的,典型汽车开发计划每天都会遇到至少一次线束工程变更请求。这意味着需要消耗大量资源来分析这些变更,了解实施这些变更的时间和方式。

- 自动化的挑战。虽然当前大部分线束制造厂商为了提升产品质量及企业长远发展的需要,投入大量资金采购新型线束生产设备,但对整个线束生产制造的无纸化、自动化却不尽如人意,这可以理解成一种典型的"重硬件,轻软件"的现象,在构建数字化生产制造管理系统方面,存在着严重的认识不足、投入不足、能力不足的问题,使得企业在迈向数字化的道路上进展不大。

综上所述,虽然制造工程被视为一种关键功能,但过去一直采用内部开发或落后技术。针对更短的交货期限、更便宜的线束、更复杂的线束和更快的变更周期,供应商面临巨大的挑战。

5.4.2 基于模型的线束制造解决方案(Capital)

线束行业典型的制造工程流程概览展现了目前的方法在此新环境中的不足之处(见图5-35)。首先,产品工程师发布初始设计或将变更发送给制造工程师,计算线束成本并向客户报价。之后,产品工程师通常会对设计进行一些微调。下一步则设计主要线束组装图,然后设计生产模块和子装配(有时需要额外零部件),并将线束组装图馈入企业资源规划(ERP)系统。接下来,工程师将为整个线束设计工艺过程清单,生成线束并集成到制造执行系统(MES)中。然后依次创建工作指令、检查和平衡总装传送带及装配过程,以确保效率。

从线束设计到生产,基于模型的数字化流程可以减轻甚至完全消除这些障碍。基于模型的流程通过自动执行数据交换统一了先前彼此割裂的设计和制造领域,并为工程师提供了跨领域的决策能力。

在线束行业中,数字化和基于模型的企业包含三个关键方面。第一,线束产品的数字模型与制造工艺构成数字化仿真模型。自动化是第二个支柱。现代线束设计和制造解决方案可以使用资深工程师创建的设计规则,自动将数字线束和工艺模型转换为工艺过程清单、工作指令和其他输出格式。同时还将经验积累嵌入公司的生产流程中,保护其不受员工流动的影响。第三个支柱是数据复用。在基于模型的工程流程中,数据一经创建,便会最大限度供下游使用者重复使用。

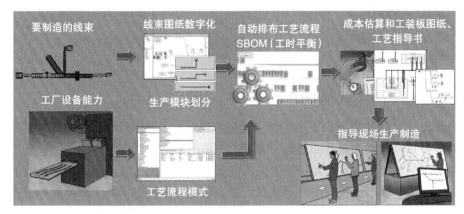

图 5-35　典型的制造工程流程概览

线束制造商非常关注产品工程和制造工程,这项工作包括设计子装配、设计线束组装图、平衡生产线,以及生成工艺过程清单和工作簿。制造商也在大规模企业环境下运营,它们通常与 ERP 系统、MES 以及车间内需要连接的系统(如导线准备和自动测试设备)进行交互。数字化可以简化其中各个系统和工艺的数据传递。线束的数字模型和生产工艺充当了整个设计和生产流程中真正的最新信息来源。此外,利用数字模型还可以对制造工艺进行早期测试和优化,最大限度提高线束产品的效率和质量。

自动化进一步提高了线束制造企业的效率。工程师指定设计规则以指导自动化操作,从而将知识经验嵌入工艺中,然后利用产品和工艺数字模型完成各种任务,包括生成工艺设计、计算成本,以及为车间装配人员生成文档(见图 5-36)。数字化仿真模型提供模型,自动化则生成下游所需的信息。

Capital 工具中数据连续性是其基本原则之一,丰富的数字化模型贯穿整个流程,来自设计环境的数据可直接进入线束生产环境,无须重复输入数据,变更也能自动流动,通过高效自动化实现了"设计即正确"。

下面我们逐个探讨 Capital 的基于模型的方案是如何解决这些困难和挑战的。

基于模型的数字化企业（MBE）

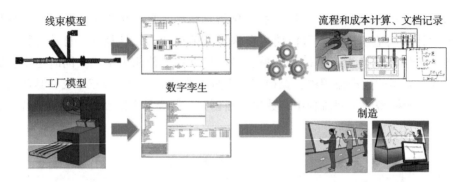

图 5-36　自动化可以使用数字化仿真模型来生成诸如工艺文档等各种输出

1. 线束设计流程以及线束设计

从图 5-36 可以看到，下游的数字化生产需要由上游的设计作为输入，因此线束的数字化设计就是制造的起点。为了给下游的制造提供更多的时间，数据连续性是关键的解决办法，即允许上游的设计数据直接使用而无须重新转录。线束开发是车辆设计和制造过程中的过渡点，它是将重要设计数据演变为可制造的产品的环境。现代 ECAD 软件通过推动和施加数据连续性来支持此过程。

线束设计不但包括必须满足的功能需求说明，还详细规定了包括重量等在内的参数，尤其是成本要求。它也包含了帮助设计师满足这些功能要求的方法。线束工程师负责获得总体的设计意图和要求，其中包括安装到车辆时的一些限制条件，一切均围绕可制造产品展开。

线束定义处于电气布线设计和数字线束布局实物模型所提供数据的交叉口。在理想情况下，它应支持多样配置，以应对线束电气内容的变化。设计部交付的成果是一张完整的图纸，此图纸可以构成整车厂（OEM）和第一级供应商间合同签署的依据，并随时接受线束工程小组的进一步处理。

线束来自设计部，它有可能是 OEM 完成，也有可能是供应商提供全包服务。它在概念上是完整的，但不一定能够直接用于生产：
- 它可能不包括实际制造线束所需要的全部数据。
- 它可能需要添加特定的零件，才能将线束装入车辆中。
- 它可能运用技术规格标准而并非实际零件号来描述导线、连接器和部件。
- 它可能以超集 / 复合集合的形式出现，需要进一步拆分才能成为变型线束 / 衍生线束，而这才是满足某个车型特定要求的线束。
- 它的一些要求可能无法实现或不符合最佳实践。

因此，下一步是线束工程，目的是将设计意图转化为有用的制造数据。图 5-37 显示了如何在线束设计和工程阶段合并多项输入，以创建随时可供企业使用的制造和业务数据。

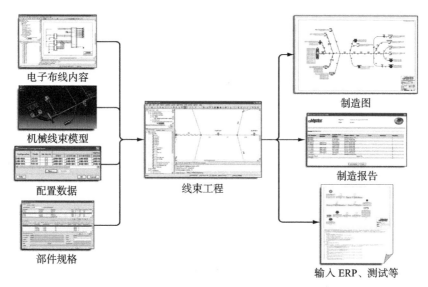

图 5-37　线束设计和工程过程接受各种形式的数据，并交付制造所需要的图纸、成本核算数据和 BOM

图 5-37 描述的过程不难理解，在 Capital 软件套件中，支持从上游的系统和原理设计无缝地同步所需要的数据到线束设计模块中，同时，软件可以导入任何市面上主流的三维机械软件所设计的电气线束设计三维数据，并按照工程师的喜好进行展平。同时，为了支持任何具体配置的车型，还需要获得车型配置功能选项信息。而在软件底层所创建的部件库、符号库等供设计自动选择和调用，使得线束的设计在任何方面都是数字化的可验证的高质量的设计。

2. 线束工程

线束工程师负责为每个变型线束/衍生线束提供 100% 精确、无错误的数据集，这些数据可能经过完全的成本核算，并递交给生产部门进行组装。线束工程师必须生成完整的 BOM，并根据设计要求对其进行验证。精度非常重要，原因是产品将用于大批量生产，哪怕是细小的误差，其代价也会被放大数千倍甚至是数百万倍。

现代化的整车电气设计方法均采用平台化的复合设计，即从整体上考虑其基本功能和可选功能。考虑到各种可选和变型，可采用功能标签的方式进行标记，在具体的车型配置定义中确定其内容，从而通过功能标记自动获取支持该功能的部件。150%的复合设计能够极大地降低管理成本，有利于变更的管理，并充分利用软件的计算能力，提升效率和质量。

如图5-38所示线束工程师设计平台上的复合线束，该线束包含了所有可能的变型和可选功能。在确定配置和功能后，即可以生成不同的衍生体以满足不同车型配置的要求。

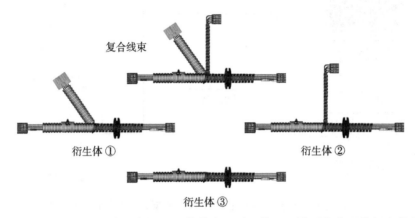

图5-38　细微变化可产生大量衍生体线束。对于数以百计可能出现的衍生体线束，这三种衍生体线束只是冰山一角

设计过程的工程阶段实际上是使理论和计划直接面对实际，此处的"实际"包括工装布局、编程测试和生产设备、定义工装要求和导线切割表以及进行成本核算。

为此过程选择的软件工具必须提供2D设计环境，此环境支持包括线束保护、卡钉和橡胶件、连接器孔位相关部件等在内的大量各种线束部件。因此该环境必须实现自动化，以帮助线束工程师管理包括以下过程在内的繁杂步骤。

（1）零部件选择

线束工程需要完成组成线束的各个部件的选择和确定，为了使得线束能够被生产出来，所有的部件必须有零件号。如果能够根据实际的应用情况让软件自动地选择相关零部件，那么可以极大地节约时间并获得完全验证过的设计。

导线、端子、密封圈、盲塞、胶带、套管必须符合OEM技术规格。例如，OEM可能规定了基本的卡钉位置，但线束制造厂必须定义它周围的胶带缠绕方式。上述部件都可自动选择和计算。

（2）焊接位置优化和平衡

线束制造商必须遵守制造和质量规范，其中包括防水材料（即热缩管）选用等定制规范。与此类似，OEM 可能规定采用屏蔽电缆，而由线束制造商定义焊接套筒的位置和屏蔽线的连接。

（3）导线长度计算

线束设计中的每条导线的长度按照预设值自动进行计算。

（4）线束重量

如果每个部件具有自身的重量值，那么软件就会自动计算每个配置下 100% 的线束总重量。整个线束基本上是车上第二重的总成零部件，其重量对于减少整车重量也很关键。

（5）设计规则检查

在软件内嵌入设计规则，该技术是确保与设计要求相符的最有效的方式。设计规则采用商业逻辑形式，它与严格的验证机制相结合，可确保在短时间内生成完整详细的线束设计数据。规则的意义正如词语本身所示，即是一种要求，稍有违背就会产生警告甚至更严重的后果。例如，规则可能规定为所有安全相关的功能选用镀金端子。当然，这意味着也必须通过定义层对"安全相关的功能"进行定义。

设计规则检查（DRC）依赖于在整个线束内始终如一的基本定义。示例包括"所有导线均装入连接器内或者在每端焊接""每条导线的路径明确，以便可以计算其长度"等。另外，DRC 还监控可制造性，确保端子和压接组合满足导线横截面积的要求。

应当注意，DRC 在整个行业内并不统一。规则及其严重性总是根据线束制造商的具体最佳实践而定制，因此设计工具集必须容许这种定制要求。

3. 线束工装工程

虽然线束本身具有部件多、柔软、公差要求不特别严格等特点，但是为了保证整车的质量以及大批量生产的要求，线束制造仍然需要专门的工装设备来保证。此外，即使在产品已投入生产的情况下，线束制造商仍需要管理和实施大量设计变更，这会对生产线产生进一步影响。操作员、设备乃至工厂空间等都是非常宝贵的资源，必须精心管理。

生产线的初始设置本身就是一项需要丰富制造工程经验的繁杂工作，必须设计准备区域，必须在工装上安装线束，必须钻好用于支撑夹具的孔位，必须在工装上安装支撑夹具，必须定义工作站并为这些工作站分配内容。此外，还必须设计和准备测试设备。整个生产线必须根据给定的节拍时间和预测的取料率进行平衡调整，必须根据预测的产量确定所需的生产线数量和工厂空间。所有这一切都越快越好，以便保证生产产品的利润。

在诸如汽车行业等高产量行业中，通常使用旋转输送线进行线束制造。图5-39和图5-40显示了这种旋转输送线及其移动方式。对于这些生产线，旋转传送带上固定着多个木制或铝制的安装板。

图5-39 线束制造旋转生产线

图5-40 旋转生产线的旋转方向

整个旋转生产线分为不同的工作站，如图5-41所示。线束设计通常记录在二维的无标度产品设计图纸上，制造工程师使用此产品设计图（见图5-42）创建全尺寸制造图纸，又称为"工装图纸"（见图5-43）。

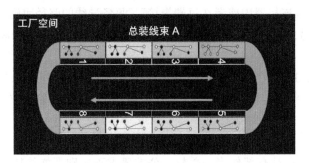
图5-41 产品设计图纸

图5-43所示的每个安装板都显示有相同的工装图纸。这些工装图纸是线束设计数据的1∶1全尺寸表示，并且附有额外的制造信息。除线束对象之外，所有与制造相关的对象，如线束叉、连接器支架、夹持器或胶带位置指示器都以图形方式显示在这些工装图纸上，为操作员提供直观的辅助。这些工装图纸可以是单线束或复合线束。在复合工装上可以生产相同线束的不同衍生版本。图5-44为完成的工装板样例。

第5章 基于模型的电子电气系统工程 129

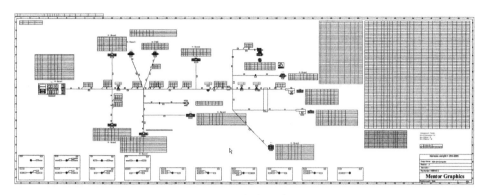

图 5-42 产品设计图

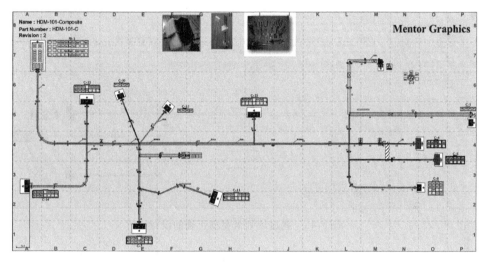

图 5-43 自动生成的 1:1 全尺寸工装图

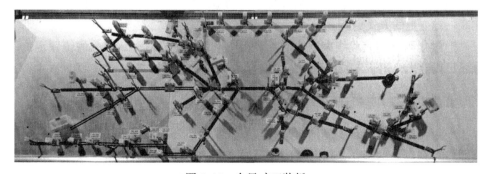

图 5-44 全尺寸工装板

需要注意的是，在设计工装图时，除了自动从上游获得的数字化线束设计外，还需要加入各种支撑线束制造的工具模型，这些工作是由制造工艺工程师完成的。为了提高设计效率，Capital 软件提供了多种自动化方式来辅助设计人员。例如，我们多次提到的规则。Capital Formboard XC 模块能够对这些工装夹具的布置方式预先设定布置规则，然后在实际工装板图纸设计过程中按照规则，以及针对线束具体的情况，自动完成工装夹具摆放，详见图 5-45 所示的工装夹具自动布置规则制定。

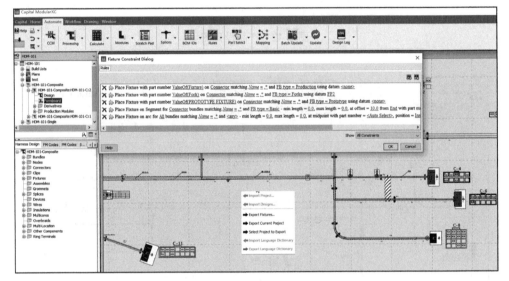

图 5-45　通过规则来驱动正确的设计

另外，由于目的不一样，工装图设计和线束设计的图面元素呈现方式也有差别。例如在工装图上，连接器是需要显示插线端的视图，以便于操作工操作。Capital 可以利用不同的图面风格设置，自动地从符号库中抓取对应的符号，从而实现一键变更的方式更新。

通过规则自动完成线束制造的工装板图纸设计，同时工装夹具的位置定位信息还可以导出，用于工装板制作的数控打孔。

4. 线束制造工艺设计

线束制造具有生产实施的复杂性。每根线束包含了成百上千的零件，它必须按照一系列有序的操作来组装并成为最终产品。通常每根线束必须按照一系列配置进行生产，而这些配置反映了每辆车特定的选配内容。而工艺工程师必须决定什么时候、在什么地方以及如何生产产品。他们必须能够对每一种线束设计识别出一种有效的组装方式，并编制出所需要的数据来推动企业资源规划（EPR）系统以管理库存、安排零件采购、计划在制品（WIP）等。这个过程通常被称作为制造工艺管理（MPM）。

一个典型的大批量生产的线束工艺通常包含如下工艺：切线、导线准备、手工压接、焊接、预装、总装和后装配等。除了一般的样线或者小批量的生产，线束总是按照有序的步骤而不是以单一的操作来把一些基本的零件组装成线束。常见的生产工艺见图 5-46。

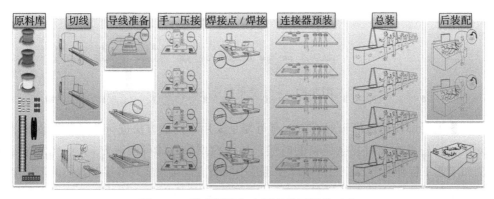

图 5-46　线束制造包含了多种不同的工艺

例如，切线工艺中必须把导线切割成正确的长度，然后对一端或者两端剥去导线绝缘层部分，然后再压接端子，如果是需要密封圈的，还需要在压接端子前自动装配上密封圈部件。这几个任务通常由一个操作即可完成，同时为了便于跟踪和使用，会对该制成品分配一个内部的零件号。也有可能对一些加工完成后的导线做焊接操作，以产生一个小的组件并再分配一个不同的内部在制品零件号。请注意该组件可能实际上与另外一根明显毫无关联的线束所用的组件完全一样。然后不同的组件和其他零件可能被一起放在工装板上进行组装。压好端子的导线被插入塑件，缠好胶带，装好卡钉。最后测试线束并打包发运。

线束组装是基于行业生产逻辑的特点以有序的步骤进行的；如导线在没有压端子之前是不能插入塑件的。因此每一根线束设计都能被分解成层次化的制造步骤，每一步都使用了零件或者组件并产生了新的组件零件号直到最终线束完成。

一个关键的线束分解分析的结果是结构物料清单（SBOM），它反映了有序的过程，有别于扁平的很容易从线束设计中计算的物料清单。图 5-47 阐明了一个简单线束的分层原理。

基于模型的数字化企业（MBE）

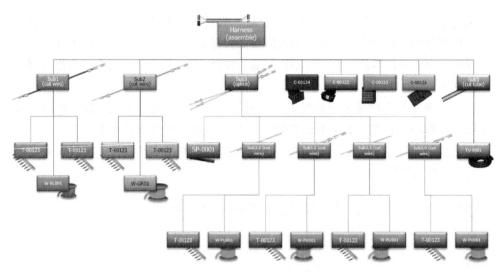

图 5-47　一个简单的分层的说明

这说明即使是最简单的线束也有可能是采用不同的方法进行分解和组装，因此该分拆任务在面对复杂线束的时候，如何找到最好的可制造方式是一个挑战。例如工艺工程师会考虑：用拼接焊接还是中间剥皮焊接来实现焊接？我们的工厂能够自动处理大平方的电池线吗？工时成本呢？目前的生产节拍的要求是多少？等等。这些都是需要面对的复杂任务。

为了解决上述提到的问题，Capital 的解决办法就是 MBSE，即为工厂的工艺能力建立计算机模型，也就是基于模型的工艺；为了提高重用性，更好的办法就是对所有可能用到的工艺建立工艺模式库，工艺工程师可以从库中选择合适的工艺方法，再组合成一个能够处理完整线束的集合，该集合我们称之为模式（pattern），它包含了通过数字描述的每道工艺，如包括最大最小导线截面积的切割/剥线/压接设备、焊接设备的最大导线数目和生成组件的参数选择。这些数字化的描述应当被线束制造过程管理软件捕捉到，软件必须维护简单但是又足够柔性，以允许采用生产过程自动化模式（见图 5-48）。

接下来，通过完整地构建数字化的工艺并组合成数字化产线后，验证后的数字化线束设计和数字化制造模式进行自动映射和加工处理，获得合适的与制造过程中的每一步操作的参数和条件一致的结构化物料清单。这一步是制造工艺管理的核心。关键是客户的特殊配置规则应当被包含在制造工艺管理软件中。除了工厂能力以外，这些规则代表了线束制造商的制造知识产权（IP）。这些产权必须有效、安全地收集起来，其一般过程如下所述。

第 5 章　基于模型的电子电气系统工程

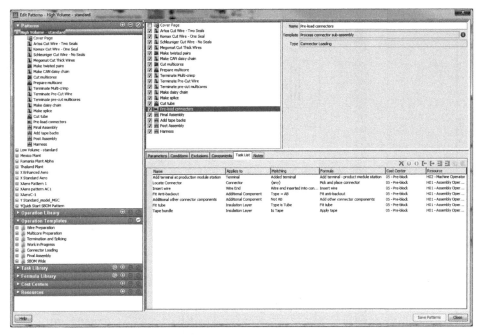

图 5-48　工艺模式是模型化的工艺集合，代表了一个完整的产线工艺

首先，按照制造方式进行计算的结果是线束组装过程的层次描述，是一个特定的结构化物料清单（SBOM）。这时候确认与其他线束共用的组件就显得也很重要。这种独一无二的能力通过规模经济、机器设备利用率等显著地影响制造成本。

其次，建立好结构化的物料清单（SBOM）后，制造工程师通常会复核该结果，可能会通过交叉高亮显示线束设计图纸中相关组件来查看输出结果，并在生成或者合并组件零件号之前进行必要修改或者增加来完成该项工作。应该保留任何人工的工作，以用于后续的设计修订。

现在结构化的物料清单可以用于线束制造厂商的另外一个核心应用 ERP 系统。幸运的是用于推动 ERP 系统的数据在不同的几个 ERP 系统供应商之间相对一致：从线束制造工艺管理软件输出的结果被 ERP 系统读取并不复杂。另外，人们能够使用制造工艺管理软件的数据作为其他领域的输入，如生产活动中的人体工程模型。

最后，ERP 系统计算工作订单以及需要的零件采购订单来推动生产运营。线束设计数据可以被再次用于指导生产设备，如导线处理设备和自动测试台，以进一步简化整个流水线。SBOM 结构树的样例见图 5-49。

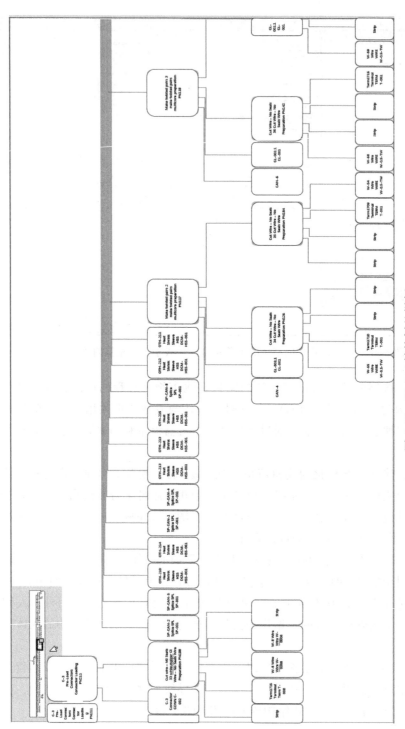

图 5-49 SBOM 结构树的样例

以上描述解释了如何自动分解分析线束设计以完成生成结构化物料清单。但是该软件在具备非常坚实的自动化的同时也允许必不可少的灵活性，如由于维护、维修或者升级原因而使得某一生产设备不可用；或者某一过程的安全性尚待确认；或者达到了最佳制造模式的产能，这时可以允许授权的员工来改写自动生成的制造模式。再次指出允许保留并应用这种改写，因此这些有价值的工作不会丢失。

另外，采用数字化方法，用户可以非常迅速地获知当前的制造工艺是否能够支撑该线束设计，如果出现任何SBOM问题，工程师就应该进行检查，确定线束的部件为什么没有被已有的工艺处理，这可以帮助早期识别任何工艺风险，确保任何新的工艺和设备需求都能够被提前预警。

5. 线束制造成本计算

每个与线束有关系的部门或者人都关心线束的制造成本。线束的物料成本即BOM大家都很容易理解，但是线束成本中还有很重要的一点是制造成本。主机厂OEM希望线束的成本能够满足成本目标，同时也会评估供应商对线束进行修改的建议。设计人员也希望线束的设计在满足设计目标的条件下，获得最佳的设计和最低成本。对于供应商来说，在为OEM进行报价时，能够既迅速又准确，同时能够满足本公司的利润目标。对于IE而言，需要规划高效的生产装配线，获得最佳的生产成本。而VA/VE（价值评估/价值工程）团队则无时无刻不在想办法降低成本，包括更好的设计、更好的装配、价格更低的部件。

在工艺设计环节，我们明白了数字化工艺建模能够迅速地获得SBOM。同样地，我们也可以把制造工艺的成本核算公式纳入MBSE中，作为数字化建模的一部分嵌入每个工艺中，形成核算模型，把数字化线束设计和数字化制造模式进行自动映射和加工处理，在这个过程中加入对工时的计算（见图5-50）。

在工艺中的时间是分配到具体任务上的，如一个焊接点的生产工艺，它包括取导线、对齐导线、拿热缩管、穿热缩管、热缩、检查、收纳等操作，而每个操作都需要时间，其值有可能是个变量，也有可能是个恒定值，但是无论如何，对于这些工时的计算每个制造厂商都有一套严格的计算方法，其细节程度取决于需要考察的粒度。例如切线工艺中的操作，穿密封圈、压接端子的任务一般不再划分，其时间纳入切线工艺中即可，而无须考察其中每个任务的时间。

如图5-51所示，这是某批量生产线束的工时计算结果，即完成每个操作任务SBOM时所花费的工时。

根据用户的需求，工时报表可以按照工艺的类别、资源、资源类型以及成本中心等生成汇总信息，便于用户快速获得反馈（见图5-52）。

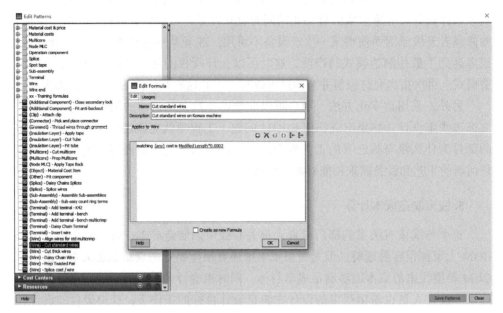

图 5-50 把工时计算公式建立在数字化工艺模式中

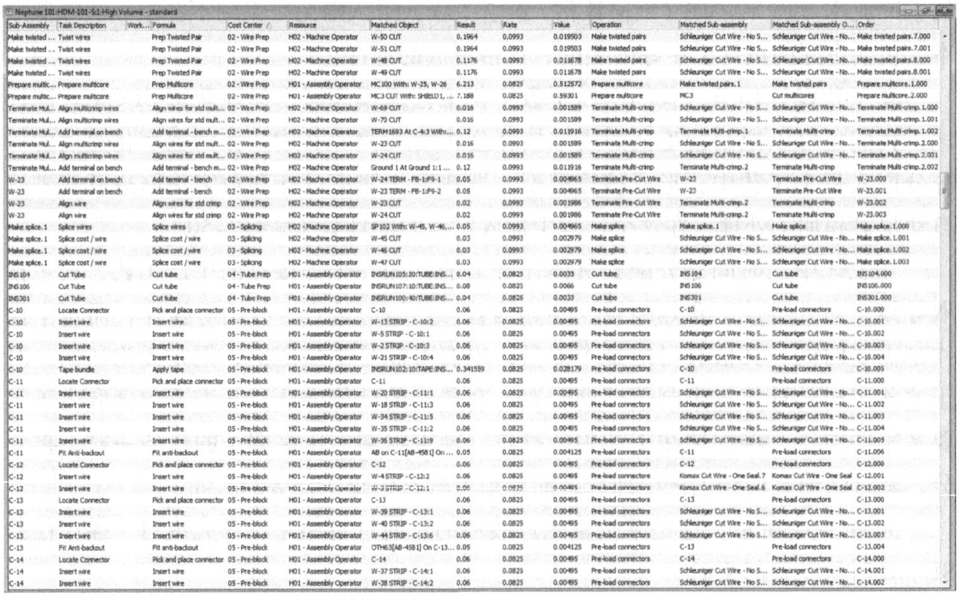

图 5-51 一个计算完成的每个任务的工时例子

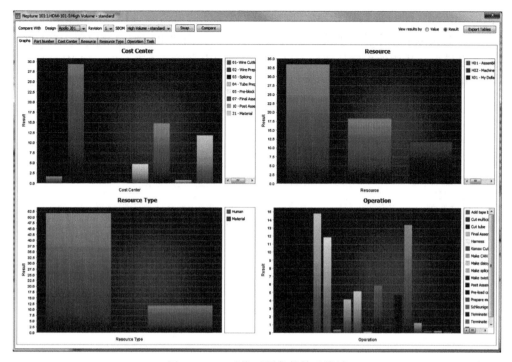

图 5-52　工时按不同条件筛选统计

前面已经提到，用户可以创建不同的工艺模式，因此在进行评估的时候，用户可以创建多个不同的工艺类型，如小批量模式、大批量模式、国内模式、国外厂模式等，对同一个设计使用不同的模式进行处理，就可以获得不同的 SBOM 以及生产工时，为用户提供强有力的手段来对生产工艺模式进行优化，从而获得最佳工艺设计。这就为工艺工程师提供了很好的工具来激发他们的创造力，为企业带来真正的价值。

6. 线束制造操作指导书

一线操作工人按照指导书的要求对线束的在制品进行加工，操作指导书需要根据工艺和具体线束的 SBOM，具体描述操作加工的方法和步骤，以及注意事项和检查方法等。

在没有自动化工具生成该手册的状况下，通常由工艺工程师花费大量的时间进行制图、制表、描述，然后打印、装订、分发和培训；如果有更改，则上述步骤需要再重复一次。

同样地，数字化建模和描述是解决该挑战的最佳方法。我们已经获得了数字化的 SBOM，即制造工程 BOM，也捕获了该工艺的所需任务以及各个任务的工时，那么在考察操作手册所需要呈现的元素后，我们即可以构建针对每个操作的指导书模板，让软件根据具体情况自动对模板的内容进行填充，Capital Workbook 即是用于此的功能模块（见图 5-53）。

图 5-53　创建操作手册模板

当工艺流程设计完后，SBOM 和任务时间成本能够迅速获得；在确定最优的工艺后，工艺的操作指导书也可以自动生成。该指导书按照模板的制定，清晰地表达该工序如何加工该对象，可以表达的对象有直观图、输入的物料或者半成品件、详细的操作任务步骤等。

此外，现在的技术可以从底层数据全自动绘制要出现在操作说明中的某些图形，这个过程有时被戏称为"无中生有"。

在图 5-54 所示的示例中，CAN 总线双绞线装配图由软件呈现，而不是人工绘制，这进一步减少了创建操作说明所需的时间。

综上所述，可以非常清楚地看出，高级图形生成功能特别符合线束制造商的需求，是另一个支持高效输出的构造块。

指导书中的元素呈现方式可以按照客户的要求自定义。

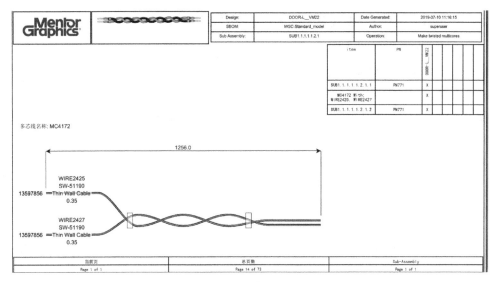

图 5-54 操作手册样例

5.4.3 总结

西门子基于模型的线束制造解决方案提供了连接线束产品工程和制造工程的重要纽带,有效解决了当前线束制造工艺设计效率低、质量参差不齐、周期过长的问题,并为未来线束制造走向智能化提供重要支撑,西门子基于模型的线束制造解决方案的价值主要体现在以下几点:

- 基于数字化技术,构建线束制造的数字化模型,实现工装板图纸自动生成、工艺生产流程自动排布、生产工时计算,以及工艺操作指导书的自动生成,极大地提升了设计效率及设计准确性。
- 通过 Capital 工具,将散落于工程师的私有知识或者个人经验进行有效性甄别,再整理成线束制造工艺设计的驱动规则,形成线束企业关于线束制造的核心知识库。
- 随着各种电器设备的功能越来越复杂,线束制造需要处理的变种变型数量也变得非常庞大,尤其是针对当前汽车市场,一款采用模块化设计的高端车型的线束变种数量可能达到千万级别,通过西门子基于模型的线束制造解决方案,能够更加有效地实现线束制造的处理能力。
- 基于工业 4.0 发展规划,西门子基于模型的线束制造解决方案能够实现与 ERP、MES 等生产管理系统的深度集成,为进一步实现线束的智能制造提供数字化基础。

5.5 基于模型的电气和机械的协同设计解决方案

随着电气系统的规模和复杂度不断增长，设计消费者和商用（或非公路）车辆面临的挑战也与日俱增。消费者车辆正在不断整合更多的先进电子功能，如信息娱乐系统和驾驶员辅助系统。同样，许多农用、建筑和其他商用车辆也已经开始配备数字控制接口。农用、建筑和非公路车辆构成了独特的电气和机械工程挑战。非公路车辆必须高效、耐用而且可靠，因为它们需要在极端温度、振动、污垢、灰尘和海拔等恶劣的环境条件下保持较长的使用寿命。

5.5.1 为什么需要协同设计？

机电复杂性和密度对车辆性能的影响可能非同一般。设计中的细微错误（如错误屏蔽的导线）可能被淹没在错综复杂的电气和机械系统中。如果忽视这些错误，设备可能无法以最高效率运行，或者发生现场故障。这些问题如果不能在设计的早期予以解决，可能会延误车辆的开发，导致OEM成本增加，并有可能错过目标发布日期。

电气和机械系统设计的融合是消费者和商用车辆开发的紧要环节。制造商通常需要等到制作样机期间才能验证电气和机械兼容性，但在样机制作期间才捕捉到电气和机械系统之间的问题和不兼容性，对于开发过程而言为时已晚，必须在设计阶段确保线束和所有相关电气组件与车辆构造和所有相关机械硬件之间的配合和正常工作（见图5-55）。

图5-55　线束和所有电气组件必须与机械硬件配合并正常工作

考虑到与日俱增的机电复杂性所带来的影响，最佳策略是确保所用的系统允许工程师在整个设计过程中以一致的方式交换电气和机械CAD（ECAD/MCAD）

数据。一致的数据交换可确保 ECAD 和 MCAD 领域在设计过程的每个点都能兼容。借助一致的沟通，ECAD 和 MCAD 团队可以尽早解决问题，避免在设计的后期进行代价高昂的返工。他们还可以优化车辆设计，以满足不断变化的约束，同时保持质量、性能和可靠性标准。最后，ECAD 和 MCAD 设计人员可以在他们自己的设计环境中开展协作，而无须学习新工具。ECAD 和 MCAD 团队之间保持一致和迭代式的沟通可以缩短产品上市时间，有利于创建更准确的设计并提高生产率。

5.5.2 ECAD/MCAD 协同设计：从接口转变为集成

电气（ECAD）和机械（MCAD）工程师通常使用完全不同的工具和术语。很多时候，他们处在不同的物理地点。此外，机械和电气 CAD 系统对相同对象的结构的呈现方式也不同。在 MCAD 系统中，可能以实际物料清单的形式表示计算机模块，如螺丝、外壳、印刷电路板和连接器。但是，同一模块的 ECAD 表示则会显示超越对象物理结构的功能或原理视图。某些电气功能可以映射到几个不同的印刷电路板和连接器，因此将单个功能与单个物理部件相关联是不切实际的。

早期的 ECAD/MCAD 协作使用了一系列沟通媒介，包括便利贴、电子邮件和 Excel 电子表格等。这些方法不足以强化电气和机械领域之间的协作，因为它们仍旧依赖于手动数据输入和传输。因而，数据传输的准确性得不到保证，也无法大幅节省时间。因此，许多消费级和非公路车辆开发团队采用内部开发的协同软件和流程，每次推出 ECAD 和 MCAD 工具套件的新版本，他们都必须进行测试和检验。这些流程的维护成本很高，因为它们需要专门的内部支持人员来实施更新，并根据需要解决错误。

开发基于 XML 的接口在 MCAD 和 ECAD 工具之间传输数据，有助于解决其中一些挑战。XML 是一种用于存储数据的跨平台格式，这意味着许多不同类型的程序和机器，甚至人类都可以读取以该格式存储的数据。这也意味着电气和机械设计人员可以直接在各自的设计环境之间传输存储在 XML 中的数据，以弥合传统上存在于电气和机械领域之间的鸿沟（见图 5-56）。

由于其多用性，许多公司已经设计了自己的 XML 模式，用于实现各种软件产品之间的互操作性。Siemens PLM 开发了 PLM XML，用于在其产品生命周期软件（如 NX）与采用该格式的其他应用程序（如 Capital 电气系统和线束设计工具）之间进行通信。

通过 PLM XML 进行的 NX 和 Capital 集成使 ECAD 和 MCAD 设计能够定期同步，从而确保设计兼容性，同时允许设计人员在本地环境中进行操作。从较高的层面来看，Capital 和 NX 的设计流程可能如下所示。

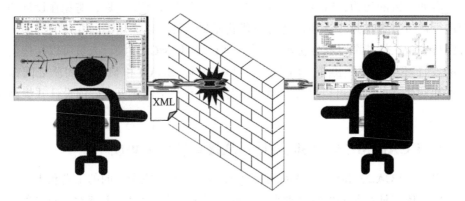

图 5-56　XML 有助于将传统上彼此孤立的 ECAD 和 MCAD 这两个领域联系在一起

ECAD 设计人员首先在 Capital 中创建接线和连接布局，此布局包括导线、连接器、多芯线和焊接点等关键部分。然后，设计人员将此导线数据导出给机械工程师。

机械工程师导入 PLM XML 文件，电气数据则自动链接到 NX 中的三维对象。之后，机械工程师可以在车辆或者部件中布线，然后导出包含这些增量更改的文件，供 ECAD 设计人员进行评审。

ECAD 设计人员导入此数据并对设计执行一些检查。设计人员可以利用 NX 的三维线长来执行电压降计算，确保在机械设计中保留了足够的空间以容纳线束；可以根据需要更改数据，也可以向机械工程师回发新的增量文件。

此过程使设计人员能够定期验证协作设计，防止出现空间或电气系统违规。但是，此方法仍需要设计人员手动导出和导入数据。

5.5.3　XML 的局限性

相较于传输 Excel 表或标记 PDF 文件以跟踪更改和保持设计意图的旧方法，通过 XML 将不同平台链接在一起是一种改进。但是，由于必须手动导出和导入 XML 数据，因此在一个领域完成设计更改后，设计人员必须等待另一个设计人员评审并接受或拒绝建议的更改。这会增加项目停工时间，延长开发过程。

此外，这种集成度仅部分避开了 ECAD 和 MCAD 之间的障碍。在提出设计更改时，ECAD 和 MCAD 设计人员只知道所做的更改对自己领域的影响。因此，在 Capital 环境中工作的设计人员提出的更改可能会导致空间或物理违规，而这一点直到机械工程师评审并拒绝更改时，该设计人员才会知道。

5.5.4 真正的协同设计：交互显示

电气和机械设计过程均可受益于更高的连接度、集成度和协作性。服务不同领域的应用程序之间的交互显示使得每个领域的设计都能补充来自另一领域的相关信息，从而实现更紧密的集成和协作。

这种集成的一个关键特性是取代 XML 方法烦琐的基于文件的交换。使用 XML 方法，集成依赖于将大量文件形式的更改导出到文件系统中，供其他工程师检索然后导入。Capital 和 NX 支持 API 级别的集成，在该集成中，两个领域直接连接，为设计即时更新更改信息。工程师不再交换 XML 文件，而是通过强大的桥接功能进行集成。Capital 设计人员可以向 PLM 系统（例如 Siemens Teamcenter）发布一份布线物料清单，然后再将其集成到 MCAD 工具中。

通过这种集成，可以在明确了解机械设计相关领域的情况下设计电气系统和线束，从而让 ECAD 设计人员在设计电气系统时能够考虑这些区域对电气性能的影响。在机械设计方面，通过预留空间，可以确保线束符合最小弯曲半径和直径约束，以便穿过机械结构中的导管。通过访问对方领域相关信息，电气和机械工程师可以快速协调 ECAD 和 MCAD 设计之间的不兼容之处（见图 5-57）。

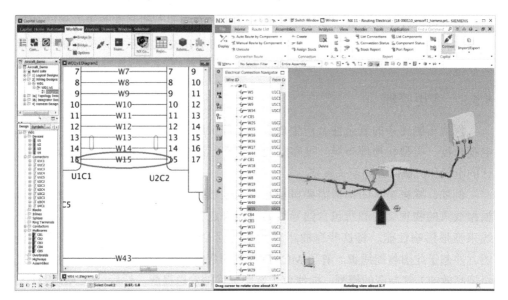

图 5-57 利用 ECAD-MCAD 集成可以快速、准确地解决机械和电气不兼容问题

列举一个典型的例子，机械工程师希望确保包含所有必要导线的线束能通过分配的物理空间。但是，机械工程师不希望在 MCAD 模型中创建和管理这些导

线，因为这样做过于困难而且非常耗时。相反，电气定义是在 Capital 中创建的，可以将基于各种机械约束的最大允许线束直径发送给 Capital。Capital 将通过使用自动设计规则检查，确保这些线束中生成和布置的导线不会超过这些约束。这样既确保设计的正确性，又能避免代价高昂的返工。

此外，线束设计中的卡钉、橡胶件和套管等对象也需要跨领域协作。最好在三维 MCAD 环境中创建这些对象，然后将它们与 ECAD 工具中的电气数据合并。一旦建立这种关联，就可以在其所有配置中自动设计完全可构建的线束。

虽然消费级和非公路车辆的电气和电子内容持续增多，但每个车辆中可用于布线、电子控制单元（ECU）等内容的空间通常保持不变。非公路车辆的许多控制输入已从机械方式转变为电气方式。如今商用挖掘机采用的操纵杆输入与驱动吊杆、机械臂和铲斗运动的液压系统之间是以电气方式连接的。

这些控制装置的接线必须从驾驶舱铺设到它们所控制的各种系统，因此非常靠近机械系统和其他电气线路，这就有可能引入电磁、无线电和物理干扰。借助多个环境之间的交互显示和交互可视化，设计人员能够在三维空间内了解信号布线，从而确定可避免这些问题的最优布线。

同样，新型豪华车的设计团队可能希望整合仪表板和信息娱乐系统。整合这两个系统可以改变安全关键电子系统的位置，从而改变布缆长度要求并影响信号完整性。在这种情况下，电气和机械设计团队可利用交互显示快速确定最佳的布缆方式。

5.5.5 变更管理

现代车辆庞杂的复杂性会产生成百上千甚至成千上万的工程变更单，影响着电缆长度、类型和物理布局。可靠的变更管理方法对于集成非公路车辆和汽车设计的电气和机械两方面至关重要。

例如，线束组装图构造需要机械和电气领域之间开展紧密协作。机械工程师根据线束的物理结构和所包含的导线的属性来定义线束的弯曲半径约束，以防止线束变形影响性能。将这些弯曲半径约束传回 Capital 后，便可以创建线束工装图，并基于此图装配线束。有了 MCAD 提供的弯曲约束，Capital 就能针对无法以经济高效的方式制造的模型，向线束工装图工程师发送提醒。然后，ECAD 设计人员可以快速实施必要的更改并开始构造线束工装图。

现代消费级和非公路车辆均配备车载计算机，用于控制车辆性能的各个方面。车载计算机的位置及其外壳的设计需要一致的电气和机械协作。随着设计的进行，可能需要移动计算机模块或变更外壳材料以保护计算机免受温度、灰尘、湿气和其他环境条件的影响。这会给机械和电气设计带来多个变更单,并且随后还需要进行成本、可靠性和功能验证。

变更管理的挑战在于快速、高效地跟踪彼此的变更,主要包括两个方面。首先是自动合并数据并将变更清楚地呈现给设计人员。Capital 配备了先进的变更管理工具,可自动创建设计变更清单(见图5-58)。

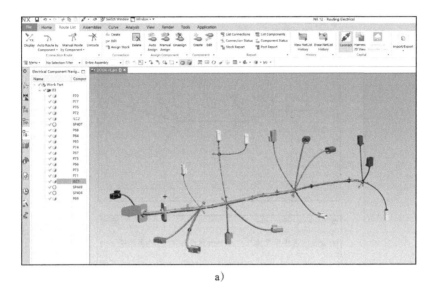

图 5-58 对三维模型所做的变更可以自动集成到二维电气布局中

通过该清单，电气工程师可以选择单独接受或拒绝各个变更，而不是作为一组变更来处理。Capital 的变更管理窗口还能够支持电气和机械设计之间的实时交互显示。在变更管理工具中选择某个部件后，它会在 MCAD 或 ECAD 环境中自动突出显示，以帮助工程师了解所建议的变更。使用变更管理器可通过展平图预览一组变更。展平方式可以是三维、正交或展开（见图 5-59）。

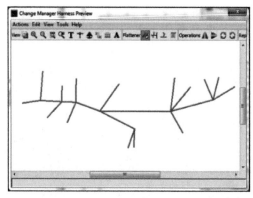

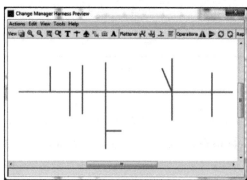

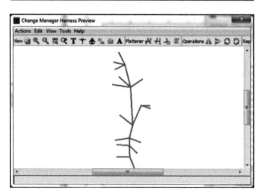

图 5-59　Capital 的变更管理器能够以三维、正交或展开的方式显示预览

变更管理的第二个主要方面是变更策略，它定义了主数据和变更的流动方向。Capital 拥有一系列综合选项，可用于自动控制数据变更方式。系统采用分段方式确定数据的所有权，以便针对各个设计流程定制变更策略。可供选择的各部分非常详细，因此可以为各个部件的特定属性设置规则。例如，可以设置一条规则，指定 MCAD 只能更新连接器的重量属性，而不能更新电气特性。

5.5.6 混合动力、纯电动和自动驾驶汽车

越来越多的汽车制造商开始投资混合动力和纯电动动力系统。电动动力系统包含的运动部件较少，而且需要的维修也比内燃机更少。它们还能提高燃油效率，减少消费级和非公路车辆的排放，降低运营成本并增加工作产出。然而，这两种环境都会给电动动力系统和电力系统造成压力。

非公路车辆必须在极端温度和多尘、脏乱的环境中长时间工作。设备循环工作周期还会产生不适合标准电池单元处理的高容量充放电。要管理再生制动、重物提升和其他功能产生的大容量、快速充放电，需要使用大容量和超级电容器。

与此同时，消费电动汽车（EV）的主要关注点是实现足够的行驶里程和性能，同时提供消费者期望的一系列舒适和便利功能。EV 所需的全部动力均由存储在电池中的能量提供，因此，配备的电子功能数量和复杂度会直接影响车辆的行驶里程和性能。

这些电气系统需要与现有的液压系统和其他机械系统相结合。随着对纯电动和混合动力设计的需求不断增长，制造商都在努力确保可靠性，同时优化电气和机械系统的重量、可靠性和功率效率，ECAD-MCAD 的集成需求也水涨船高。

可满足安全性和功能性要求的自主技术对于机电设计来说也更具挑战性。例如，携带高压功率信号的导线需要与数据导线彼此分离，以防止电磁干扰导致的数据信号失真。此外，必须采用冗余电气系统，在发生电子故障或事故时保护安全关键功能。冗余系统增加了车辆设计的总体复杂性，使得在电气和机械工程之间实现准确、平稳的设计变更传递变得至关重要。ECAD-MCAD 集成确保这两个领域之间存在不间断的数字化流程，从而使机电设计满足所有要求。

先进的传感器将会引入对电气系统设计及其与机械结构的集成的新约束。摄像机和图像处理系统需要极快的数据速率来收集和分析视觉信息。更改布线长度或添加焊接点可能会影响来自摄像机的安全关键信息的信号完整性，这些改动将会产生需要验证的多份机械和电气设计变更单。ECAD-MCAD 集成使设计人员能够在实施必要的变更之前对其进行预览和评估，以确保它们不会降低信号完整性或引入机械间隙和碰撞问题。

此外，线束制造商也在电气系统的优化中发挥着重要作用。线束制造商经常会建议线束设计修改，以降低成本、尺寸和重量，同时提高可靠性。这些优化必须尽快地纳入车辆设计中。ECAD-MCAD 集成为 OEM 和线束制造商创建了协作环境，以便快速实施这些设计变更，从而提高产品质量。

5.5.7 总结

ECAD-MCAD 协同设计是提高生产率和确保稳健设计的强大推动因素。借助现代 CAD 工具，设计人员可以更高效地同步数据，并就关键的设计项目开展更有效的跨领域协作，从而确保正确实施设计意图。

在设计过程中，集成的电气和机械应用程序可帮助设计人员了解其衔接的领域。这样可以及早识别和解决不兼容问题，从而减少代价高昂的设计迭代。通过施加设计规则检查和最佳实践，可确保机电系统能够承受它们必须面对的苛刻工作条件。ECAD-MCAD 协同设计具有丰富的变更管理支持，能够在设计工程团队优化车辆设计的可靠性和性能时为其提供强大的支持。

5.6 基于模型的电气智能维修文档解决方案

5.6.1 当前售后维修的现状

不当维修车辆可能会令车主大感失望。车主将车辆送到维修机构以解决问题，技术人员却无法高效诊断和修理车辆。这种事只要发生几次，车主就会大失所望甚至愤愤不已，开始失去对汽车及其品牌的信心。

故障查找流程要求技术人员不断翻阅手册的不同章节，这既耗时，又容易出错。最后，书籍出版流程非常烦琐，且极少对内容进行更新和校正。

几乎在所有地方，随着外置诊断工具的稳步发展，纸质文档已被电子文档取代。现在技术人员可以在计算机上查询文档，找到所需的零件、维修信息和接线图，而不用翻阅大量纸张。相比于纸质文档，电子文档的使用和更新要容易得多，但在多数情况下，它还不是交互式，也不是特定车辆专用的，只不过是早先纸质文档的电子化。技术人员仍要确定其维修的到底是哪一版本的车辆，因此错误仍难以避免。

基础电气技术产品文档一般来说也仅仅只包含了电气原理的部分，而缺乏二维和三维位置视图、诊断流程、诊断代码定义、维修流程以及 VIN 信息。并且，通过人工来进行维护花费大量的时间，所导致的后果是文档信息不完整、从设计到维修文档完成花费的时间过长导致信息过时、多次人工干预处理导致错误、对象缺乏关联以及缺乏交互性。因此，需要采用更好的办法来表达电气原理的相关对象在售后的数字形态（见图 5-60）。

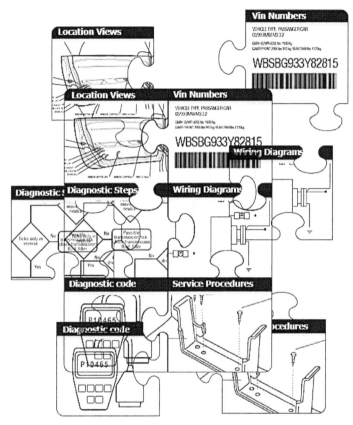

图 5-60 完整的文档包包括大量单独类型的文档，智能文档自动化将所有文档编译为一个集成的文档

5.6.2 基于模型的智能维修文档具体解决方案

1. 智能合成

智能文档的关键是这些资源通过自动化归并为一个集成包，从而确保技术人员可以通过正在维修的车辆的故障代码快速、精确、具体地找到诊断功能、接线图、连接器端视图、位置图和维修流程。

就流程而言，如今创建文档包与以前全部在纸上完成并无多大区别。创建之后，以电子方式将其汇集在DVD或网站上，但技术出版团队仍以大致相同的方式工作，常常是重绘矢量图形包中的接线图、重新设计样式、标注热点、编写流程，然后集成整个包以供分发。下面列出了产生可发行文档的一些最常见任务，这些任务在大部分企业中仍是通过手动完成的。

- 导入接线图。
- 重绘接线图。
- 重新设计图纸样式。
- 创建导线表。
- 创建热点图。
- 内容翻译。
- 创建孔位表。
- 创建连接器端视图。
- 创建位置视图。
- 创建诊断文档。
- 链接所有内容。
- 生成输出。

为了帮助技术人员迅速找到导致电气问题的原因，维修文档必须是高度集成的交互式文档。我们认为，这可以利用"文档合成"这一流程来实现。开始时，该流程使用工程部门在设计阶段编写的高价值知识产权的电气设计数据。然后，可以运用合成引擎来对所有电气设计数据进行迭代，从而自动创建完全交互式集成文档。

文档合成流程的基本操作如图5-61所示。合成引擎挖掘所有来源中的文本以形成文档，并发现数据之间的关系。然后，这些关系通过输出数据表达出来，并呈现在查看环境中以供维修技术人员使用。当源数据发生更新时，文档合成工具可以再次利用更新的数据重新建立关系并创建新链接。合成引擎可以为各种常见设备创建多种格式的集成文档包。

2. 数据的结构化

该概念似乎很简单，但是大量非结构化数据也具有价值，必须将其集成到文档包中。如图5-62所示，非结构化数据包括文本文档、位置视图、诊断图表等。

智能文档工具会挖掘资源中的文本以定位所有相关信息，而不考虑格式。一旦获得全部数据，它便能搜索数据库中的工程数据，并将非结构化数据与电气设计数据相匹配。在匹配的地方，插图说明和接线图之间便可建立超链接。该工具会导入故障代码,然后分析设计以创建特定故障代码与其指示的对象之间的关系。故障症状会链接到问题的可能原因,并提供诊断步骤以确认元器件是否处于故障状态。

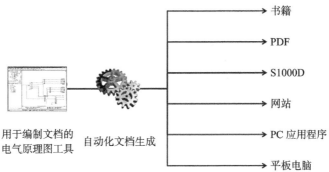

图 5-61　智能文档自动化会查找所有相关信息,并创建一个用户选定格式的文档包,它能在各类设备上运行

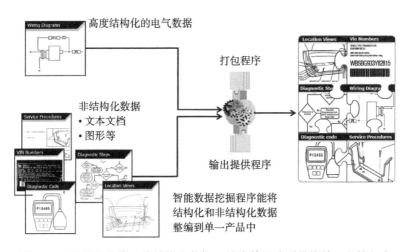

图 5-62　挖掘有价值的非结构化数据,并将其整编到最终单一文档包中

本节余下部分将以 Capital Publisher 为例来说明。图 5-63 显示了系统如何从文档系统中收集结构化数据,以及如何将它与挖掘到的非结构化数据编织在一起。利用这种简单易用的技术,技术人员可以迅速、精准地找到故障。现在,每个视图皆关联到了这辆独特汽车上的零件,而且还链接到接线图、位置视图和故障排除帮助。在示例中,接受检查的电路已为技术人员分离出来,仅显示与该连接器有关的信息。

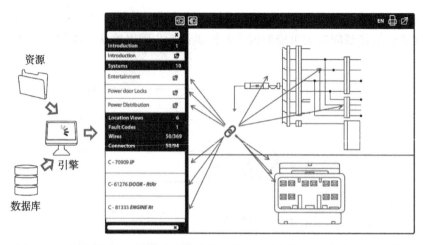

图 5-63　通过挖掘和处理所有文档数据和资源,向用户呈现高度可用的输出

3. 应对配置复杂性

配置复杂性是技术人员和其他文档使用者长久以来的痛点。技术人员得到的常常是描述车辆所有可能配置的超量电气文档。每张接线图均充斥着大量内容,其中很多内容事实上与技术人员正在处理的车辆配置无关。整理维修车辆的接线图并查找问题,又会为出错创造机会。

智能文档则不同,它仅向使用者展示目标车辆上存在的系统、互连和接线信息。在图 5-64 中,当技术人员试图找出 CD 换碟机的问题时,显示的是全部音响选项。

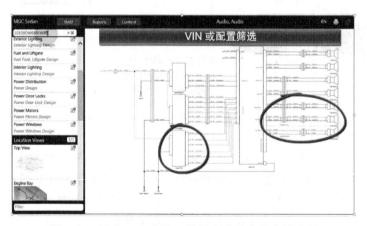

图 5-64　输入 VIN 之前,显示音响系统的全部选项

在图 5-65 中,在输入 VIN 之后,系统会查找数据库以确定该车辆支持哪些选

项。接线数据全都附有选项标签，因此系统可以筛选出配置，从而仅显示车辆上存在的条目，而所有其他信息则从其中及随后的所有视图中移除。现在，技术人员获得的视图不仅简洁清爽，而且不会有差错。

针对故障排除，有针对性的 VIN 专用图形可以让技术人员专注于问题本身，不受其他电路干扰。例如，若某个执行器未正常运行，可以仅仅利用该元器件动态创建一张接线图，而技术人员可以利用"点击并创建"功能进行动态研究。这种创新使得技术人员可以在几秒钟之内放大问题电路。而利用当前文档开展类似的故障排除工作时，所花费的时间要长得多。

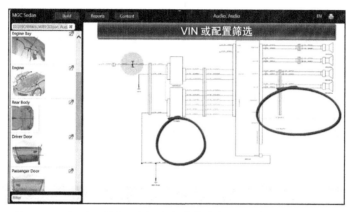

图 5-65　输入 VIN 之后，从视图中移除维修车辆上不存在的所有可选元器件，呈现一个清晰简洁的文档

图 5-66 说明了技术人员如何根据接线图定位某一特定连接器，显示端视图，然后展开连接器图以显示各个信号。

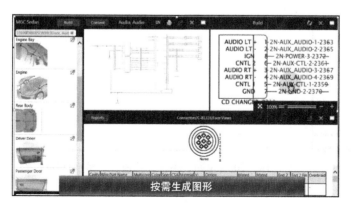

图 5-66　专注于问题，呈现给技术人员的视图仅包含要排除的特定问题部分

在本例中，技术人员已判定 CD 换碟机无电源。放大该连接器，如图 5-67 和图 5-68 所示，技术人员可以点击电源管脚。现在只会筛选电源管脚连接，而唯一呈现给技术人员的是从该连接器接回到点火器中 12V 电源的电路。

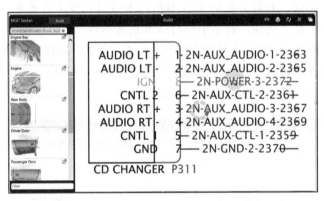

图 5-67　点击电源管脚可以将问题部分分离出来

图 5-68 显示的即为其结果，这是一幅非常简单的图形，故障排除因而会轻松快捷许多。

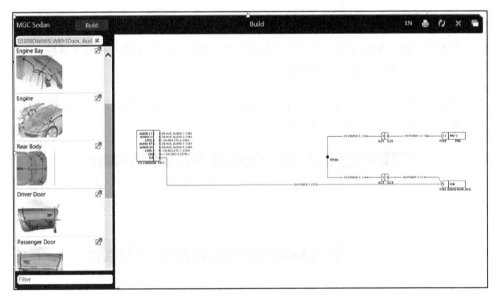

图 5-68　分离出电源电路，不含其他内容，易于查找故障

5.6.3 智能维修文档：Navistar

智能文档将显著改善汽车文档的制作和使用。如示例中所示，它可以汇集所有来源中的数据并编目，也可以挖掘非结构化数据并确定关系。最终文档包是一个简单易用的文档包，其中纳入了上述所有数据和关系。

这一级别的文档智能化可以加速故障定位过程，并指导技术人员修复故障。智能文档的受益者绝不仅仅是技术人员，在经销商关系和整个品牌方面获得的好处甚至更多。Navistar 公司清楚地认识到了这一事实。Navistar 利用 Mentor 的 Capital 来创建维修文档，大幅改善和简化了维修信息的创建和使用。

1. 系统复杂性

Navistar 是商用车制造领域的全球领先者，致力于制造面向特定应用的重型卡车、公共汽车和国防车辆（见图 5-69）。随着车载电气和电子系统的复杂性不断提高，快速识别和诊断系统故障的难度也在增加。拥有准确且易于使用的维修文档不仅可以节省技术人员的时间，还可以减少客户停机时间并提高品牌质量。

图 5-69 Navistar 是制造重型商用和国防车辆的世界领先者

售后服务团队了解到，工程部门正在部署一种新的方法来开发影响维修文档的电气系统数据。服务组织意识到这种转型后，便开始寻求新的解决方案。由于需要大量的手动重新输入和重新绘制线束打印件，因此其流程非常容易出错，导致维修文档既不充分，而且几乎无法使用。

2. 转型变革

Navistar 使用 Capital Publisher 自动创建技术文档，并为维修技术人员提供高度交互式环境，帮助他们快速诊断问题。Capital Publisher 与诊断系统全面集成，能够显示和无缝连接各种资产，如接线原理图、连接器端视图、元器件位置视图以及卡车线束视图（见图 5-70）。技术人员可以查阅专为相关的车辆配置而动态生成的智能电气原理图。这些交互式数据包可以进行网站托管，也可离线传送到平板计算机等便携式设备,因此适用于商业和军事两种应用。

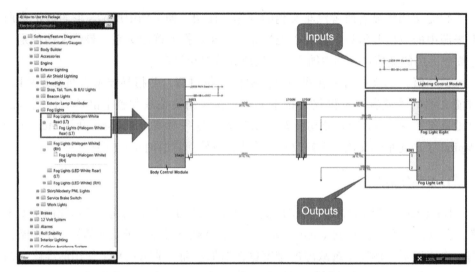

图 5-70　Capital Publisher 可以链接资产,以便于导航

3. 实施

作为实施的一部分,Navistar 开发了两个流程,一个用于当前设计,另一个用于未来设计。工程和技术出版物团队都必须学习在当前线束设计中将电路链接到其他电路的新流程。同时,这些团队还必须启动面向未来设计的生成式流程。在创建维修文档之前,应充分理解源内容,按逻辑组织内容并发布正确的原理图,这一点非常重要。

团队通过协作,将接线原理图与功能代码相匹配,并开发适用于原理图的风格指南。接下来,团队使用功能代码作为基础,共同开发文件夹结构,使其与维修技术人员用来识别卡车系统的方法相匹配,从而实现直观的结构导航。命名结构也很重要。Capital Publisher 简化了将工程替换为售后名称(如模块、设备和组件)的操作。

5.6.4　总结

智能文档将显著改善汽车文档的制作和使用。如 Mentor Graphics Capital 例子所示,它可以汇集所有资源中的数据并编目,也可以挖掘非结构化数据并确定关系。最终文档包是一个简单易用的单一文档包,其中纳入了上述所有数据和关系。同时,该文档还可以作为整个企业产品故障诊断的一部分,与机械、电子、软件、备件、大数据分析等整合成大的智能维修云平台。

这样的智能文档可以加速故障定位流程,并指导技术人员修复故障。智能文档的受益者不仅仅是技术人员,还有经销商和整个品牌。

5.7 基于模型的自动驾驶的电气设计解决方案

5.7.1 自动驾驶的挑战

自动驾驶汽车需要一个完整丰富的系统,其中包含先进传感器、车载计算机、高速高带宽数据网络,以及将所有这些连接起来的布线。这个由摄像头、雷达、激光雷达传感器和电子控制单元(ECU)组成的复杂网络将负责检测和解读动态环境条件,以便为实时驾驶决策提供信息。这意味着每秒要收集、处理、分发吉字节级别的数据,方能支持算法和ECU响应快速变化的驾驶环境。

自动驾驶所需的电气电子系统的复杂性和关键性会大幅提高汽车设计与工程开发的挑战难度。这是因为要确保这些系统的安全性,必须进行大量的测试和验证。根据大多数估测,自动驾驶汽车将需要相当于数十亿英里的测试才能确保其安全性。制造商需要将通过仿真和实际测试获得的经验教训纳入其自动驾驶汽车设计中以保持竞争力。

5.7.2 迈向 L5 级自动驾驶

全自动驾驶汽车所需的技术升级给负责设计的工程师带来了重大挑战。先进传感器技术、高速高带宽数据网络以及尖端人工智能,对自动驾驶汽车的功能和商业成功至关重要。然而,真正的挑战始于将这些先进技术集成到单个负责感知、通信和决定行动方案的系统中(见图 5-71)。

例如,L2 级自动驾驶汽车可能具有主动巡航控制、车道偏离警示系统、车道保持辅助和停车辅助等功能。这种汽车总共需要大约 17 个传感器,方能支持其驾

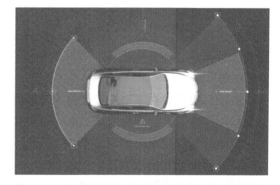

图 5-71 自动驾驶汽车平台必须通过高速数据网络连接一系列先进的传感器和计算机,以感知、评估环境激励并采取措施

驶辅助系统。这些传感器包括超声波、长距雷达、短距雷达和环绕摄像头，用以监控车辆环境。此外，这种汽车的自动化系统所执行的计算相对较为基本及简单。例如，车道保持辅助系统的任务只是监控汽车相对于道路标线的位置。如果驾驶员开始偏离车道，系统将通知驾驶员或自动采取纠正措施，但最终还是要由驾驶员来操控汽车。

L5 级自动驾驶汽车对驾驶控制负有完整责任，无须人工干预。因此，预计 L5 级汽车拥有的传感器会再增加到逾 30 个，种类也会更多，从而支持自动驾驶汽车完成其需要执行的大量任务（见图 5-72）。除了 L2 级汽车中的超声波、环绕摄像头、长距和短距雷达传感器外，L5 级还将需要远程和立体摄像头、激光雷达及航位推算传感器。传感器的增多会增加线束中需要的布线量，当然也会增加处理传感器产生的 Gb 级数据所需的计算资源。

图 5-72　全自动驾驶汽车将需要多种类型的传感器来精确感知动态驾驶环境

在设计过程中，工程师需要执行架构和折中分析，研究架构方案，如是使用集中式、领域式，还是分布式架构。对于自动驾驶汽车平台，这些分析将需要考虑数以百计的元器件和数以百万计的信号，同时还要优化功能位置、网络延迟、差错率等。

由于自动驾驶汽车增加了大量的传感器并需要执行大量的任务，执行部件也显著增加，从而不可避免地增加电气连接数量，作为其载体，线束会发生显著的变化，如图 5-73 所示是通用汽车 Chevrolet Bolt 车身线束的对比。

尽管面临这些挑战，自动驾驶仍是一个急速成长的市场。目前，至少有 144 家公司宣布了自动驾驶汽车计划，并且花在 ADAS 应用半导体器件上的年度支出预计也将逐年递增（见图 5-74）。其中一些是主要汽车制造商，他们希望在即将到来的行业巨变中保持领先地位；不过大多数还是初创企业或来自其他行业的公司，希望能趁此时机进入这个历来难以渗入的市场。这些公司缺乏行业相关经验和工程资源，基本上无法单靠自己就通过自动驾驶汽车设计的复杂考验。即使是主要汽车 OEM 厂商也同样会出现问题，因为他们的传统设计流程并不足以应对这些挑战。

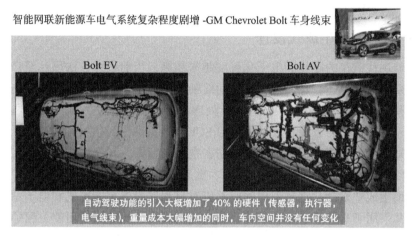

图 5-73　电动车和自动驾驶汽车的线束

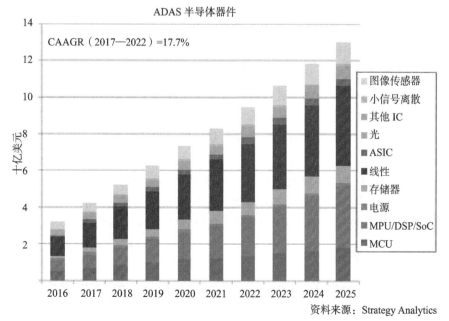

图 5-74　用于 ADAS 应用半导体器件的年度支出预计将逐年递增

基于模型的数字化企业（MBE）

尤其是当公司的自动驾驶汽车项目从研究、开发、一次性原型设计转向全面量产时，更是如此。自动驾驶系统需要针对成本、重量和功耗进行优化，同时还要遵守汽车行业有史以来最严格的安全要求。为了竞争，这些公司需要一种新的设计方法论，让经验不足的工程师也能设计出精密且优化的系统，而这又只能通过掌握资深工程师的经验和知识来实现。

5.7.3 为何需要生成式设计

随着现代汽车的电气和电子化程度越来越高，当前设计方法已达至极限，然而汽车系统在未来还会愈加复杂。自动驾驶汽车将包含汽车行业迄今为止最复杂的电气和电子系统。为了收集、传输、处理自动驾驶所需的数据，将需要逾30个传感器、数英里长的布线和数以百计的ECU。数据网络必须极其快速，才能支持实时感知、决策和行动，防止碰撞及伤害乘客或行人。开发这些汽车的工程师还需要在性能要求与功耗、物理空间限制、重量、散热考虑之间取得平衡。

借助生成式设计，汽车工程师能够应对自动驾驶汽车的电气和电子系统设计挑战。其采用了基于规则的自动化，可快速完成设计综合，从而使工程师能够在整车平台的环境中进行设计，并紧密集成各种设计领域以确保数据连续性。

首先，全程采用自动化将有助于设计团队管理设计复杂性，却又不会延长产品上市时间。自动化可助工程师专注于电气电子系统功能设计与验证的最关键方面，从而减少手动数据输入造成的错误。如此一来，工程师将有更多时间集中在应用其创造力和独创性来实现下一代汽车技术突破。自动化还通过设计规则将公司IP应用于生成的方案，从而提高设计的精度和质量。

其次，在完整平台环境中进行设计有助于工程师了解信号、导线和其他元器件在整车平台上的实施方式，从而减少接口错误或因线束复杂性引起的错误。这种设计流程还允许团队在不同汽车平台上复用经过验证的数据，从而提高质量并降低开发成本。

最后，紧密集成的环境使电气工程师能够与其他领域（如机械或PCB设计）的工程师和工具共享数据。汽车的电气、机械和软件组件之间的交互越来越多，这些领域之间的数据无缝同步可以更好地将它们集成到单个系统中。

5.7.4 生成式设计

生成式设计把系统定义和要求作为输入，使用基于规则的自动化为电气电子系统的逻辑、软件、硬件和网络生成架构方案（见图5-75）。这些规则融入了资深工程师的知识和经验，可在整个设计过程中指导经验不足的工程师。获取此 IP 有助于公司开发汽车架构和培养新一代工程师，使他们掌握并运用公司现有知识。

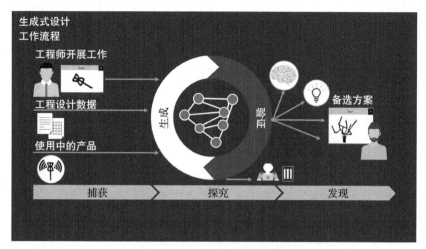

图 5-75　生成式设计使用基于规则的自动化来生成电气电子系统的逻辑、软件、硬件和网络的方案

生成式设计流程始于功能模型。功能模型代表要实现的电气系统的功能，但不会指定应如何实现该功能。它考虑了通信网络、电源和元器件等方面。这些模型可以通过多种格式来捕获，如电子表格、SysML 文件和 MS Visio 图表。

然后，设计团队将这些不同的功能模型标准化为其电气系统设计环境（如 Capital）中的统一格式。标准化后，工程师便可生成电气电子系统逻辑、网络、硬件和软件的潜在架构。通过支配方案生成的设计规则，有价值的公司 IP 会自动集成到这些方案中。在此阶段，电气工程师可以快速生成、评估及比较多个架构方案，然后通过所提出的初始解决方案优化设计。

工程师可以从选定的架构方案中提取离散逻辑系统，以生成平台级网络设计和配电系统（EDS）。这些就绪后，团队便可综合每个子系统的线束设计，生成制造辅助措施和工艺过程清单成本，发布电气服务数据，生成 VIN 专用服务文档。

5.7.5　生成式设计的数据连续性

生成式设计可创建一个从初始系统定义和需求到全面量产和服务的连续数据线程。相同的数据馈送到生成式设计流程的每个阶段，这样一来，在不同设计阶段或设计领域之间便不会丢失任何内容。借助这种连续的数据线程，所有工程团队成员既能知晓最新状态并使用最新数据，同时又可确保设计满足功能、安全性、重量等各种要求（见图 5-76）。

通过内置设计规则，工程师可以自动检查设计有无缺陷，而这些缺陷很容易被自动驾驶汽车的巨大复杂性所掩盖。通过检查设计规则可以发现未端接的线端、图形和物理线束长度的不一致，并检查线上的电流负载、产生的热量和其他故障。另外，生成式设计可通过这些设计规则检查来运用公司 IP，从而捕捉过去曾造成麻烦或者新工程师可能不会想到要去检查的设计缺陷。

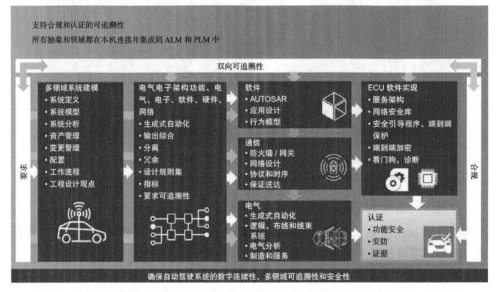

图 5-76　生成式设计可确保从初始系统定义到量产和售后的数据连续性，从而实现完全可追溯性并符合要求

此外，数据连续性可增强工程师分析设计变更影响的能力。传统设计方法很难量化设计变更的连锁效应。每次变更都会影响系统的其余部分，二级和三级影响更是难以预测。例如，将 ECU 迁移到架构中的新位置或新网络，可能会影响系统中其他地方的性能。这种行为变更可能会产生级联效应，使数量不定的子系统无效。

数据连续性确保项目具有单一数据源，从而清晰地显示无数领域间和系统间的交互。对设计进行变更时，可以检查变更，提出详细的影响分析，告知工程师该变更可能在其他领域中引起的问题。例如，可以评估移动或移除 ECU 对网络时序、信号完整性、物理间距和冲突问题的影响。如此一来，工程师便可了解变更对系统的全部影响。

5.7.6 总结

生成式设计将是新老汽车公司追求开发全自动驾驶汽车的关键推动因素。它能自动生成电气系统架构,将公司 IP 嵌入设计流程中,从而使工程师可以及早探索和优化设计。此外,单一数据源可提高不同领域之间的一致性,改善设计复用,增强对变更影响的分析。最后,不同电气领域之间以及与机械和 PLM 工具的紧密集成可简化从概念到量产的整个设计流程。

自动驾驶汽车设计固有的巨大复杂性将继续推动汽车工程师所用工具和方法的不断发展,这一点尤其适用于电气和电子系统领域,它们已开始主导汽车安全关键系统和设施的运行。这种颠覆性技术的赢家将是这样一些公司,它们能将自动驾驶所需先进技术最有效地集成到一个可靠、安全、对消费者有吸引力的系统包中,然后高质量地将这些技术快速推向市场。

5.8 基于电气设计平台的集成和扩展解决方案

在电气化和自动驾驶汽车等趋势的推动下,当今的汽车系统设计正在经历一场转型。人们对于新型移动服务和与日俱增的车辆计算机化似乎有着无尽的热情,但对汽车而言,提供相对安全和低成本的交通工具这一功能才是所有这些创新的基础。根据 Roland Berger 的说法,车辆电气系统很快将会占车辆成本的 50%,它们对于实现这一基本车辆功能而言变得比以往任何时候都要重要(见图 5-77)。

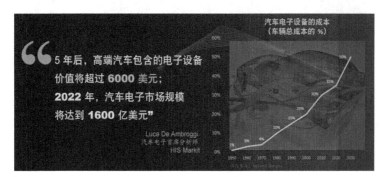

图 5-77 在不久的将来,汽车电子设备将占车辆成本的一半

与此同时,设计周期日益加快,产品开发也在不断变化。长期以来,IC、软件和系统设计中所用的新方法在持续发展的汽车供应链中占据着越来越重要的地位。这些方法包括快速平台(硬件/软件)设计、仿真和测试以及电气架构优

化——所有这些都在先进的软件设计工具和专有技术的支持下发挥最大作用。

在这种消费者偏好持续变化的颠覆性环境中,早期采用并成功部署一流工具和专业知识的企业可以获得持久的竞争优势。

由于事关重大,与设计工具一同提供的服务也比过去任何时候都更重要。先进的汽车设计软件与经验证的部署服务相结合,提供了最可靠的成功之路。车辆电气化、自动驾驶、服务和共享乘车的演变带来了商业机遇。

5.8.1 高价值工程向上游转移

设计工具和服务的结合有助于将设计周期中更多高价值的工程工作前移,这是所有新兴方法的共同趋势。例如,面向汽车应用的 IC 生产正经历严格、有序的交接,从 SoC 供应商到创建 ECU 的一级供应商,再到将 ECU 集成到车辆架构的汽车制造商。汽车制造商在同一领域管理多个 ECU 所承受的巨大压力,甚至超过了软件复杂性以及衰退且缺乏灵活性的供应商网络带来的压力。因此有必要采用一种集成度更高的方法,在设计周期中尽可能早地优化成体系统的总体性能、效率和成本(见图 5-78)。

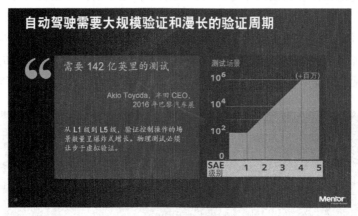

图 5-78 虚拟验证是在设计流程中必然要将高价值工程向上游转移的众多示例之一

元器件供应链中也能找到类似的示例,其中的热仿真有助于评估元器件的放置选项并优化功率利用率。电气和电子系统领域由于电气化和自动驾驶车辆的趋势而面临令人瞠目的复杂性,因此在该领域,设计周期前端装载的价值体现得最为淋漓尽致。数十个传感器、数百个电动马达和控制单元全部通过数千米的电缆连接到一起,在这种情况下,在早期阶段开展线束设计和优化具有前所未有的重大价值。

而且长期以来，服务在最大限度降低与新工具相关的部署风险、最大限度提高 ROI 以及加速实现价值等方面，一直扮演着不可或缺的角色。无法实现越来越高远的新汽车功能目标所造成的代价，令所有 CEO、股票价格和品牌都不能等闲视之。而这类功能只有在设计周期内的各个阶段进行一系列娴熟的执行并提供创新的空间才能实现。

5.8.2 领先解决方案的部署方法

西门子的服务理念是指导客户根据行之有效的行业标准部署解决方案。长期以来，Siemens AdvantEdge 交付模式（见图 5-79）已被证明是成功的，拥有包括汽车 OEM 及其整个供应链中各类公司在内的众多客户。它能避免大规模部署新工具带来的风险，强调通过迭代和可扩展的周期实现灵活的采用。这些周期模拟了软件部署领域的最佳实践，涵盖了从数百万美元的企业 IT 系统到发布 1.99 美元移动应用程序的广泛环境。

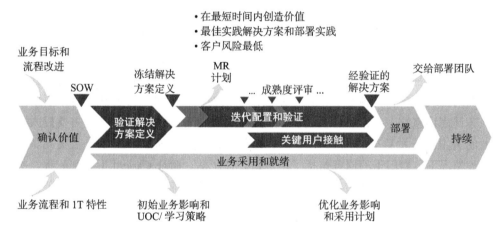

图 5-79　Siemens AdvantEdge 交付模式最大程度缩短了实现价值的时间并降低了客户风险

西门子的服务范围远远超出了先进设计工具的试点计划和生产推广。该公司提供遗留数据迁移（包括元器件、系统和布线数据）、PLM 集成服务（包括与其他关键设计周期工具，特别是 Siemens PLM Teamcenter 的开箱即用集成），以及以在线和面对面方式提供的支持和培训服务。

西门子服务团队的使命是解决与 Capital 电气系统和线束工程软件套件相关的一些业务挑战。领先的汽车、航空航天和线束制造商广泛采用 Capital，因为它能针对从初始车辆定义到设计、制造和维修这一系列整合过程中的复杂需求提供支持。

例如，某全球交通运输公司正在进行 Capital 工具套件的标准化，他们找到西门子，以开发一套全球培训解决方案，帮助实现新技术领域投资与技术人员技能发展的配套。西门子应要求开发了一项按需在线培训计划，其中包含了由西门子最资深的技术专家提供的自定义内容。该解决方案配备了用于跟踪整体学习进度和 ROI 的学习管理程序。西门子的解决方案包含个性化课程，能够轻松适应真实的设计项目需求，缩短公司的生产时间，并提供了一条快捷、高效的途径以从 Capital 获取价值。

此外，某重型轨道制造商正在寻求为其各个部门部署标准化的通用实践，以提高设计效率和改善全球合作。Capital 是首选的全球设计解决方案，但并非所有部门都已采用该解决方案。即使是采用者，使用的也是未优化设计复用的不同流程。西门子首先提供了一项可行性研究和自定义评估计划，然后指导该公司完成一个试点项目，实施了来自公司各个全球部门的最佳实践。最终的 Capital 部署成功帮助该公司最大限度提高了设计流程的效率和复用，同时将风险降至最低。该公司报告称，仅西门子推荐的交互式模块化部署中的错误检测，每年便为他们节省了 35 万美元的工程变更单（ECO）成本，并且将其电气线束供应商的周期时间缩短了 80%。

最后，某全球汽车制造商多年来一直采用 Capital，甚至还使用该软件建立了标准的电气系统设计流程。该汽车制造商找到西门子，希望帮助其针对一项新的汽车计划调整这一标准程序。这种规模的公司的新车计划非常复杂，需要投入极大的努力。开发新车的成本从 10 亿美元起步，可能迅速攀升至数十亿美元。在这种情况下，西门子的服务包括了培训新设计团队、验证 Capital 工具和流程、扩展用户文档，以及提供专门的现场支持。该汽车制造商的报告指出，西门子提供的服务加速了流程的定义，改善了知识转移和保留，并且加快了 Capital 的总体采用。

5.8.3　提供多领域全方位的支持服务

西门子的汽车工具和服务并不局限于电气系统和线束。汽车制造商和供应商综合运用工程软件和服务可完成平台设计、仿真和测试以及架构设计等任务（见图 5-80）。为汽车 OEM 提供支持服务已发展为一个竞争领域。业内公司在研发、合并和收购以及新公司风险投资等方面进行了数十亿美元的投资，旨在为新车提供硬件、软件和数据服务。西门子凭借其庞大的产品阵容，以及公司长达数十年的汽车行业业绩记录，在竞争中脱颖而出。西门子拥有一个遍布欧洲、北美和亚洲的全球网络，可在全球所有重要的汽车设计和制造市场提供本地化的支持人员、培训和文档。

图 5-80 汽车产品包括先进的传感器热建模，这些传感器是日趋迈向自动驾驶的汽车的"眼睛"

目前人们普遍认为，车辆将从人为驱动的机器转变为只不过凑巧拥有轮子的先进自主计算机。根据许多客户的意见，Siemens/Mentor Automotive Services（见图 5-81）可以为寻求解决方案的公司带来显著的增值。与 Siemens/Mentor 的现场技术支持专家合作，大大拓展了支持团队的能力，提高了设计的总体吞吐量和流程效率。

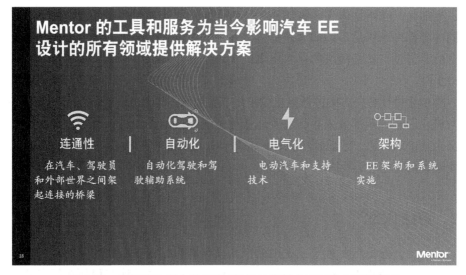

图 5-81 西门子为当今的汽车 EE 设计提供全套解决方案和服务

第 6 章 Chapter6

基于模型的产品型谱化和模块化管理方案

6.1 业务挑战

现代企业的竞争驱动力主要来自两个方面：全球化和个性化。中国创造业企业也要做出相应的调整，以适应这样的竞争形势。企业如果能够以有竞争力的价格，提供满足每个消费者需要的个性化产品，可以预见它将具有更强大的竞争能力。因此，最近十几年内大批量定制迅速成为业界的热门词汇。大批量定制就是要结合大批量生产（标准化、通用化）和定制生产（个性化）的优点满足竞争的需要。标准化、通用化体现在零部件上，而个性化则体现在产品上，产品通过组合不同的零部件来满足不同的客户需求。这种同时具有标准化、通用化，而又能够组合的零部件，就是模块的基本要求。模块化设计也成为实现大批量定制的重要支持手段。

模块化设计解决方案包括建立模块化产品架构（Modular Product Architecture）和对模块的管理两部分内容。前者能指导企业对产品设计进行整理、规划，明确定义企业中的模块，形成模块化设计的基础；后者能够提供 IT 系统的支持，让企业能够真正实现基于模块的产品设计。

6.2 解决方案

目前，企业虽然实现了系统中的产品设计管理，在产品和工程的开发过程中总结了常用的通用件、标准件等设计资源库，以供产品设计工程师在新产品设计过程中参考借用，在产品三化（即标准化、模块化、平台化）上取得了一定的成果，但同时还存在下列问题（见图 6-1）：

- 标准件库、通用件库在 TC 中仅以目录的形式存储，缺少具体参数的定义和详细的设计指南，不便于查询和借用，同时工程师在开发设计中的经验教训没有固化到数据管理系统中，无法很好地实现知识共享，保证设计效率和设计质量，降低成本。
- 对于现有归纳的库，在实际的产品和工程设计过程中，为了满足客户需求的多样性和适应特定的安装空间限制，很难直接引用某个现有的模块；目前的设计实践中往往还是以"另存为"的方法新建新的项目，然后再做修改，导致重用率很低。
- 缺乏系统的库管理，没有相应的流程和明确的角色定义来进行管理，也没有相应的指标来衡量。
- 对于标准件库中的零部件，其三维模型缺乏统一的建模规范和标准，也缺乏统一的典型零部件的建模流程，三维模型的可读性和参数化水平低，带来的结果是后续模型重用和参数化修改的可能性非常低，不利于后续仿真分析验证和工艺制造过程中模型重用效率的提高。

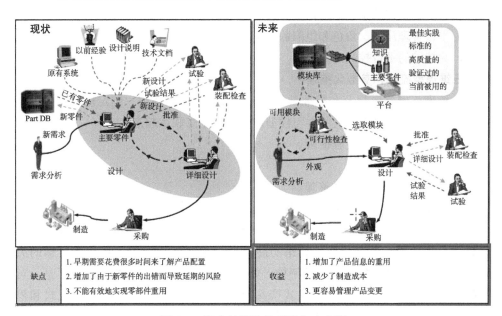

图 6-1 客户的模块化现状与未来图

打造企业的基于模型的产品型谱化和模块化设计能力，通常意味着建立和实现如下能力：

(1) 模块化内外部咨询

现状分析：
- 市场和谱系分析（目标市场、关键需求、变型驱动、产品变型、销量）。
- 产品分析（功能、技术方案、产品结构、部件变型、模块化、成本、装配、供应链）。
- 创建关联的数据分析模型和可视化视图。
- 确定整个价值链中的关键改进因素。
- 综合各关键相关方的需求，确定优化目标。

概念设计：
- 基于优化目标为平台定义供选择的多个策略。
- 基于定义的 KPI 评估策略。
- 从下列多个方面来进行平台优化：产品多样性、模块化、变型影响、标准化、降成本、供应链优化和装配优化。
- 标准和可选模块的定义。
- 模块和接口的定义。
- 平台成本和效率提高的评估。
- 平台管理流程、角色和组织的定义。
- 为持续的平台控制定义 KPI。

三维模型梳理和参数化整理：
- 梳理三维建模规范和标准，更新三维客制化软件环境，制定模型质量检查器，优化模型发布流程并与模型质量检查结果联系起来。
- 典型元件的建模流程梳理。
- 三维应用提升培训。
- 模块实例模型梳理和整理。

(2) 建立模块化产品架构（见图 6-2）

产品架构（Product Architecture）是指产品的基本构成方式，一般有功能元素架构、物理零部件架构等。如果功能元素与零部件之间的关系是多对多的关系，则认为该产品是集成式产品架构；如果功能元素与零部件之间的关系是一对一的关系，则认为该产品是模块式产品架构。一般企业的产品都是集成式和模块式之间的混合式结构。建立模块化产品架构就是对现在的产品结构（Product Structure）、零部件和功能实现方式进行分析、改善，尽量提高产品的模块化率（见图 6-3）。

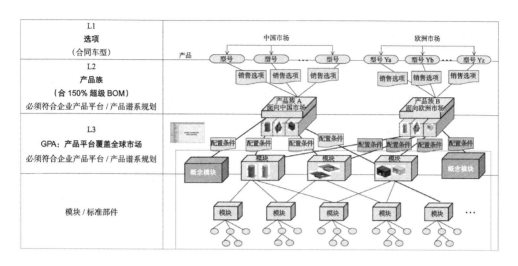

图 6-2 产品模块化平台构成

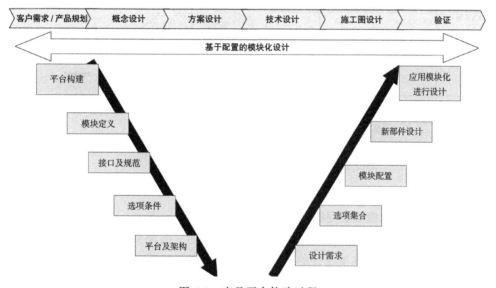

图 6-3 产品平台构造过程

(3) 产品的模块化定义（见图 6-4）

选定产品，进行模块化现状分析并确定优化目标；根据优化目标和策略对试点产品进行模块定义和优化，确定模块的参数定义、类型定义、接口定义、设计经验总结等；定义模块化的管理流程和组织，以及相应的指标系统来衡量平台和模块的有效性等（见图 6-5）。

基于模型的数字化企业（MBE）

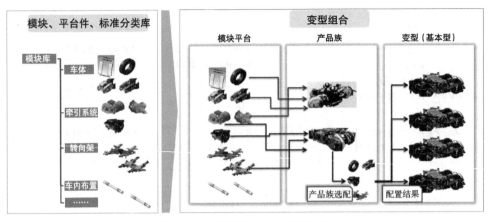

图 6-4　产品模块平台与产品族

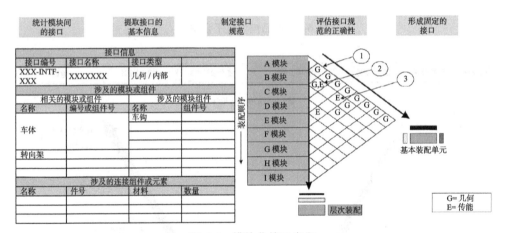

图 6-5　模块化接口定义

（4）模块三维模型数据的梳理和参数化整理

根据模块划分和定义的结果，收集模块实例的三维模型，制定统一的三维建模标准和规范，梳理典型元件的三维设计流程，对工程师进行规范建模培训，在此基础上整理或重建所有模块实例的三维参数化模型，为产品四化平台打好数据基础，实现产品或工程快速配置和产品三维模型的快速设计。

（5）3D 模板定义和用户自定义特征

3D 模板定义和用户自定义特征（UDF）是实现 CAD 模型的有效重用的一个工具。它不仅具有参数化方法的优点，同时能够做到更有效率地重用 CAD 模型，能够定制描述性用户接口，无须编程就可以将参数化模型进行封装并使用。该模型的重用者能够及时得到反馈。

用户自定义特征模块提供交互式方法来定义和存储基于用户自定义特征概念、便于调用和编辑的零件族，形成用户专有的 UDF 库，提高设计建模效率，支持从已生成的参数化实体模型中提取参数、定义特征变量、建立参数间相关关系、设置变量缺省值、定义代表该 UDF 的图标菜单，UDF 创建后可变成可通过图标菜单被所有用户调用的用户专有特征。当使用该特征时，其所有预设变量参数均可编辑并按设计意图变化。

（6）3D 模型全关联管理

提供可用于产品初步设计到详细设计每个阶段的、面向产品的总体方案参数化优化设计技术，能够实现总体设计参数自上而下地自动传递关键设计变量。通过将这些变量放入 WAVE 顶层控制结构，并建立与子部件、零件的设计关系，可实现零部件设计根据顶层结构更改而自动更改关键设计变量，设计变量不仅可以是数值变量，也可以是样条曲线或空间曲面等广义几何变量。其变化都可以根据定义好的控制条件传递到相关子/零部件的设计中。

（7）产品型谱化与模块化分类管理（见图 6-6）

分类管理提供企业分类结构的建立、维护等，包括组、类、视图、属性、选择值列表等的创建与维护能够按照组、角色、用户、项目等组织属性；能够使用访问控制管理对组、类、分类属性等的权限，能够定义分类树的显示形式，为组、类等增加显示图片，能够对企业内的零部件进行分类，填写分类属性；能够修改零部件的分类和属性，能够按照分类树查询零部件，能够与模板结合，自动生成符合分类要求的模型。

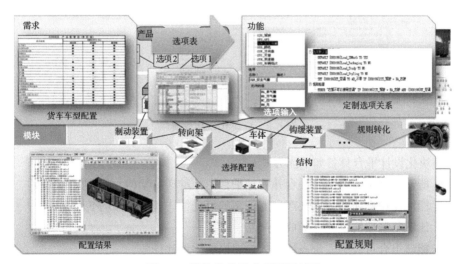

图 6-6　模块化从需求到配置过程

（8）IT 平台落地应用（见图 6-7 ～图 6-9）

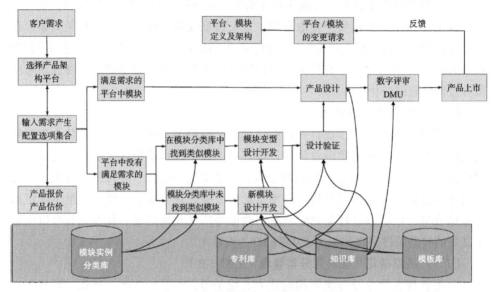

图 6-7　产品模块化 IT 落地过程图

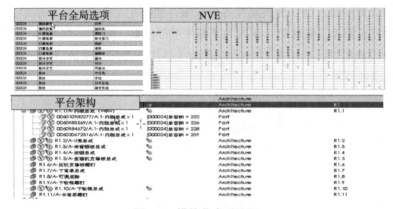

图 6-8　模块化产品配置

模块化设计平台具备如下能力：
- 能够定义企业内部的平台并管理平台的标准产品架构，构建架构模板。
- 能够使用选项和值定义产品上下文的可变性，管理产品的变型要素。
- 能够复制架构模板并形成新产品。
- 能够组合可变的变量表达式，描述模块的设计任务。
- 能够将零部件加入产品架构中，形成产品 BOM。

- 能够将设计文件加入产品架构中，形成产品的数字样机。
- 能够检查产品架构中零部件与设计文件的关联关系，标识出零部件和设计文件的完整性。

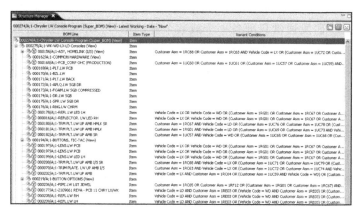

图 6-9 产品配置实例

（9）基于业务知识的自动化设计平台（见图 6-10）

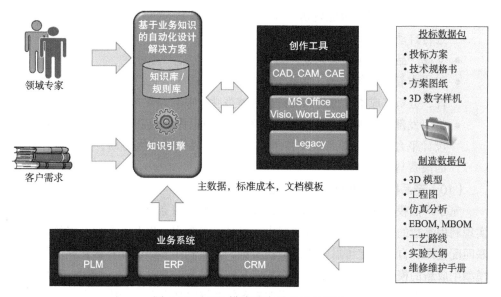

图 6-10 ETO 模式下自动化设计平台

在 ETO（面向订单交付）产品销售过程中经常会遇到一个问题，即新进销售人员可能对自家产品不熟悉，无法推荐最佳方案给客户。任何客制化的需求都要与

基于模型的数字化企业（MBE）

研发反复沟通确认，客户往往需要漫长的时间来等待回应；客制化订单成本预估失准，同时迫于时间压力，没有办法进行确实的技术与风险评估。以上问题轻则侵蚀研发、生产、采购资源；重则影响产品质量，甚至无法交付，最终导致企业获利效率不彰——产品销售与研发的恶性循环。上述问题主要是因为 ETO 产品都是接单依需求生产。研发通常只准备一个或数个基础型号，不会把所有的产品型号都事先设计好，也无法都事先设计好。那么问题来了，研发人员如何有效地让销售人员知道：这些基础型号上还有哪些可选配置？哪些设计参数容许变更？范围如何？如何选择出有正确配置关系的产品？如果在接单时，销售人员身边有研发团队，能在第一时间给予技术上的支持，则相信可以解决这些问题，对接单成功率有很大的帮助。基于业务知识的自动化设计解决方案除了在接单阶段给予销售人员支持，同时也在产品设计阶段协助研发人员进行设计。一个了解与掌握所有产品知识的系统就像是一位智能设计顾问，能为售前与设计提供及时的帮助。

基于业务知识的自动化设计解决方案（见图 6-11）提供的关键能力如下：

- 将产品阵容、平台化、模块优选库、CBB 货架等研发的规划结果直接固化在其规则库内，串联研发与销售，并与 PLM/PDM 集成，以调用对应的 2D/3D 模型。
- 销售可以利用销售配置仿真器找到最合适方案；研发可以利用工程配置器进行自动化设计。
- 支撑产品的快速自动化设计能力。
- 与成本管理系统集成，取得现有零部件的成本信息；还可"虚拟"客制化件，分析其成本，做到即时评估成本变化，并自动生成报价文件。
- 将研发部门对于既有产品设计的经验与知识提炼至基于业务知识的自动化设计平台内，在新产品或客制化订单开发时提供最大协助，避免设计资源的浪费与无效率重工。

（10）产品模块化平台的系统落地部署

基于产品模块化的参数定义（包括设计变量和约束条件），创建用户配置界面，实现利用参数的选择设置，快速配置出新产品的参数表，以利于参数与模块库的关联匹配查询，自动确定可以重用的模块实例，或者利用参数驱动参数化模块的三维模型生成新的模块实例，并基于接口的定义实现装配的自动约束。同时，模块库的创建、设计变量词典的创建和平台管理流程的系统定义也在该阶段完成。

（11）模块 KPI 分析

为了更有效地推进模块化工作，应该调整现有的 KPI 考核机制，制定模块考核评价指标。系统自动统计相关指标，对模块的使用维护情况进行监控和评价（见

图 6-12）。

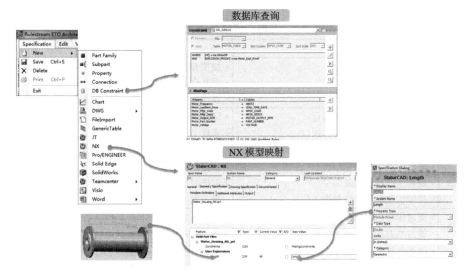

图 6-11 自动化设计平台建立过程

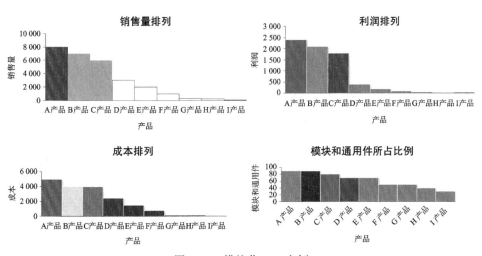

图 6-12 模块化 KPI 实例

6.3 价值体现

一组明确定义的模块形成了企业内部沟通的有效平台，市场、企划、研发、制造、采购等一系列环节所需要的信息都可以体现到一个模块中,从而形成实现大批量定制的流程基础。各部门模块化应用效益表见表 6-1。

表 6-1 各部门模块化应用效益表

环节	作用	解决的问题
设计	• 降低设计复杂性 • 设计知识重用 • 实现面向制造的设计	• 加快开发速度 • 提高设计质量 • 容易采购、容易制造、容易维修
采购	• 提高模块化部件的采购量 • 规范模块化部件规格和接口 • 提高询价和报价的准确性和快速性	• 降低采购成本和采购周期 • 实现与供应商协同开发,加快开发进度 • 解决报价和决策过程的不准确性和时间的滞后
制造	• 降低生产工艺的复杂性 • 提高生产设备的效率 • 持续优化标准模块制造工艺	• 缩短工艺准备时间 • 降低制造成本 • 提高制造质量
销售	• 通过模块化构建产品,快速响应市场 • 通过系列产品覆盖不同细分市场	• 抢占市场先机 • 满足用户的个性化需求
维修	• 降低备件品种 • 降低维修工艺的复杂性	• 解决备件的管理问题 • 快速维修,提高维修质量

- 通过模块化设计,将产品设计转化为基于模块的设计。每一个新的设计需求都可以定位于某一个或几个模块,在模块设计规范和接口规范的指导下设计、实现新模块,快速满足设计需求。
- 标准产品架构的出现可以让研发人员将精力集中于模块。在满足接口规范的要求下,模块可以不断得到技术革新和功能优化,一方面保证产品的质量和成本,另一方面有效形成企业的核心技术。
- 使用 IT 系统实现模块设计规范和接口规范,能够减少设计人员的学习成本,同时有效保证零部件的设计质量,加快设计的进度,降低产品成本。
- 在模块化产品结构的基础上,可以实现销售配置器、模块化采购、模块化制造等一系列改善措施,减少前端接收需求的盲目性,减少后端的供应商数量、产品线复杂度,从而更进一步提升企业的整体竞争实力。
- 建立产品的型谱化与模块平台,实现基于配置的产品快速设计和订单响应,以及为产品的工艺规划、生产规划和包装设计的效率提高打下坚实的基础;建立模块化的零部件库,利用流程来管理模块实例的修改、增加和删减,控制平台元件实例的数量和质量,提高重用度,降低成本。
- 建立统一的建模规范和标准,整理典型模块的建模流程,提高三维模型的质量,为数字化设计提供高质量的三维数据基础。

Chapter7 第 7 章

基于模型的软件全生命周期管理方案

7.1 业务挑战

当前,企业在团队的应用生命周期管理(ALM)方面面临很大挑战,这些挑战体现在:

- 各种类型的管理挑战同时并存,既有内部的研发管理,又有外包开发的管理,以及如何实现研发与运维之间的无缝衔接。不同方面的管理需要采纳不同的手段,而这些手段本身必须是有机统一的,必须在统一的平台上开展。如何利用企业有限的 IT 人力资源实现高效的管理,也是摆在管理层面前的课题。
- 项目延期,系统质量低下。作为公司的 IT 主管,如何才能实时了解团队的状态?与计划相比进度如何?最有风险的区域在哪里?当发生问题时,是否能快速进行溯源分析?
- IT 团队受到来自业务方面的强大压力,需要提升 IT 研发和运维的透明度和自动化程度。
- 作为团队个体来说,需要有一个协作平台来高效协同工作。哪些任务是分配给我的?优先级是什么?这些任务之间是不是存在依赖关系?哪些是有待我审批的?并且这个平台应该能帮助人们尽可能减少一些手工重复性工作。例如,当开发人员关闭分配给他的请求时,应同时更新项目计划和状态报告。

总而言之,我们希望有这样一个平台:能够完整覆盖从业务部门提出原始需求到 IT 部门经过分析形成 IT 需求,到开发、测试、上线、反馈的全过程;必须满足各个角色的诉求，从 IT 主管到项目经理，到开发人员、质量保证人员、需求工程师、配置管理人员等，最终提升研发管理水平。

7.2 解决方案

（1）软件项目管理（见图 7-1）
- 内置支持各种过程方法论的项目模板，帮助项目快速启动，项目模板中已经内置相应的流程、角色、权限设置、报表和度量体系等，在创建项目时只需要选择相应的项目模板，帮助我们在几分钟之内即可完成项目的搭建，且快速而准确。
- 流程驱动，无论是新手，还是熟练员工，皆可通过流程的引导，快速无误地完成工作。
- 实时项目规划，帮助管理层发现项目执行过程中存在的资源与进度等风险，在前面讨论项目管理现状时，我们谈到，项目管理需要自动化的帮助，而 ALM 在独一无二的精确、可信级别上提供了这种自动化。
- 内置度量与报告功能，帮助团队监控与持续改进过程。

（2）需求定义与管理

ALM 处于艺术级需求管理的最前沿。面向文档的领域专家和其他人员可以使用熟悉的 Microsoft Word 和 Excel 来创建和编辑需求，轻松导入它们到 Web 文档，并在线协作，或通过我们独有的 Word/Excel 双向协同技术实现离线协作。其他需求管理特性包括基于链接角色的跟踪矩阵和树形视图、完全可定制的多级需求审批过程、影响分析和可跟踪性报告。

- 可追溯性：实现严谨且全面的可追溯性对于基于文档的方法来说是非常困难的，即使是对于工具来说，实现可追溯性常常也是事后弥补的结果，并且可视化效果也不好。ALM 实现了既有深度又有广度的可追溯性，易于实现，并且完全透明。
- 集中式的仓库，确保具有单一可信的来源：对于 ALM，所有来自生命周期不同阶段的数据集中保存在后台的 Subversion 仓库之中，这确保了数据是统一口径的，且没有冗余。
- 整合需求到整体过程之中：在绝大多数情况下，需求被孤零零地放在 Office 文档之中，与实现和测试环节没有联系。使用 ALM，需求已经成为整体开发过程中从开始到结束的不可分割的一部分。

第7章
基于模型的软件全生命周期管理方案

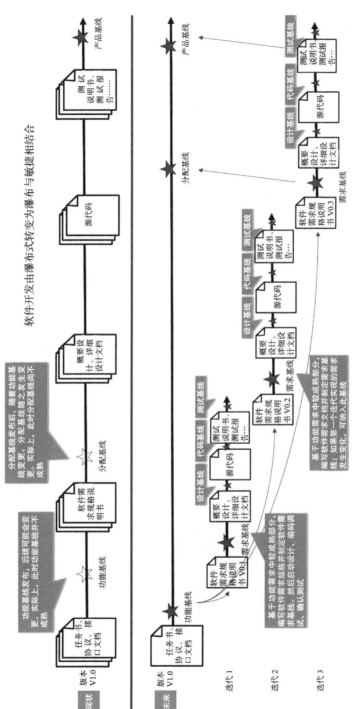

图 7-1 软件开发过程现状与未来

- 内置审批与变更管理功能：ALM 支持需求及其所生成的工作项的审批工作流。每个需求和每个任务可分配一个或多个"审批人"（也就是会签），并支持电子签名。当所有的审批人签署同意后，需求及其相关任务将被添加到项目计划中并在"实时规划"视图中反映出来。
- 开放接口，可接入各种需求来源：提供了开放的接口，通过这一接口，系统中的各个角色可以使用他们熟悉的方式来表达原始需求，并最终实现原始需求和业务需求以及 IT 需求之间的可追溯性。

（3）软件配置管理

- 采用版本控制系统作为存储机制，与变更管理、项目管理、测试管理等无缝集成。
- 强大的流程自动化能力，可强制执行各种业务规则。例如，我们可以强制在开发人员提交代码时，必须关联到分配给他的任务才能提交，并且这个任务必须是尚未关闭状态（可以根据自己的需要，挑战提交时的检查业务逻辑）。
- 通过自动化，将日常例行的工作由工具执行，将开发者从烦琐的日常事务中解放出来，从而更专注于更有创造力的任务。例如，自动化生成工作报告、自动化生成报告等。
- 内置构建引擎。
- 对 Maven、Ant、Shell 和 Make 等构建工具的支持，并可与 Jenkins 和 Hudson 等工具集成。

（4）测试与质量保证（见图 7-2）

图 7-2　测试与质量保证

ALM 不只是测试工具，它是一个完整的质量管理平台，旨在减少成本和改善总体质量。ALM 使得创建测试案例，并将它们映射回需求变得轻松。一旦完成测试案例的撰写，你就可规划手工或自动化的测试执行（包括第三方测试自动化工具）并将结果报告给所有涉众（见图 7-3）。

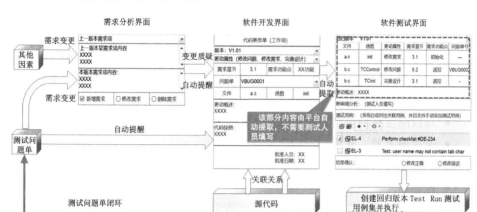

图 7-3　从需求分析到软件开发测试过程实例

- 安全访问：你只需使用任何能够访问 Web 的设备，在任何地方都可以分享文档与测试用例、分配工作任务，通过可定制的工作流触发告警、邮件通知，再加上订阅功能，使得开发工作和 QA 工作可以很容易地进行直接的交流沟通。
- 快速导入测试用例：可以很容易地从 Excel 导入测试用例和创建工作项来进行跟踪、管理。在导入文档后，可利用我们专有的 Word/Excel 双向协同机制与外部的干系人协同工作，他们仍使用 Microsoft Office。
- 可跟踪性：链接测试用例到需求、缺陷、需求变更和其他任何必需的工作项是很容易的。链接是实现 ALM 可跟踪性和影响分析特性的关键。可以在项目内、不同的项目之间甚至在不同的服务器之间创建链接。
- 测试自动化：通过测试自动化节省时间，在快节奏的迭代开发模式下，测试团队管理迭代过程变更的难度加大了。执行测试用例可完全自动化，包括测试结果的采集与实时查看。与现有的自动化测试工具和流程的无缝集成，测试可被手工加载或者调度执行。
- 工作流程自动化：可定制的工作流得以固化、自动化 QA 过程。对每一种工件类型（需求、测试用例等），使用 ALM 预定义的或者用户自定义的工作流可确保在整个开发生命周期中没有任何东西被忽略、误解和避开。
- 实时报告：透视任何测试项目，给干系人展现测试活动的当前状态和结果。报告覆盖了常用的主题，且能够完全被定制。仪表板汇总给管理人员展现当前精确项目的进展信息。

（5）构建与发布运维
- 内置构建引擎，支持 Maven、Ant、脚本 3 种构建类型。通过配置构建工件、构建描述器、构建属性，提供了自动化的构建脚本。目前采用 Ant 作为构建工具，采用 Ivy 作为依赖管理工具，对于这样的使用情形，ALM 也能提供支持。
- 测试自动化。
- 可以配置在构建时执行单元测试，以及每一次构建的同时执行单元测试。
- 通过调度器，实施每日构建与持续集成。
- 把每一次构建与工作项关联起来，知道每一次构建所解决的问题。
- 提供自上次成功构建、自某次构建、自某个日期以后、自前面几天这 4 种方式获取每一次构建所解决的问题清单。
- 构建结果集中存储，统一访问。
- 与 Jenkins/Hudson 构建无缝集成：实现与 Jenkins 的无缝集成。ALM 可触发 Jenkins 构建；在 Jenkins 的构建上通过 ALM WebService 接口采集到一次构建对应的需求、任务清单；Jenkins 构建信息、单元测试结果可反馈到 ALM 中。

（6）业务系统集成（见图 7-4）

图 7-4　软件生命周期管理与各工具和系统集成

- 提供了 WebService 接口，与异构系统的集成不存在障碍。WebService 是技术中立的技术，无论是什么语言都支持 WebService，因此，团队可以选择自己最擅长的语言来完成对 WebService 的调用。通过 WebService，也很容易编排成 BPEL，从而实现 SOA 体系架构。
- 通过 Java Open API 做二次开发。

（7）工作流协同

ALM 为应用开发过程中的所有工作项提供了工作流驱动的变更管理。开箱即用的项目模板、带有预定义的工作流可自动化流程，确保没有步骤被遗漏或绕过。支持敏捷/精益、传统、混合或定制的环境，如 FDD、XP、Scrum、RUP、Kanban 等。

（8）协同沟通

基于 Web 的平台可确保任意地点的分布式团队的 24/7 项目访问。实时仪表板、报告和活动流为涉众提供了实时的关键信息和度量；可发布受访问权限控制的线索化评注；通过 Email 发送变更通知；提供智能的在线文档，并带有绘图工具。通过 Microsoft Word/Excel 双向协同功能实现离线协作。

7.3 价值体现

通过本方案前面的介绍，我们可以了解到，通过采纳 ALM 平台，可以获得如下收益：

- 将整个公司的研发团队统一到以 ALM 为中心的研发管理平台上，并打通与现有工程化管理平台、测试管理平台的连接，实现端到端的透明管理，同时保护现有投资不浪费，将来如果有需要，也可平滑迁移。
- 团队中的各个角色都具有可供利用的完整特性，包括项目经理、开发人员、配置管理人员、测试人员、SQA、PMO、D-level 和 C-level 的人员等。各个角色、团队之间的协作更便捷，没有数据孤岛，没有信息的不一致发生，因而效率更高，提升了整个公司的绩效与竞争力。
- ALM 具有极强的可塑性，平台的各个方面皆可配置，其本身是基于插件体系架构，并提供了 100% 开放的 API，这意味着可随时根据业务的需要调整平台的运作模式，从而在市场竞争面前做到研发管理系统的快速应对。
- 平台内置了计算引擎和度量功能，这便于在 ALM 平台上开展各种 SQA 活动，渐进有序、可视化地推进研发管理系统的建设。

第 8 章 Chapter8

基于模型的产品成本管理方案

8.1 业务挑战

面对多品种、小批量的复杂产品,其生产过程也属于复杂生产,所以对于准确的产品成本计算,不仅要计算各种产成品的成本,而且要求按照生产步骤来计算成本,即要求按照各种产品及其涉及的各步骤设立产品成本计算机制,分步骤归集产品成本费用。计算的成本费用范围包括直接材料、直接工资、燃料和动力、制造费用等。随着产品研制周期变长,材料、外购件、人工等费用也在不断变化,难以准确把握。所以准确的产品成本估算需要大量的基础数据,以形成产品成本数据库。目前缺少科学的产品成本估算工具和方法,带来的问题是计算方法因人而异、没有统一标准,成本估算结果不可靠,对决定采购价格的成本动因缺乏准确把握,成本分析数据碎片化且分散保存于个人计算机,彼此无关联,计算过程无法追溯,历史成本数据的检索类比只能通过手工完成,效率低下。综上所述,导致的问题如下:

- 没有标准的成本核算方法和流程,成本数据和成本模型缺乏一致性。
- 成本估算结果不准确,计算结果重复性和可比性差。
- 成本核算工作效率低,产品成本透明度差。
- 在新产品研发过程中缺乏对关键成本动因及其变化的有效掌控。
- 无法实现系统化的产品成本监控与优化。

8.2 解决方案

产品成本管理系统以新的方式改变着企业产品成本管理与成本工程的业务模式，极大地提高了成本管理的工作效率，为企业带来更多的成本节约。产品成本管理系统基于成本数据库、三维尺寸特征识别、相关成本信息等内容，实现基于生产工艺的零部件成本正向分析、基于标准报价模板导入的成本分析与比较、基于 BOM 结构的产品成本分析与跟踪（见图 8-1）。

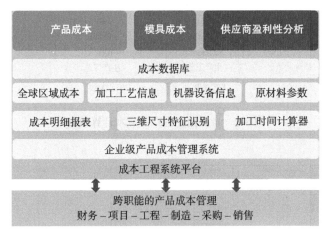

图 8-1　成本分析架构

（1）基于生产工艺的零部件成本正向分析功能与标准成本建模

对于零部件的采购成本分析，PCM 系统采用的是自底向上的成本计算方法，根据零部件的实际生产工艺流程，在软件中建立制造成本模型，细致全面地反映供应商生产制造中的全部成本要素（机器设备、人工、工装模具、刀具、加工参数、报废率等），使得分析结果更为真实可靠，对生产要素变化带来的成本反馈更为灵敏。同时综合考虑管理费用、固定摊销、利润、包装运费等信息，得到完整的采购价格分析（见图 8-2）。

（2）基于标准报价模板导入的成本分析与比较

系统可将由供方填报的软件自带的标准报价模板（Standard Cost Break Down）导入系统并直接生成分析计算，同时也可对同一零件的多家报价导入后进行综合比较分析，大大提高分析效率（见图 8-3）。

（3）基于 BOM 结构的产品成本分析与跟踪

结合精确的零部件成本正向分析和沿用件采购信息，工程研发人员可以在型号开发过程中，利用 PCM 系统进行基于 BOM 结构的系统专业级、产品级的成本卷积与分析模拟，实现产品物料成本的有效目标成本管理（见图 8-4）。

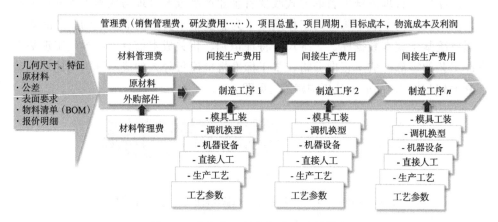

图 8-2　自底向上的产品成本计算模型

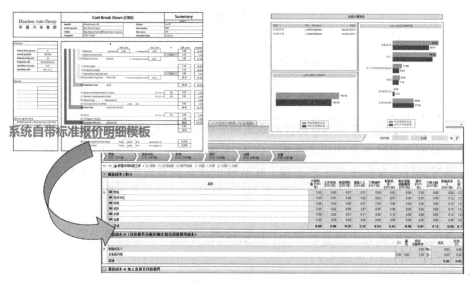

图 8-3　成本报表

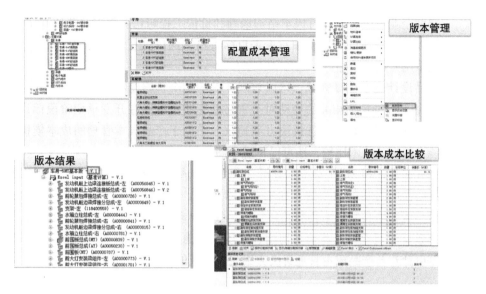

图 8-4 成本跟踪

8.3 价值体现

通过实施产品成本解决方案，企业可以获得如下收益：

- 实现目标成本：可以使用产品成本管理解决方案在成本预分析和目标成本分析的早期确定产品成本。可以准确而快速地计算复杂装配和版本；根据物料清单（BOM）和工艺清单（BOP）重新制订产品和变量的整个价格结构；确定和细化直接成本和间接费用、制造工艺和工步以及材料和工艺参数；具有扩展性且与成本相关的数据库可供模拟不同场景和对象，包括用于各种加工技术和成本率的生产现场、机器以及预先配置的参考工艺。
- 管理盈利项目以确保投资成功：通过计算利润，领导层可以通过在整个产品生命周期预测单位成本和价格来确保产品投资成功。借助于产品成本管理，领导层可以明确细分年度成本、收入和资金流动并提供相关指示器的基本元素，如内部盈利率、净现值和回收期。使用贴现现金流计算，可以确定项目利润并比较企业的各个项目和工程方案（包括投资回报率、资本回报率、销售利润率）以做出最佳投资决策。
- 了解外购件的成本：作为采购方，通过产品成本管理的购价分析，可以对不同商品可靠地运行供应商成本估算（"影子计算"）。产品成本管理还可以帮助企业与供应商进行成本结构谈判和价值工程研讨。根据这些成本估算，可以基于确凿的成本明细对未来目标价格或购价进行谈判。如果需要，可以采用开放式策略。

- 产品设计成本估算充分：可以表现产品的整个价格结构，成本工程师可以随时查看与开发相关的变动对于价格的影响；可以在开发早期阶段标识成本驱动因素并提出备选解决方案建议。借助于产品成本管理的成本模拟功能，如加工技术比较，还可以重现不同的加工场景。
- 集成参数化和 3D 工具成本分析：采用工具成本分析解决方案，可以对报价进行及时可靠的成本估算和工具成本分析。提供多种加工技术，包括注塑模、压铸模和复合工装的成分分析。可以自动读取 3D 数据或手动创建几何参数。注塑模、压铸模、切削、冲压或其他生产工具的买主和制造商，都可以针对与产品成本管理解决方案完全集成的工具成本做出决策。

Chapter9 第 9 章

基于模型的工艺与虚拟验证解决方案

9.1 基于模型的零件工艺

作为连接产品设计和产品制造的桥梁，工艺设计工作所产生的工艺数据是产品全生命周期中最重要的数据之一，同时是企业编排生产计划、制定采购计划、执行生产调度的重要基础数据，在企业的整个产品开发及生产中起着重要的作用。

随着产品设计理念和设计信息化进程的发展，目前在企业中三维设计系统已经迅速普及，产品的三维数模已经逐渐成为工程应用的标准，而二维工程图只是三维设计模型的投影结果。但是在工艺系统中，目前还主要是利用二维工程图进行工艺设计，利用设计部门发布的三维模型投影生成二维工程图，将其导入二维CAPP系统中进行工艺设计；或者采用屏幕截图的方式，将获得的图片粘贴到工艺卡片中，作为工艺设计过程中所使用的工序图；最为烦琐的方式是根据工艺设计的要求重新绘制二维工序图来指导操作工人进行加工或者装配等实际操作。纵览以上几种方式，我们会发现它们均不能直接利用设计所产生的三维模型，也就不能直接利用三维模型和设计数据中包含的诸如零部件、分类、三维产品特征、几何尺寸及公差、技术和制造要求等信息。而由于人工参与的"翻译"过程（三维模型信息转换为二维工序图、三维设计和制造信息的人工获取并填写到工艺卡片中等环节）的存在，以及在设计定型和试生产阶段的大量设计更改的发生，使得设计和制造周期冗长、工作流程执行缓慢，且数据重复、不一致和管理混乱，这不能满足三维数字化环境下工艺设计的需求，缺乏对于基于三维设计模型直接进行工艺设计的工作模式的深入研究和解决方案。

基于模型的数字化企业（MBE）

基于模型的零件工艺解决方案包括产品设计（数据获取）、工艺设计、工装设计、工艺仿真、工艺卡片与统计报表、MES/ERP 集成、知识管理及资源管理等核心功能，实现了从产品设计到工艺、制造的业务集成。基于 MBD 的零件制造工艺的主要特点是利用 3D 工序模型及标注信息来说明制造过程、操作要求、检验项目等。

作为 PLM 中的一部分，基于模型的零件工艺解决方案仍然建立在企业级 PLM 平台之上，使得工艺设计与产品设计协同成为可能，实现了与 PLM 系统共享统一的产品数据源，实现统一的可视化管理、更改管理、流程管理和有效的集成工具，其框架见图 9-1。

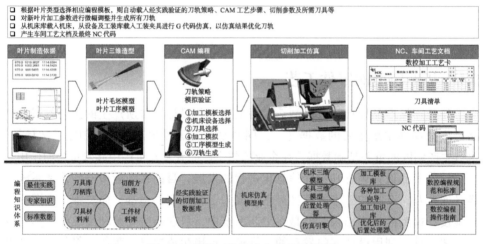

图 9-1　零件工艺解决方案基础框架

在 PLM 基础平台中可以实现基础数据管理、可视化、更改、流程管理等企业级基础功能；PLM 工程过程管理实现设计数据和文档管理；PLM 制造数据管理实现工艺设计、卡片生成、资源管理；通过 CAD Manager 集成 CAD/CAE，完成零件设计和工装设计；通过 CAM Manager 集成 CAM，实现 NC 编程与验证；最终借助于 PLM 强大的系统集成功能实现与 MES、ERP、车间信息系统等企业级应用的有效集成。

基于模型的零件工艺解决方案实现了真正意义上的协同设计与制造，直接利用设计 3D 数据进行结构化工艺设计，关联产品、资源、工厂数据；工艺文档可以进行客户化定制，有多种输出格式（HTML/PDF/ 在线作业指导书），支持 3D 工序模型生成和 3D 标注；紧密集成 CAM，实现 NC 程序、刀具、工装、操作说明与工序、工步的关联和管理；可以实现对工艺数据的权限、版本、配置及流程的有效管理。通过对典型工艺、工序、工步的模板化应用，实现知识重用，提高工艺设计效率。零件工艺解决方案涉及所有零件制造过程，包括机加工艺、钣焊工艺、锻铸工艺、热表工艺及普通工艺等。

（1）设计数据的浏览

用 CAD 打开产品设计模型，通过旋转、缩放、剖切、测量等功能查看模型信息，通过选择 PMI 视图可以查看在各视图中标注的尺寸公差信息。

当车间工人、检验员等对 CAD 操作不熟悉的对象浏览设计数据时，这些数据可转成打包数据，通过 XpresReview 工具浏览，或者转成轻量化数据，如 JT，通过轻量化浏览器进行浏览，并且可以方便地对模型进行旋转、缩放、剖切、测量及查看 3D 标注信息（见图 9-2）。

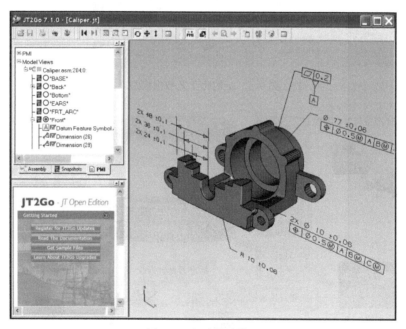

图 9-2　查看设计模型

（2）工艺结构的建立

建立企业统一数据管理平台，管理结构化产品、工艺、资源和工厂数据，并建立数据之间的关联（见图 9-3）。

构建企业制造资源库，提高工艺数据、设备、工装、工艺模板、工艺知识等数据的查询和利用率（见图 9-4）。

在 PLM 制造数据管理中建立工艺 BOM。每个零部件对应一个总工艺节点，在总工艺下建立零件所需要的工艺对象，比如毛坯工艺、机加工艺、热表工艺等，在工艺中建立工序，在工序下添加设备、工装、辅料等物料对象。工艺与工厂结构中的车间（或分厂）关联，工序与车间的工作中心（工位）关联（见图 9-5）。

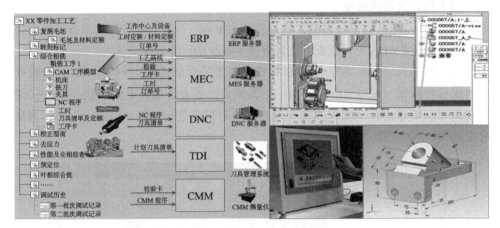

图 9-3 结构化工艺数据模型

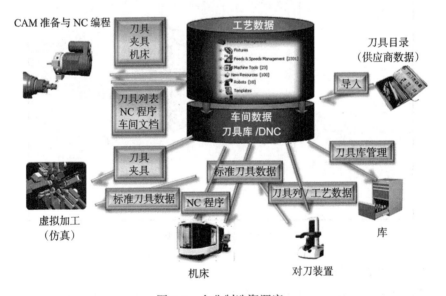

图 9-4 企业制造资源库

（3）工序模型的建立

在系统中针对工艺、工序对象创建 CAD 数据集。进入 CAD 中，通过关联设计模型功能，关联引用设计模型或其他工序模型，通过 CAD 功能对模型直接修改，比如增加加工余量、删除加工孔或槽等，方便快捷地建立工序模型（见图 9-6 和图 9-7）。

（4）工序内容的建立

在 CAD 中通过 PMI 功能进行 3D 制造信息标注，比如尺寸公差要求、加工区域标识、操作说明、检验要求等。需要展示内部细节时，可通过 PMI 剖视图展示。复杂工序可根据表达需要增加标注视图。对于热工艺，表现形式可根据加工特点做相应调整，一般情况下形状变化不多，尺寸公差信息较少，工艺参数较多（见图 9-8 和图 9-9）。

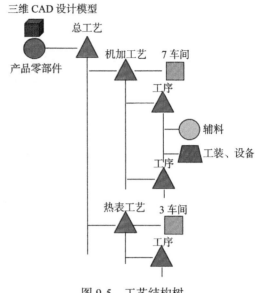

图 9-5 工艺结构树

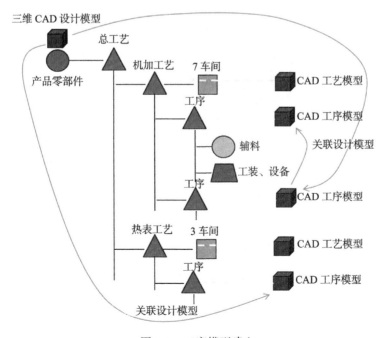

图 9-6 工序模型建立

基于模型的数字化企业（MBE）

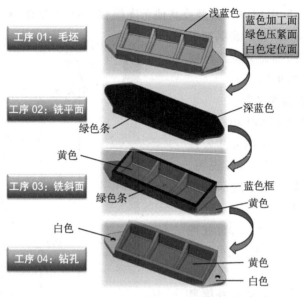

图9-7 工序模型建立实例

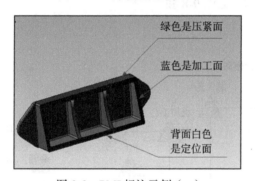

图9-8 PMI标注示例（一）

（5）工序卡片的生成

为了便于进行工艺审批和打印，可以生成多种格式（HTML、2D/3D PDF、在线作业指导书等）的工序卡片。使用定制好的工序卡片模板，从系统中提取产品、工艺、工序、工装、设备等信息，添加到卡片中。

在图形区可插入3D工序模型视图、2D投影图，或直接在卡片中绘制工序图，也可插入其他格式的CAD图形，可依据零件加工的需求或工艺员的习惯选择。

图形、标注或文字说明可灵活布置。复杂工序可根据需要增加页来表示。如果是检验工序，要对检验项目（尺寸、公差、技术要求等）编号，输出检验条目列表（见图9-10）。

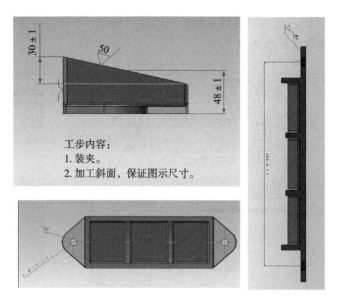

图 9-9 PMI 标注示例（二）

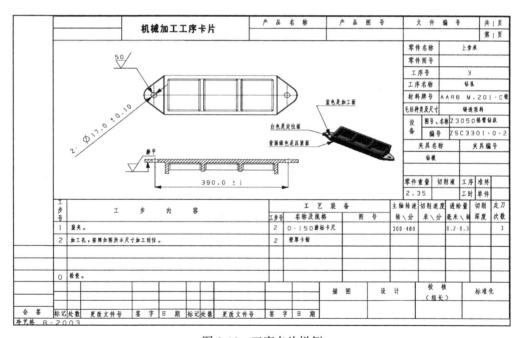

图 9-10 工序卡片样例

JT 格式用于输出 3D 工艺视图，可以在 PLM 环境或系统外直接浏览在 CAD

中定义的所有视图,包括制造信息标注、PMI 剖视图;支持对模型的旋转、剖切、缩放、测量等操作(见图 9-11)。

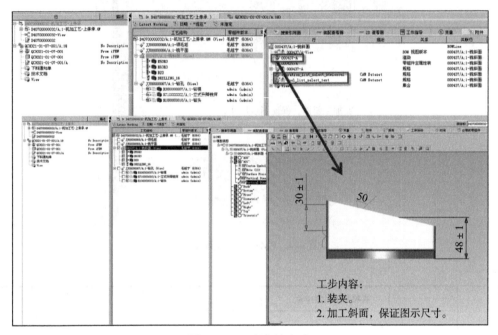

图 9-11　工序卡片生成

工艺设计的结果最终以 3D 视图、3D 模型或动画等数据形式发放到加工现场,方便操作人员理解,规范操作过程,稳定产品质量(见图 9-12)。

(6)数控编程

建立基于 MBD 的典型零件和特征加工模板,实现针对典型零件和特征的智能化、标准化编程方式,提高效率和质量(见图 9-13)。

直接在设计模型或与设计模型关联的工序模型上编制数控程序,提高加工效率和精度;建立虚拟机床和装夹环境仿真验证,减少实际操作错误;实现数控程序的版本、权限、查询管理,程序与工序、工步关联;逐步建立面向多品种、小批量的柔性制造单元,实现涵盖计划下达、设备状态监控和现场反馈的精益制造(见图 9-14)。

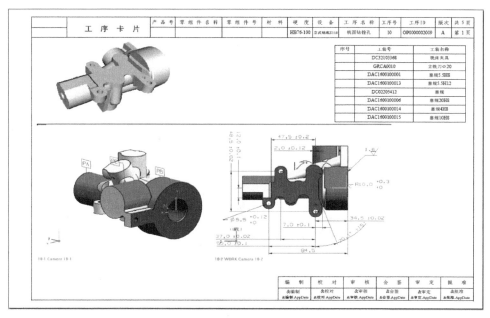

图 9-12　工序卡片实例

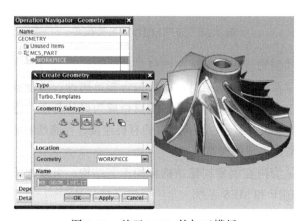

图 9-13　基于 MBD 的加工模板

基于模型的零件工艺解决方案可以给企业带来以下价值：

- 以产品三维模型为基础。工艺设计和 CAM 编程基于产品设计数据，而不是依据制造需求进行二次重构，并且通过工艺与产品、制造资源的关联实现设计与制造过程中关键元素的有机结合。
- 零件设计以结构化特征方式组合，在下游工艺设计中可依据结构化的特征为单元组织工艺和加工工序。特征作为表达三维模型的内在元素，是进行工艺、工序、工步等关键工艺元素搜索和确定的主要依据。

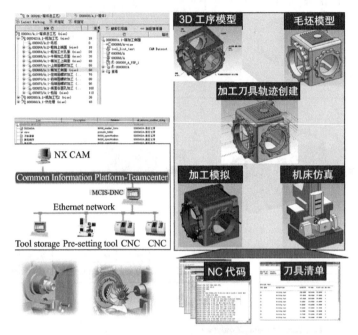

图 9-14 基于 MBD 的数控编程

- 通过设计和制造过程中零件模型信息的构建，不仅包含三维模型中的标注尺寸、公差及其他制造信息，而且包含制造属性、质量属性、成本属性等其他信息定义，从而使得产品三维模型成为设计与制造信息的载体，并且通过与其他对象（工艺、资源等）的有机连接，可将所有设计与制造关键对象及其关系完整地展现给用户。
- 以制造特征为内在因素构建结构化的工艺结构，可以为下游系统做好数据准备，如 ERP 和 MES 系统。
- 基于产品三维模型的工艺设计过程可以为未来工艺的仿真验证打下坚实的基础，通过对工艺资源（工装、设备、工厂等）等进行三维建模，可以实现真正意义上的产品加工和装配的仿真验证。
- 基于 MBD 的三维零件工艺设计输出采用多种输出方式（2D/3D PDF、在线作业指导书等），以三维实体造型为主的工艺展现形式使得工艺的表达形式更为直观，手段更为丰富，具有目前以二维为主的图表式工艺表达方式无法比拟的优势，对于车间工人操作来说，更加具有现实意义。

面向产品设计的编程，识别零件特征与公差要求，基于典型零件和特征的模板化编程，极大地提高了编程效率，改善了质量，减少了对员工经验的过分依赖。

9.2 基于模型的增材制造

增材制造（Additive Manufacturing，AM）又称 3D 打印，是融合了计算机辅助设计、材料加工与成型技术，以数字模型文件为基础，通过软件与数控系统将专用的金属材料、非金属材料以及医用生物材料，按照挤压、烧结、熔融、光固化、喷射等方式逐层堆积，制造出实体物品的制造技术。与传统的对原材料去除 / 切削、组装的加工模式不同，它是一种"自下而上"通过材料累加的制造方法，即从无到有。这使得过去因受到传统制造方式的约束，而无法实现的复杂结构件制造变为可能。

近二十年来，AM 技术取得了快速的发展，快速原型制造（Rapid Prototyping）、三维打印（3D Printing）、实体自由制造（Solid Free-form Fabrication）之类各异的叫法分别从不同侧面表达了这一技术的特点。增材制造技术是指基于离散－堆积原理，由零件三维数据驱动直接制造零件的科学技术体系。基于不同的分类原则和理解方式，增材制造技术还有快速原型、快速成型、快速制造、3D 打印等多种称谓，其内涵仍在不断深化，外延也不断扩展，这里所说的"增材制造"与"快速成型""快速制造"意义相同。即使已经过较长时间的发展，增材制造技术仍面临一些困难和挑战。

- 首先，增材制造技术的工业标准需要被系统建立。生产过程需要有清晰的指导和参数设置，以便产品具有稳定的性能表现。
- 其次，可用的材料和产品的尺寸需要被进一步扩大。这项困难在航空航天行业表现得尤为突出，因为它所使用的材料通常需要经受极高温和极低温环境的考验。
- 最后，对于由增材制造技术生产的产品的机械性能仍需要继续深入研究。即使对于增材制造技术所生产的产品的机械性能研究从未停止，但在疲劳性能、残余应力和断裂韧性方面还有较大的空白。

增材制造的基本原理是逐层制造，3D 模型需要被分割为有限厚度的 2D 剖面。2D 剖面的数据被发送到制造机器，然后这些 2D 剖面被逐个制造并接合在一起以形成一个完整的零件。ASTM 对增材制造的定义是：一个使用 3D 模型聚合材料制造零件的过程，通常的方式是逐层增加，与减材制造相反。增材制造的出现最早可以追溯到 20 世纪 80 年代。最初，增材制造被用来制作产品的外观模型，材料仅限于塑料。学界曾在 1996 年和 1998 年对增材制造的出现和发展做了最初的归纳分类。现如今，增材制造涉及的材料不再限于塑料，金属材料同样可以利用此制造技术。全球科研院所、大学和公司研发出数种增材制造技术。产品的尺寸从最初的小零件发展到可以制造较大尺寸的零件，包括飞机上的梁。制造速度也得到了巨大的提高，这满足了将此技术推广到工业生产环节的必要条件。同时，增材制造技术的生产成本也有所降低。

增材制造技术应用的总体架构包含了增材制造的标准、原材料、工艺与设备、加工零件检测以及特殊行业的应用（见图 9-15）。

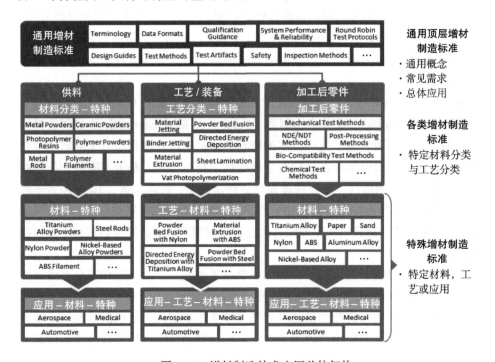

图 9-15　增材制造技术应用总体架构

即使不同的增材制造技术有不同的具体生产步骤，但总体而言，增材制造技术可包括以下基本步骤（见图 9-16）。

步骤一：CAD 模型。在 CAD 软件中建立产品的 3D 模型，这一环节也可能涉及逆向工程的使用。

步骤二：转化为 STL 文件。在 CAD 软件中将产品模型输出为 STL 格式文件，STL 格式是增材制造模型的标准格式。

步骤三：将数据输入增材制造机器中。在这个步骤中，STL 数据被输入增材制造机器中,数据同时被检查是否存在错误。

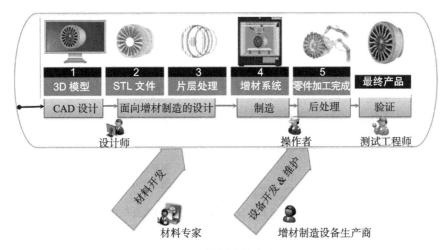

图 9-16　增材制造技术应用过程

步骤四:制造。在这一环节中,机器准备完毕,包括原材料、层厚度、能量源、制造速度等各项参数设置完毕;在制造初期需要对制造过程进行监控,若无问题,接下来的制造过程将进入一个稳定的状态。

步骤五:完成。制造完成后,需要将产品从机器上移除,操作者需要注意机器是否已完全停止且确保零件的温度已下降到可以触摸的程度;制造完毕的零件可能需要清洁,制造所用的基座可能需要移除,对于无法精准控制的增材制造技术,其生产的零件需要进行机加处理以满足要求;零件可以被投入使用。

增材制造是快速成型技术的一种,它以数字模型文件为基础,运用粉末状金属或塑料等可黏合材料,通过逐层打印的方式来构造物体。3D 打印通常是采用数字技术材料打印机来实现的,在模具制造、工业设计等领域经常用于制造模型,后来逐渐用于一些产品的直接制造,目前已经有使用这种技术打印而成的零部件。该技术在珠宝加工,鞋类制作,工业设计、建筑和施工,汽车生产、航空、医疗产业、土木工程等领域都有所应用,图 9-17 给出了一个应用实例。

产品零部件的 3 个主要特点如下:第一,小批量和零件结构复杂性;第二,零件重量要求更轻;第三,维修操作要求方便性。从产品设计角度,不希望受制造能力的限制导致设计思路受到限制,复杂零件在加工制造上简化到一步完成,零件可以设计成复杂曲面;从降低生产成本角度,不需要昂贵的工装、刀具及模具,加工设备价格不高,减少加工造成的材料浪费,降低库存,按需制造;从降低产品重量角度，设计和制造具备同样强度和性能要求的更轻的新材料零部件。对于未来模式，从三维设计、仿真验证到 3D 零部件传递 3D 打印机，进行零部件的一次加工成型，同时将设计数据、设计仿真数据、3D 打印制造数据在单一平台进行统一管理（见图 9-18）。

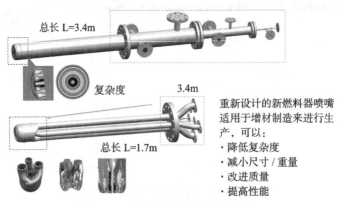

图 9-17　增材制造技术应用实例

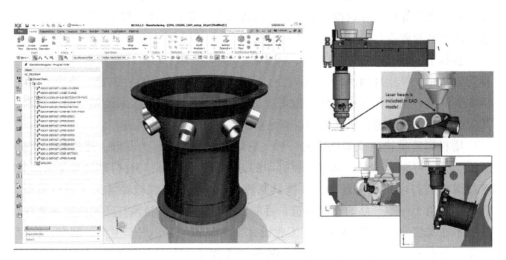

图 9-18　西门子增材制造设计与制造工具应用

经过 20 多年的发展，增材制造经历了从萌芽到产业化、从原型展示到零件直接制造的过程，发展十分迅猛。美国专门从事增材制造技术咨询服务的 Wohlers 协会在 2012 年度报告中对各行业的应用情况进行了分析。在过去的几年中，航空零件制造和医学应用是增长最快的应用领域。2012 年产能规模增长了 25% 增长至

21.4亿美元，2019年将达到60亿美元。增材制造技术正处于发展期，具有旺盛的生命力，还在不断发展，随着技术的发展，其应用领域也将越来越广泛。

通过大量使用基于金属粉末和丝材的高能束流增材制造技术生产零件，从而实现结构的整体化，降低成本和周期，达到"快速反应，无模敏捷制造"的目的。随着综合国力的提升和科学技术的进步，我国已经处于世界经济体前列，与发达国家一样，保证研制速度、加快装备更新速度，急需这种新型无模敏捷制造技术——金属结构快速成型直接制造技术。

增材制造技术有助于促进设计–生产过程从平面思维向立体思维的转变。传统制造思维是先从使用目的形成三维构想，转化成二维图纸，再制造成三维实体。在空间维度转换过程中，差错、干涉、非最优化等现象一直存在，而对于极度复杂的三维空间结构，无论是进行三维构想还是二维图纸化都十分困难。计算机辅助设计（CAD）为三维构想提供了重要工具，但虚拟数字三维构型仍然不能完全推演出实际结构的装配特性、物理特征、运动特征等诸多属性。采用增量制造技术，实现三维设计、三维检验与优化，甚至三维直接制造，可以摆脱二维制造思想的束缚，直接面向零件的三维属性进行设计与生产，大大简化设计流程，从而促进产品的技术更新与性能优化。在设计飞机结构时，设计者既要考虑结构与功能，还要考虑制造工艺，增材制造的最终目标是解放零件制造对设计者的思想束缚，使结构设计师将精力集中在如何更好地实现功能的优化，而非零件的制造上。在以往的大量实践中，利用增量制造技术，快速准确地制造并验证设计思想在关键零部件的研制过程中已经发挥了重要的作用。其另一个重要的应用是原型制造，即构建模型，用于设计评估，如风洞模型，通过增材制造迅速生产出模型，可以大大加快"设计–验证"迭代循环。

增材制造技术能够改造现有的技术形态，促进制造技术提升。利用增材制造技术提升现有制造技术水平的典型应用是铸造行业。利用快速原型技术制造蜡模可以将生产效率提高数十倍，而产品质量和一致性也可得到大幅提升；利用快速制模技术可以打印出三维的用于金属制造的砂型，大大提高了生产效率和质量。在铸造行业采用增量制造快速制模已渐成趋势。

9.3 基于模型的质量检测

产品制造的检测包括检测工艺规划和检测执行两部分，其检测的对象是最终的加工结果或加工过程中的工序模型。检测工艺规划将基于检测的对象，确定检测的内容和方式。检测的内容在检测工序模型上根据相关标准进行描述，如对检测的尺寸和几何形位公差进行分类编号等。检测方式主要是指采用手工检测还是数控计量,将根据检测方式的不同来指定检具,生成检测指导说明(JT三维模型或PDF文档),或编制数控检测程序。检测执行则是根据检测工艺规定的内容进行实际的检测,并将检测结果返回保存(见图9-19)。

随着检测技术的发展、检测设备软硬件改进提升,以及基于MBD的全三维数字化产品研发的应用,CMM坐标数控测量在产品制造中的应用越加普遍,已成为产品检测的常用方法。数字化检测的发展趋势主要包括(见图9-20):

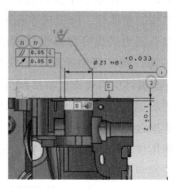

图9-19 检验用MBD模型

- 检测设备更加先进。目前新式检测设备的效率是以前设备的10~100倍,各种高速扫描设备、多轴扫描、激光扫描设备不断出现,使得不仅可以执行更多的检测任务,并且能实现更加复杂的检测。这些新式检测设备难以采用传统的手工编程方式,必须采用离线编程方式。
- 全三维数字化产品定义的支持,即MBD产品研发模式,可以直接基于MBD模型来创建测量路径,以及对测量结果进行评价。

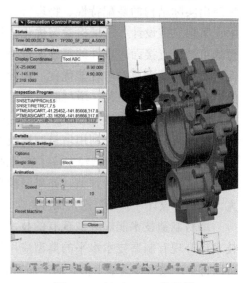

图9-20 基于MBD的检测

- CMM检测程序生成的自动化:
    ◇ 自动识别检测特征。
    ◇ 内置规则引擎创建检测路径。
    ◇ 运动干涉碰撞避让。
    ◇ 开放式体系,便于客户化。
- 检测与工艺、制造的协同(见图9-21和图9-22)。

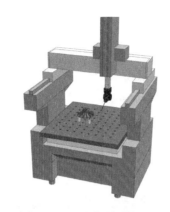

图 9-21　三坐标检测过程图

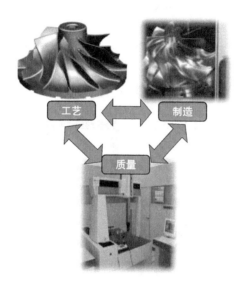

图 9-22　检测、工艺与制造协同图

针对数字化检测，西门子提供了从 CMM 检测编程到 CMM 检测执行的基于 MBD 的数字化检测一体化解决方案，涵盖了从制造工程到生产执行的环节（见图 9-23）。

基于 MBD 模型的数字化检测流程如下（见图 9-24）。
- 以具有 PMI 的 MBD 模型为输入，作为 CMM 计量流程的起点，该 MBD 模型通常是零件工艺设计中的检验工序模型。
- 确定 CMM 测量规划，创建 CMM 测量路径。这部分可利用 NX 软件的 CMM 编程功能来实现。

基于模型的数字化企业（MBE）

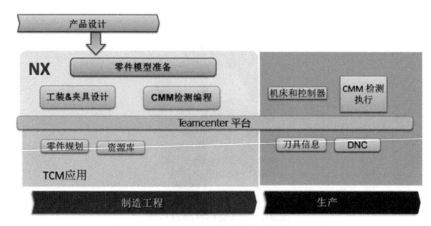

图 9-23 基于 MBD 的数字化检测解决方案

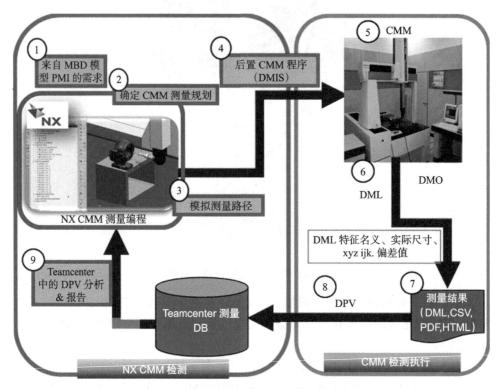

图 9-24 基于 MBD 模型的数字化检测流程

- 模拟 CMM 测量路径，确保测量路径的完整性和安全性。这部分可利用 NX 软件的 CMM 机床模拟功能来实现。

- 针对测量硬件设备，后置 CMM 测量路径，生成适合机床的 CMM 程序（DMIS）格式。这部分可利用 NX 软件的 CMM 后置功能来实现。
- 将 CMM 程序传输到测量机上。
- 在 CMM 测量机上进行测量，获得实际检测结果。
- 测量结果可保存为文本文件等。
- 对测量结果进行分析评判，并将结果保存到 Teamcenter 数据库管理系统中。
- 在 Teamcenter 系统中进行统计输出，用于指导设计和制造。

从上可以看出该流程主要分为两段，一段是 NX CMM 检测编程，另一段是 CMM 检测执行。

9.3.1　NX CMM 检测编程

NX CMM 检测编程将基于内置的检测知识库和测头构建库，直接获取 MBD 模型上的检测特征，通过推断引擎，创建出适合的检测路径（见图 9-25）。

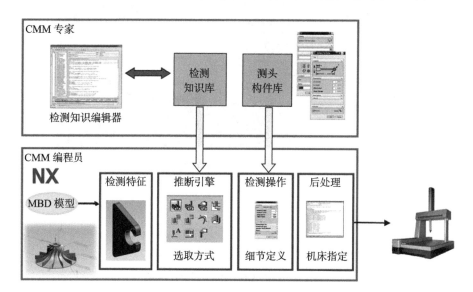

图 9-25　基于 MBD 模型的 NX CMM 检测编程

在进行 CMM 编程时，通过 Link to PMI（链接到产品制造信息）功能，系统将自动识别 MBD 三维模型上的特征和产品制造信息，把模型上的面、孔、凸台等特征对应到检测的特征，把三维标注信息对应到检测的公差，从而为 CMM 编程的自动化奠定了基础（见图 9-26）。

NX CMM 检测编程的特点如下：

- 编程功能（见图9-27和图9-28）
  ◇ 直接基于设计和制造需求完成 CMM 编程。
  ◇ 直接读取 MBD 模型数据，且在 CMM 机床环境中进行编程。
  ◇ 针对各种检测特征（点、平面、柱、曲面）和各种 GD&T（几何尺寸公差）进行 CMM 编程。
  ◇ CMM 编程与 MBD 模型保持相关性，确保自动更新。

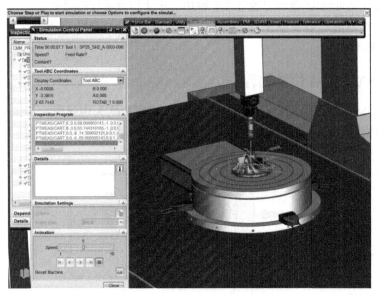

图9-26 基于 PMI 的数控测量编程

图9-27 基于 MBD 进行检测编程

第 9 章　基于模型的工艺与虚拟验证解决方案　211

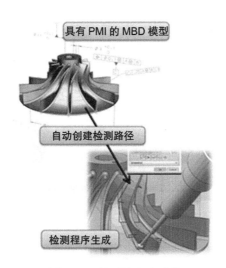

图 9-28　检测编程自动化

- 编程自动化
  - ◇ 直接读取 MBD 模型上的 GD&T 和 3D 标注等产品制造信息（PMI），自动生成检测程序，可以缩短最多 80% 的检测编程时间。
  - ◇ 通过使用自定义的标准检测路径方法、工具和项目模板，用户就能进一步实现编程过程的自动化。
- 数据的输出可立即用于生产（见图 9-29）
  - ◇ 通过三维 CMM 仿真，验证检测程序的正确性，确保检测程序不产生干涉，符合预期的测量策略。
  - ◇ 消除在测量机上费时的试测。
  - ◇ 输出符合要求的后处理数据，包括 DMIS 标准和机床专用格式。
- 集成的解决方案（见图 9-30）
  - ◇ 利用 NX CAD、CAM 和 CMM 应用之间的关联性，可根据设计和制造变更，快速地更新检测程序。
  - ◇ 利用 Teamcenter 进行过程管理和数据管理，可确保用户始终用正确的文件版本开展工作。无论团队成员在哪里，都可以用这些功能方便地与大家分享参数设置、程序和后处理器等资源。
- 易于部署和使用
  - ◇ 采用基于 CMM 机床环境的编程和在线工作过程教程，降低培训成本，快速地应用于实际生产。
  - ◇ 通过对现有西门子 PLM 软件架构添加 NX 检测编程功能，确保最低的软件成本和部署成本。

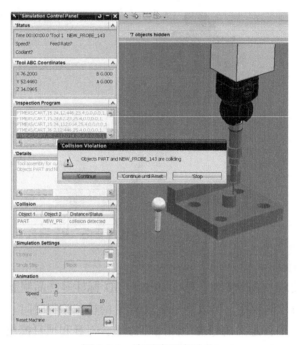

图 9-29　检测编程自动化

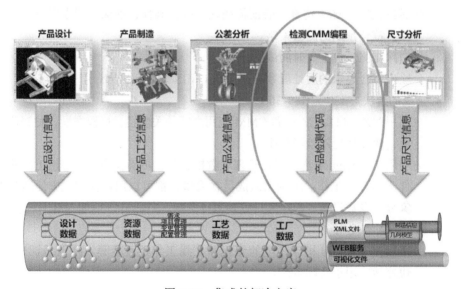

图 9-30　集成的解决方案

9.3.2 CMM 检测执行

通过 NX CMM 完成 MBD 模型的检测程序的编制后,需要将输出的检测程序 DMIS 文件传递到测量机上进行实物检测,也就是 CMM 检测执行。

检测程序在测量机上的应用有两种模式:一种是测量机的执行软件为其他公司的软件,如测量机公司提供的软件,另一种是测量机的执行软件为西门子工业软件公司的 CMM Inspection Execution。针对第一种情况,在执行检测时会将 NX CMM 输出的 DMIS 文件传输到其他公司的执行软件,通过转换后,驱动测量机完成实物的检测;针对第二种情况,西门子 CMM Inspection Execution 将直接读取 NX CMM 输出的 DMIS 文件,驱动测量机完成实物的检测。

CMM Inspection Execution 可读取 DMIS 测量程序,在测量机上对实物进行检测,并对检测的结果进行分析。它支持 30 多种测量设备,通过 I++ 接口实现与测量设备的连接(见图 9-31)。

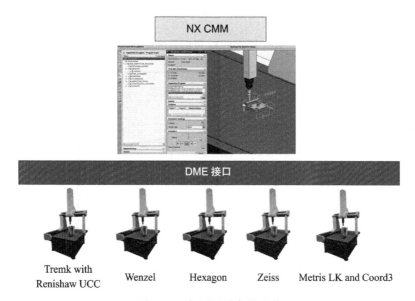

图 9-31 与测量设备的连接

- CMM 检测执行模块是一个简单易用的运行 CMM 的工具,采用 Web 通用界面。
- 能够收集所有测量数据。
- 能够分析测量数据,基于统一的 ASME 和 ISO 标准,并将实际测量的数据与名义模型和公差进行对比分析,判断零件是否合格(见图 9-32)。

图 9-32　西门子 CMM 检测执行系统

- 输出符号行业标准的 xml 格式的检测报告（见图 9-33）。

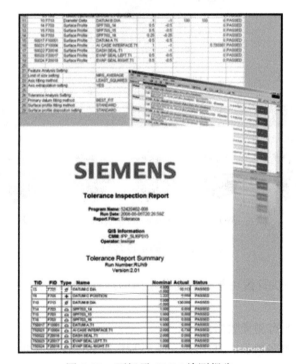

图 9-33　西门子 CMM 检测报告

- 通过私有的接口，以及标准的 I++ 接口，OOTB 支持更广范围的 CMM。
- 可以自定义用户界面和检测报告的格式。
- 支持扫描的检测结果。

西门子基于 MBD 的数字化检测解决方案提供了从 CMM 检测编程到 CMM 检测执行的功能，涵盖了从制造工程到生产执行的环节。西门子数字化检测解决方案与三维尺寸公差仿真（VA）、测量数据统计分析（DPV）一起构成了全面的质量管理体系，进一步帮助提升产品制造质量。

西门子基于 MBD 的数字化检测解决方案的价值体现如下（见图 9-34）：

图 9-34　全面的质量解决方案

- 极大地缩短了编程时间（最低可降低 80%）。
- 确保按公司标准检查所有零部件是否合乎要求。
- 捕捉并分享最佳实践。
- 无须物理部件或机床，就能创建离线程序。
- 有利于在整个流程中快速高效地传达设计变更。
- 简化了软件部署的足迹（只需一套系统，就能实现 CAD、CAM 和 CMM）。
- 确保最低的培训要求。

9.4　基于模型的装配工艺

基于模型的装配工艺解决方案将实现基于产品设计模型进行装配工艺规划，基于 JT 模型进行装配过程仿真，包括制造环境装配干涉检查、自动装配路径模拟、人机仿真和机器人仿真。见图 9-35。

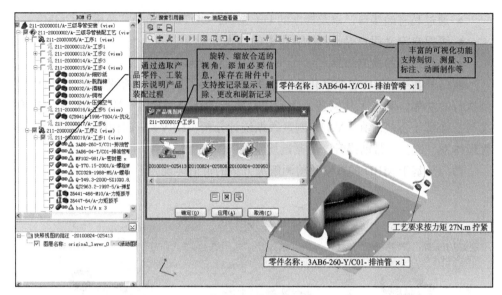

图 9-35　基于模型的装配工艺解决方案

当前大型装备制造业的产品结构普遍比较复杂，产品配套的零件品种和数量众多。如何将数量繁多、结构复杂的零件按规定的技术要求进行组配和连接，使之成为半成品或成品的工艺过程，就是装配工艺所要研究的内容。由于产品的复杂性导致了产品装配过程的复杂性，是影响产品制造周期最主要的因素。产品装配在整个制造过程中占据很重要的地位。据统计，产品的装配费用占整个生产成本 30%～50% 乃至更高，因此以提高质量和效率、降低成本为目标，对产品装配工艺进行改进和再规划，是增强制造业竞争力的重要环节。

企业要在最短的时间内高质量完成产品的制造任务，加快新产品的研制，必须在设计和制造观念及手段上突破传统方法，从过去的凭经验、依靠物理试验的方法转变为采用数字化仿真技术、先进的软件工具来协助设计和工艺人员进行装配分析、装配规划，进一步保证装配质量、缩减装配周期。

目前在很多企业中主要依赖于二维设计手段，在失去三维模型的准确性和直观性的同时，也使得基于三维几何模型的工艺仿真与验证过程无从谈起，带来的问题包括：主要强调工艺规划，缺乏基于三维几何模型的工艺规划的验证和持续改进；产品的工艺设计过程主要依赖个人工作经验和空间想象力，导致企业对于有经验的工艺师和工人依赖性很强，容易发生装配干涉、装配顺序不合理、路径不优化等问题；设计结果（工艺卡片）的表达方式也主要依赖二维表达方式，表现手段单一，表达方式不直观，手段不丰富，需要操作人员具有较强的读图和空间想象能力，从而导致现场验证成本高，新产品推出周期长，不利于企业的创新和发展。

目前企业已经大量使用三维设计手段，这种主要利用二维图信息来进行工艺设计的方式已经不能适应企业迅速发展的需要。现代制造企业为了提高竞争力，必须以最快的上市速度、最好的质量、最低的成本和最优的服务来满足不同顾客的需求。而要达到这样的目的，在产品真正制造出来之前，可在虚拟制造环境中以数字样机代替物理样机进行各种试验，对其性能和可制造性进行预测和评价，从而大大缩短产品设计和制造周期，降低产品的开发成本，提高产品快速响应市场变化的能力。而这种虚拟制造的基础不仅仅是在产品设计过程中实现精确的三维实体造型，而且涉及基于三维实体造型的工艺规划、加工、装配及维修等一系列过程，如基于仿真的制造过程碰撞干涉检验及运动轨迹检验、材料加工成型仿真、产品虚拟装配等。

基于模型的装配工艺解决方案见图9-36。

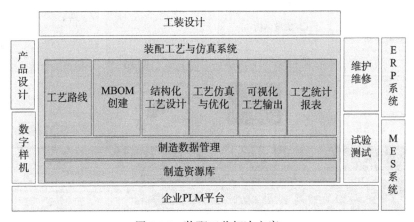

图9-36　装配工艺解决方案

基于模型的装配工艺解决方案建立于企业PLM平台之上，使得工艺设计与管理成为企业PLM平台中的一个有机部分，实现了与PLM共享统一的产品数据，实现统一的可视化、更改、流程、权限、文档管理，共享应用工具和集成工具（见图9-37）。

装配工艺规划所涉及的信息类型主要包括EBOM、MBOM、工艺路线以及工艺规程（BOP）。具体来说，工艺人员以设计部门发放的针对特定型号的EBOM（包含产品设计信息、结构信息以及零件信息）作为输入信息，引用企业最佳实践知识及以往的工艺设计经验，并参考企业现有的生产组织形式、可利用的制造资源以及相关的工艺规范等，定义用于装配此产品的工艺路线。针对工艺路线里的每一道工序（或子工艺），工艺设计内容包括该工序（或子工艺）的装配方法、装配工位、装配对象（中间件及消耗物料）及装配次序等信息。以此为基础，工艺路线里的设计内容得到进一步的丰富，包含每道工序所需的装配资源信息（包括设备、工夹量具、工人技能水平等）、工序图、在制品模型、测试及质量控制信息、装夹及测量的注意事项、材料及工时定额信息等。如有必要，可将工序细分为工步或工序前准备，并进一步阐明工作内容细节。工艺规程经过验证及优化后，以电子或纸张的形式输出为工艺卡片，用于指导装配生产线上的制造工程师和工人实施产品装配过程。

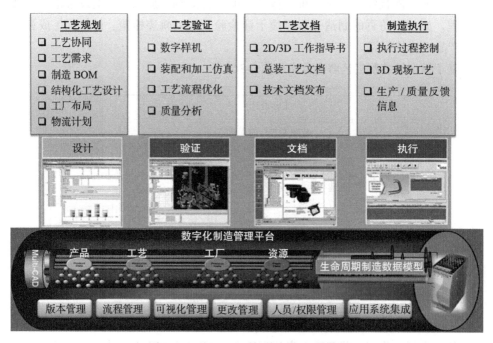

图 9-37 基于 PLM 的数字化工艺平台

基于 MBD 的装配工艺解决方案把装配工艺仿真放在 PLM 环境中统一考虑，提供在 PLM 环境下的装配工艺仿真能力，可以与数字化装配工艺规划结合起来，以方便地验证装配工艺规划的准确性和合理性。

（1）MBOM 编制（见图 9-38）

- 基于 EBOM 编制 MBOM。
- 实现 MBOM 与 EBOM 的关联。
- 实现 MBOM 与 EBOM 协同一致的更改和构型管理。

- MBOM 向 ERP、MES 系统传递集成信息。

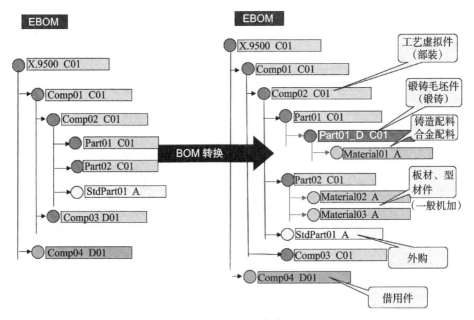

图 9-38　基于 EBOM 构建 MBOM

（2）装配工艺设计（见图 9-39）

- 基于与 EBOM 关联的 MBOM 编制装配工艺，装配件与工序对应，实现按工序配料。
- 基于产品模型在可视化的数字环境中编制装配工艺，检验产品、工装和装配工艺的正确性，提高装配的一次性成功率，减少现场更改。
- 通过典型工艺模板和知识重用，提高新产品、新型号的工艺编制效率和质量。
- 建立 3D 可视化工艺表现形式，明确和规范操作过程。
- 工艺系统与 ERP、MES 系统的集成。

（3）装配工艺规程（见图 9-40）

- 开放式、高度客户化编辑、制作客户文档模板。
- 自动链接数据库中工艺文件信息到模板中并形成文件，当数据库信息发生更新后，可以自动刷新工艺文件。
- 包含产品 PMI、GD&T 和工艺仿真信息于一身的高度可视化工艺文档。

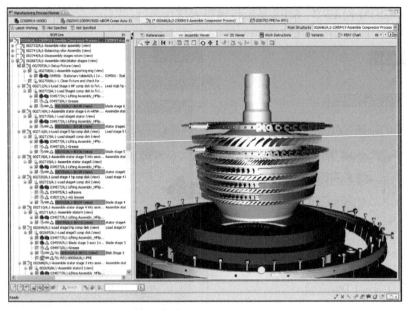

图 9-39 基于 MBD 的装配工艺设计

零件号：3AB6-0-Y	工艺规程号：	工序号：	工序 2 特性符号：	页数：1/1
零件名称：三级管路	工艺规程名称：三级导管装配工艺		工序名称：二三级级间段管路安装	

工步 1　安装排油管和排油管嘴　　会签：

零组件号	名称	数量
3AB6-260-Y	排油管	1
3AB6-04-Y	排油管嘴	1
MF102-981	密封圈	1
Q-Y70.15-2001	螺栓 M5X18	3
YC0329-1988-M5	螺母 M5	3
Q-Y49.3-2000-5X10X0.8	垫圈 5X10X0.8	6
QJ2963.2-1997-5	弹垫 5	3

序号　操作描述

1J　安装 排油管嘴「3AB6-04-Y-1 件」，螺钉螺母拧紧力矩为 2.1+/-0.2N·m，公共难以要求 2.1N·m 力矩拧紧；

2J　安装 排油管「3AB6-260-Y-1 件」，伺服排油管两端外套螺母拧紧力矩为 27+/-1N·m，工艺要求按 27N·m 拧紧。

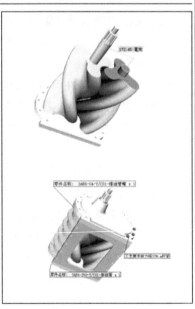

图 9-40 装配工艺规程

9.5 基于模型的虚拟验证

在复杂产品的装配过程中,用户经常会面临如下挑战:
- 零件装配发生干涉而装不上。
- 装配顺序有问题。
- 工装夹具发生干涉而不可用。
- 复杂夹具的运动动作有错误。
- 工具、设备与工艺环境有冲突。
- 人工装配不可行。

因此以提高质量和效率、降低成本为目标,对产品装配工艺进行的虚拟仿真是增强企业竞争力的重要环节。装配工艺仿真可缩短产品的生产周期、降低成本、提高质量。为了应对这些挑战,企业应利用其结构化知识积累以及可重用的产品和资源三维模型,在制造过程早期仿真验证产品的制造过程,利用最新虚拟仿真技术,高效而且几乎自动地进行大量的验证试验,以确保生产以最优化的方式得以进行。

基于MBD的装配工艺基于设计模型进行工艺规划,装配工艺仿真数据来自工艺管理平台,装配工艺仿真使用的设计模型和工艺资源模型数据同源,在装配工艺仿真环境中,可以实现装配过程定义、装配干涉检查、人机仿真、人体工程学分析、机器人仿真等虚拟验证工作。

全面的装配工艺仿真能力包含以下三项内容:三维动态装配过程仿真、人因工程仿真和机械运动仿真。其整体框架见图9-41。

图9-41 基于数字化制造平台的装配仿真应用框架

（1）三维动态装配过程仿真

基于模型的数字化装配过程仿真提供了先进的工具和手段，它给工艺人员提供了一个三维的虚拟制造环境来验证和评价装配制造过程和装配制造方法。在此环境下，设计人员和工艺人员可同步进行装配工艺研究，评价在装配的工装、设备、人员等影响下的装配工艺和装配方法，检验装配过程是否存在错误、零件装配时是否存在碰撞。它把产品、资源和工艺操作结合起来，分析产品装配的顺序和工序的流程，并且在该装配制造模型下进行装配工装的验证，仿真夹具的动作和产品的装配流程，验证产品装配的工艺性，达到尽早发现问题、解决问题的目的。

工艺规划人员通过装配工艺仿真可以在产品开发的早期仿真装配过程，验证产品的工艺性，获得完善的制造规划；交互式或自动地建立装配路径，动态分析装配干涉情况，确定最优装配和拆卸操作顺序，仿真和优化产品装配的操作过程。甘特图和顺序表有助于考察装配的可行性和约束条件。运用这一分析工具，用户可以计算零件间的距离并可以专门研究装配路径上有问题的区域。在整个过程中，系统可以加亮干涉区，显示零件装配过程中可能发生的事件。用户也可以建立线框或实体的截面以便更细致地观察装配的空间情况，帮助分析装配过程并检测可能产生的错误。动态装配仿真的软件环境见图9-42。

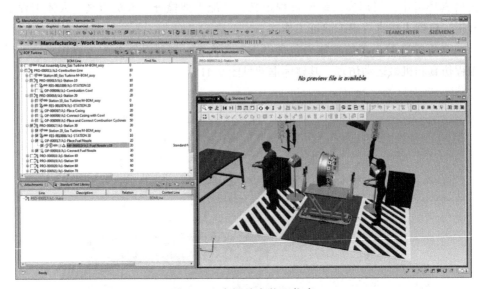

图9-42　虚拟动态装配仿真

在装配过程中，更多的装配问题与现场的装配环境相关，所以动态装配过程仿真在复杂的工装、夹具、设备环境下对复杂的零部件的装配更能发挥作用。图 9-43 是对复杂的型架和夹具所做的三维动态装配仿真,以便在投入制造以前对工装夹具的可行性进行评估。

图 9-43　复杂装配仿真应用场景

（2）人因工程仿真

人因工程仿真能用来解决图 9-44 提出的一些问题（如人机交互时的可视、可达与可装配性等装配工艺可行性问题），此外还能应用在产品的维修领域和对工时定额的研究方面。

人因工程仿真能详细评估人体在特定的工作环境下的一些行为表现,如动作的时间评估、工作姿态好坏的评估、疲劳强度的评估等,可快速地分析人体可触及范围,分析人体视野,从而分析装配时人体的可操作

图 9-44　复杂产品装配环境下人因工程应用分析

性和装配操作的可达性。人因工程仿真还可以分析人体最大或最佳的触手工作范围,帮助改善工位设计;能进行动作时间分析,支持 MTM-1/2 工时定额评估标准来达到工位能力的平衡,简化工作及提高效率。系统提供多种人体建模模型标准,以及全面的人因评价标准,具有完善的评价体系和更为柔性的动作仿真功能（见图 9-45）。

（3）机械运动仿真

机械运动仿真可对装配过程中的运动资源,如夹具的动作、零件的搬运、设备的动作等进行模拟,用以检查在资源的运动过程中是否会发生碰撞,研究运动

动作的协调和配合，研究整个过程的操作时间。特别对复杂的机械设备如机器人等，可仿真其运动轨迹，检查资源的可用性。机械运动仿真包含了机械运动定义的功能，支持反向运动求解算法，能自动计算运动构件的联动效果，具有运动分析快速、灵活、使用方便的特点。在航天飞机外太空运行中大型机器人设备安装仿真见图9-46。

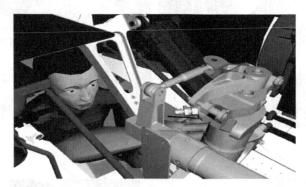

图9-45　人机仿真应用场景

图9-46　航天飞机外太空姿态仿真

基于MBD数字化制造系统中的装配工艺仿真能力为改进产品装配制造过程提供了一个全新的方法和手段，通过产品的可装配性分析、装配工艺的优化、装配质量的控制、装配工装的验证，以达到保证产品质量、缩短产品生产周期的目的。

- 通过在早期检测和沟通产品设计问题，降低了工程变更的数量和成本。
- 通过早期的虚拟验证，减少了存在的问题，减少了车间安装、调试和量产的时间。

- 通过人因仿真确保了人体操作的合理性和安全性,提高了装配的可行性。
- 提高制造资源的利用率,降低了成本。
- 减少了工装夹具的更改,降低了工装夹具的制造成本。
- 通过仿真多个制造场景使生产风险最小化。
- 实现并行工程,装配工艺仿真可以与产品设计同步进行。
- 降低制造成本。
- 提高产品的制造质量。

9.6 基于模型的作业指导书

基于模型的作业指导(Model-Basic Work Instruction,MBI)是整个 MBE 体系的重要一环,是连接虚拟世界和物理世界的纽带和媒介(见图 9-47)。传统的媒介一般是纸质媒介,如蓝图、打印的工艺卡片等。

图 9-47 MBI 是纽带和媒介

MBI 是工艺知识的集中展现。如何将格式多样、关系复杂的产品定义、制造过程定义和积累的工艺知识等信息展现在制造现场或维护维修现场,并被现场人员精准、快速地理解和执行,是 MBI 研究的重要课题。MBI 的解决方案水平是体现 MBE 和数字化制造解决方案水平的重要指标。

作业指导书根据使用介质可分为纸质和电子类型;根据使用实时性可分为脱机和实时联机;从车间执行角度可以分为单向展示和展示/反馈双重功能两种类型。

作业指导书从能力角度,对应于 MBE 的能力矩阵,MBI 大致可分为 4 个能力层次（见图 9-48）：

- Level 0：嵌入二维图和图片的纸质作业指导。一般国产 CAPP 输出的就是这种格式的工艺卡片。有些系统将三维模型截图嵌入卡片中，它也是属于这个能力层次。
- Level 1：嵌入三维模型的电子作业指导文件。这种作业指导一般都不需要打印。很多三维创作软件也能实现这种能力的作业指导⊖。
- Level 2：嵌入三维模型的在线作业指导系统。这种作业指导能直接从三维工艺系统中获取结构化的工艺信息⊖。
- Level 3：嵌入三维模型、能反馈的在线作业指导系统。除了 Level 2 能力，它还支持现场执行中的操作记录、过程检验数据、FAI（First Article Inspection，首件检验）等实物技术状态的反馈。这种能力的实现往往需要与 MES 结合。

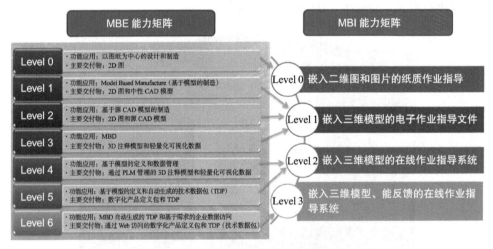

图 9-48　MBE 和 MBI 的能力矩阵

1. 目前存在的问题

- 三维下车间无处下手

有了三维设计模型，如何将三维设计模型应用到工艺和现场是很多制造企业

⊖ 三维创作软件仅仅能实现三维作业指导的创作功能，并不具备核心的三维工艺管理。
⊖ 仅仅实现三维电子作业指导文件在线浏览或下载的系统属于 Level 1，仅仅实现二维电子作业指导文件在线浏览或下载的系统属于 Level 0。

头疼的问题。有些企业认为将三维设计模型直接搬到车间屏幕就万事大吉；更有些企业设计采用三维，工艺和现场后退到二维，三维转二维甚至直接在卡片中贴三维截图。从"道"上讲，缺乏 MBE 的整体认识和适应的管理制度；从"术"上讲，缺乏三维下车间的技术手段。

- 传统作业指导执行效率低

传统工艺卡片的特点就是信息扁平和静态，执行效率很低。现场工人除了工艺文件，还需要仔细翻阅关联的大量图纸、标准，而且工艺卡片描述往往很简单，需要结合自身经验进行消化理解。在执行过程中，工人具有一定自主性，导致在整个制造生态中工人的经验和技能占很高比重，甚至高到影响产品定型和质量的程度。

传统纸质卡片在执行中难于动态调整，不易直观表现工序的串行/并行和条件判断，这些都需要借助大量的临时更改和现场调度管理，从而经常出现工作上的失误，造成生产质量问题，影响生产周期。

- 更改贯彻不及时、不彻底

在传统制造模式中，更改多、贯彻慢、贯彻难这些都是影响产品质量、研制周期和成本的管理型问题。传统的作业指导也是造成这一后果的重要原因，纸质卡片不方便修改、删除、插入，打印之后空间上分布也很广，导致更改不及时，贯彻不彻底。

- 现场数据不能及时反馈和管理

在传统模式下，工艺和检验的展示和反馈是脱节的，这样导致编制工艺的工艺员和执行工艺的现场人员也是脱节的。工艺员不掌握现场情况，很难及时调整工艺，更改时在制影响分析也不及时不全面，不能进行细粒度的工艺更改；在有限工期、资源、经验的限制下，现场人员只能充分发挥"主观能动性"；现场管理也只能进行粗放式调度和管理。工艺与执行的脱节，造成"知行不合一"。

2. 解决方案

针对不同 MBE 能力水平的制造企业，西门子可提供满足企业需求的 MBI，甚至提供不同能力 MBI 并存的复合方案。

- 2D PDF（Level 1）

2D PDF 是基于数字化制造管理平台的工艺结构树输出的二维作业指导，既能打印，也能以电子文件的形式在车间展示，包含表格、文字和图形。输出时，系统自动对特殊文字（如零组件代号）进行颜色、字体强调。

图形来自数字化制造管理平台中工序组合视图。工序组合视图是工艺员对设计模型的理解和对过程模型的规划的投影，包含过程模型、设计 PMI 和工艺 PMI，一般是某个特定视角、剖视图或局部剖视图。这些视图将大大提高执行现场对工艺的理解，比传统作业指导更直观，充分发挥了三维工艺的优点（见图 9-49）。

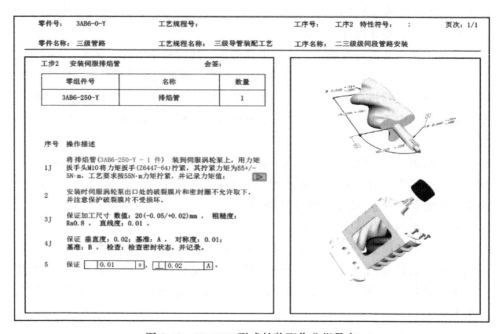

图 9-49　2D PDF 形式的装配作业指导卡

- 3D PDF（Level 1）

3D PDF 内嵌三维模型，可以直接浏览、旋转、测量，如果定义了装配路径或者进行了装配工艺仿真，可以实现按工序 / 工步播放。它以电子文件的形式在车间展示。三维模型包含对应的工序组合视图（见图 9-50）。

- 基于 Web 的在线作业指导 EWI（Level 2）

EWI 是基于 Web 的在线作业指导，直接从产品全生命周期管理平台的服务器获取工艺内容，展示内容包括工艺结构、工序流程图（定义了工序 / 工步的串并行）、操作描述、零组件配套表、工艺资源和三维模型。三维模型包含对应的工序组合视图。

EWI 能做到实时更改，立即贯彻。考虑复杂的现场工况，EWI 也支持离线模式（见图 9-51）。

第 9 章　229
基于模型的工艺与虚拟验证解决方案

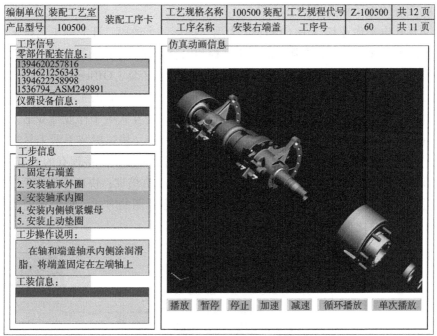

图 9-50　3D PDF 格式的装配作业指导书

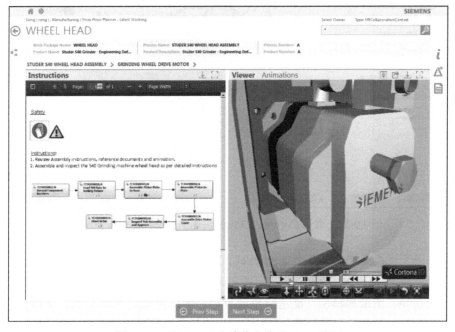

图 9-51　基于 Web 在线作业指导 EWI 界面

- 交互式电子作业指导书 IETM（Level 2）

交互式电子作业指导书（IETM）为用户提供一个通用、开放的工艺技术文档定义和出版管理系统；提供强大的技术文档和内容管理功能；还提供第三方软件集成功能，包括内容编辑和发布工具、翻译工具、查看工具、Office 集成。可直接从 PLM 服务器获取工艺内容，实现数据共享，确保文档与关联的工程数据完整、一致，并可发布成网页或 2D/3D PDF 等格式的文档。交互式电子作业指导书主要包含快速拆装手册、快速培训及快速零部件手册等功能。快速拆装手册工具可创建快速易用的数字化交互产品维护和操作手册；快速培训工具可将现有的 CAD 资源和培训文档结合起来产出数字化、交互的三维动画仿真培训；快速零部件手册工具可创建数字化、交互的零部件管理库，并以三维爆炸图的方式，形象地展示复杂结构的各零部件之间的链接关系（见图 9-52）。

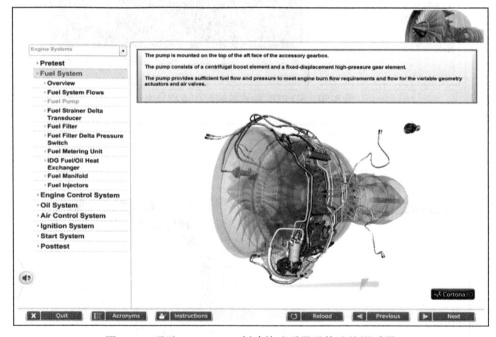

图 9-52　通过 Cortona 3D 创建快速手册及快速培训手册

- 基于便携终端的作业指导（Level 2）

iPad 版 PLM 使用移动宽带连接到 PLM 服务器，能展现数字化制造管理平台的作业指导、图纸和模型，能进行更改贯彻。考虑复杂的现场工况，支持在线模式（连接到 PLM）工作或下载内容以离线完成任务（见图 9-53）。

图 9-53　通过 iPad 访问 Teamcenter 指导现场

- 基于 Simatic IT 的 EWI（Level 3）

通过 PLM 和 MES 双向紧密集成，既能实现工艺内容的车间展现，也能实现车间现场操作记录、检验记录的实时反馈。

工艺员可以实时了解在制情况，能对工艺进行及时、细粒度的调整。工艺更改时，基于数字化制造管理平台就能进行在制影响分析，甚至将执行过程暂停在即将更改的工序/工步之前，既提高了效率，又减少了返工和报废。

支持结构化的更改对车间计划和派工的实时调整，大大减少临时更改和临时调度（见图 9-54）。

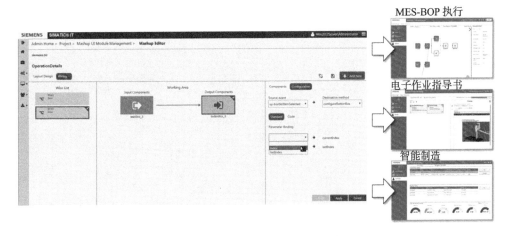

图 9-54　整合工艺展现和现场反馈

3. 价值体现

- 提高现场执行效率

MBI 具有直观、易懂的特点，缩短了原来的读图、理解消化时间。MBI 电子化和实物技术状态的电子化至少可以减少 90% 的查询时间。MBI 对零部件、原材料、工艺资源的配套定义清晰，过程描述可视化，方便关联查询，大大提高了现场执行效率。

- 提升现场管理水平

制造过程定义清晰；结构化的更改管理减少了临时更改、超越等需要人工调度干预的情况，现场过程可控、可管、可追溯，提高了现场管理水平。

- 提高产品质量

MBI 的过程定义和检验定义的可视化和细节化减少了现场的误解。操作工人的经验以工艺知识的形式体现在 MBI 中，使得过程操作和过程检验更科学，并能快速反馈和迭代工艺知识，最终提高了产品质量。

- 缩短产品研制周期

作为工艺和现场的纽带，MBI 使得"电子分发→发现问题→实时反馈→快速分析→直接在制处理→结构化更改→及时分发贯彻"这样一个快速闭环成为现实，减少了现场的停工、返工、无用工和消极怠工，出现问题也能及时合理修正，现场经验也能回馈到工艺，从管理体系上缩短产品研制周期。

Chapter10 第 10 章

基于模型的闭环制造解决方案

10.1 从 MES 到 MOM 的闭环制造应用演变

当今制造业的生存三要素是信息技术（IT）、供应链管理（SCM）和成批制造技术。使用信息技术就是由依赖人工的作业方式转变为作业的快速化、高效化，大量减少人工介入，降低生产经营成本；供应链管理是从原材料供应到产品出厂的整个生产过程，使物流资源的流通和配置最优化，它与局部优化的区别就是全面最优化；成批制造技术即在合适的时间，适量产品的生产计划排产优化技术，并随着生产制造技术的深化，改善对设备的管理。这里，MES 技术在企业信息化中扮演着最重要的角色。为此，MES 的推广和应用已成为制造业信息化工程的重要工作之一，研究 MES 的应用与发展将会为制造业制定 MES 实施的整体解决方案提供必要的参考。

MES 概念由美国先进制造研究协会（AMR）于 1990 年 11 月首次正式提出；1992 年美国成立了以宣传 MES 思想和产品为宗旨的贸易联合会——MES 国际联合会（简称 MESA）；1997 年 MESA 发布了 6 个关于 MES 的白皮书，对 MES 的定义与功能、MES 与相关系统间的数据流程、应用 MES 的效益、MES 软件评估与选择以及 MES 发展趋势等问题进行了详细的阐述；1999 年美国国家标准与技术研究所（NIS T）在 MESA 白皮书的基础上发布有关 MES 模型的报告，将 MES 有关概念规范化；2000 年美国国家标准协会（ANSI）致力于 MES 标准化工作（ANSI/ISA-95），陆续发布了 SP-95 系列标准。

MES 在国外尤其是美国和日本得到了广泛而深入的研究和应用。MES 国际联合会分别于 1993 年和 1996 年对实施 MES 系统的企业进行了两次问卷调查,主要调查实施 MES 给企业带来的好处。调查结果表明:MES 缩短制造周期 45% 左右,降低在制品 25% 或更多,缩短生产提前期 35% 左右,等等。正是由于 MES 在车间生产管理中的特殊作用,MES 软件产品得到了长足的发展,国际上著名的软件厂商和企业界纷纷响应并加入 MES 国际联合会,并推出自己的 MES 产品。例如,国际上著名的 ERP 软件供应商 SAP 公司在其产品 SAP-R/3 系统中整合了 MES 功能。

在过去多年,MES 系统的使用率一直停滞不前,很多企业一直停留在计划采用 MES 的阶段。这是因为工业领域仍然采用无序的项目管理方式。通过采用平台与 App 方式,制造型企业可采用可量化的、增量式和叠加式方式,帮助企业从传统系统(包括自制软件与已有的软件组合)升级到下一代软件解决方案。

为了规范和优化生产流程、减少交货时间、优化资产利用率、减少全球上市时间、提高对市场的灵敏度及生产可视化程度,西门子提出了 MOM 系统(制造运营管理系统)(见图 10-1)。

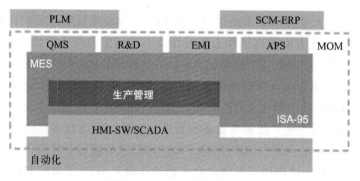

图 10-1 MOM 系统集成图

目前国际上 MOM 由制造执行系统、质检执行系统、高级计划与排产和企业智能制造等组成,可提供实时工业软件层,从而将 PLM 与自动化密切结合。优质的 MOM 解决方案可提高制造运行的绩效,并可将生产执行、排产、不合格品管理以及端到端质量等各方面的管理整合在一起。MOM 系统软件组合将生产效率与高级计划和排产、质量检测和可视化相结合,降低了生产准备时间,最终提高了制造响应速度(见图 10-2)。

MOM 的制造服务可帮助用户将其精心安排的计划付诸实施,并实现以下目标:

- 执行生产。

- 强化质量。
- 减少浪费。
- 提高透明度。

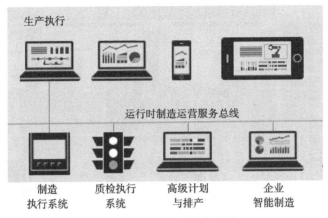

图 10-2　MOM 系统构成图

10.2　数字化闭环制造系统总体架构

当今的企业平台在管理供应链与产品生命周期过程中，并没有与生产车间进行统一的交互。只有 MOM 平台能够与统一的解决方案平台交互，为制造运营提供全方位的支持，包括产品生命周期管理、制造运营管理以及工业自动化（见图 10-3）。

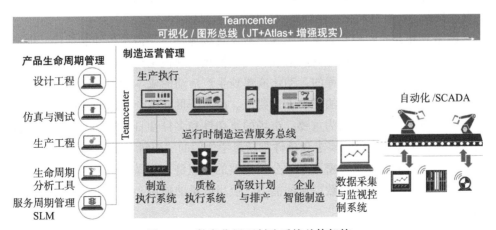

图 10-3　数字化闭环制造系统总体架构

基于模型的数字化企业（MBE）

借助制造运营管理（MOM）软件解决方案，企业可实现全面的数字化，并可无缝集成产品与生产生命周期，实现灵活、可扩展的生产工艺，确保以最快速度响应实时的生产事件。数字化闭环制造系统如图10-4所示。

图10-4　数字化闭环制造系统

当流程全面数字化之后，制造商便可以更好地发起或应对颠覆性创新趋势。数字化将创新的过程转化为驱动新商机的积极主体，制造商能够构建完整的数字线：设计阶段，主要覆盖产品概念和详细设计；生产阶段，主要包含生产规划、生产工程设计、工厂自动化和生产执行系统使用。强大的产品生命周期管理（PLM）软件可令新产品的开发和优化完全虚拟化。在实际制造中，完全集成自动化（TIA）的概念确保了所有自动化组件的高效互操作性（见图10-5）。

网络对商务的影响与日俱增，客户愈发直接地将产品需求告知制造商，而制造商必须快速回应，以更好的灵活性满足个性化大规模生产，有效减少能源和资源消耗。仅注重于制造流程的自动化或单独生产活动的成本和效率已无法适应全球市场的竞争形势，也无法满足上述要求。此时，贯穿整个价值链并将供应商包括在内的整体方法显得尤为重要。市场的复杂性和多样性日益增加，迫使制造商们根据目标市场的定位、要求和条件重新思考他们的"原料－制造－交付"流程。这就需要使制造过程更紧密地融入公司完整的价值链，要做到这一点，不同技术之间的协调、处理大规模数据流的能力、恰当度量的使用，以及对这些信息的正确解读均显得尤为重要。

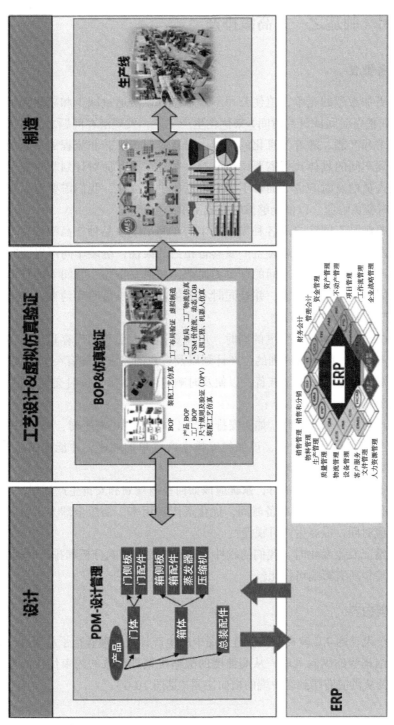

图 10-5 设计工艺与制造一体化应用

10.3　闭环制造之一：高级排产

1. 业务挑战

面对更加激烈的竞争，迫使公司不得不想方设法通过减少和剔除无附加价值的活动（如整备时间或等待时间）来优化生产工序，发现潜在问题之后可采取措施来平衡需求和产能。随着信息化的深入，以及对制造工艺和流程的不断加强，从计划下达到车间的具体执行需要层层监控，并且需要有面对计划临时变更的各种资源以及人员的及时响应。面对不同供应商的供应变化，我们需要对系统的计划和安排及时变更响应，以便能够按时完成工单的生产。

由于要满足不同客户的各种需求，生产车间呈现多品种产品混线生产，批量小，同时要求产品电装或总装生产线具备相当的柔性，组装车间可以同时产出不同品种的产品，因此生产车间的订单多而杂，如何安排同一时间下的订单生产顺序，以更好地满足生产需求，并且同时考虑供应商的供货时间约束，是生产车间在计划排产上面临的较大问题。

在解决生产计划临时变更的同时，还需要避免大面积的库存积压，实现实用实销，供需平衡，因此对详细的生产计划以及客户的需求预测有一个大致的了解，才能够更好地为生产计划做准备，以便及时响应生产需求，按时交付客户。由此，整个系统面临的业务挑战如下：

- 在面对多种供应商时，如何安排生产计划，做到供需平衡、减少库存？
- 当生产订单多且杂时，该如何安排生产订单的顺序，才能提高生产效率，高效利用机台等资源？
- 当产线出现紧急插单时，系统应该如何重新规划和安排生产计划？
- 如何尽量缩短投产准备时间，优化资产利用率，缩短全球上市时间，提高响应时间，提高生产可视性？
- 当情况发生变化时，我们的软件工具如何提供影响分析和排产时间表修复，并使得所有影响可视化？

2. 主要内容

西门子设计的 4.0 模式下供应链蓝图中的生产计划管理囊括了从年度计划到具体车间详细排程的纵向关联，从高纬度的战略决策到细致的约束优化的具体车间排程，以及从供应商端到客户端的横向协同（见图 10-6）。

第10章 基于模型的闭环制造解决方案

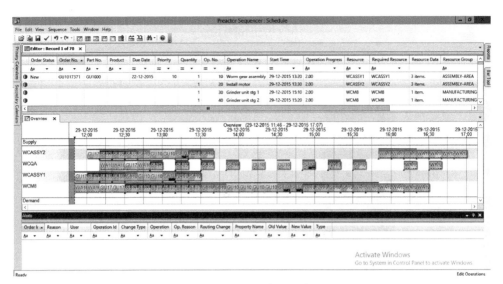

图 10-6 西门子高级排产图

西门子设计的 4.0 模式下供应链蓝图中的生产计划管理可由图 10-7 说明。

计划：APS 高级计划解决方案需要能根据未来需求做出更高层次的决策，可以快速决策在哪条生产线、什么时间生产什么产品和多少量；能利用有限能力资源计划的库存控制协助用户对季节性需求变化进行风险应对，平衡产销矛盾；能考虑到分层级的产能约束，同时还能考虑到订单倍数、最小订购量，通过高级计划解决方案帮助客户：合理控制库存，实现产线负荷平衡（见图 10-8）。

排程：APS 高级排程解决方案需要根据车间的具体生产制造约束情况，在满足交货期的目标下同时考虑平衡各资源的负载，进行车间排程优化，减少换型时间，减少中间品数量；同时在发生异常时可以通过 MES 的数据采集，快速地重排决策。APS 拥有强大的算法库，能支持根据订单的交货期、优先级或时间表文件顺序对订单进行排序；在订单内各工序的加载方向可从当前时间往后推也可从交货期往前推或是进行双向排序（见图 10-9）。

以下，将主要描述高级计划与高级排程所涵盖的主要业务功能。

（1）高级计划

APS 系统的计划解决方案能根据未来需求做出更高层次的排程决策，能利用预定义的排程资源协助用户预测季节性需求变化，不仅能考虑到高层次的产能约束，还能考虑到订单倍数、最小订单量以及保存期。

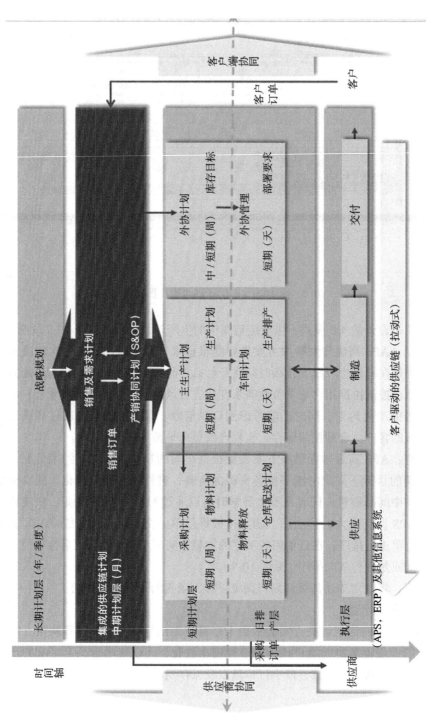

图 10-7 生产计划管理

第 10 章　241
基于模型的闭环制造解决方案

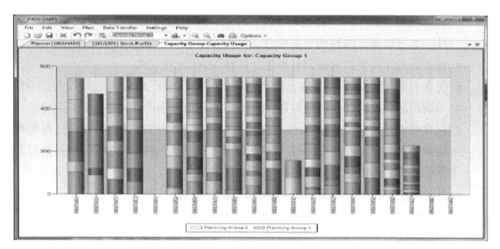

图 10-8　生产负荷信息

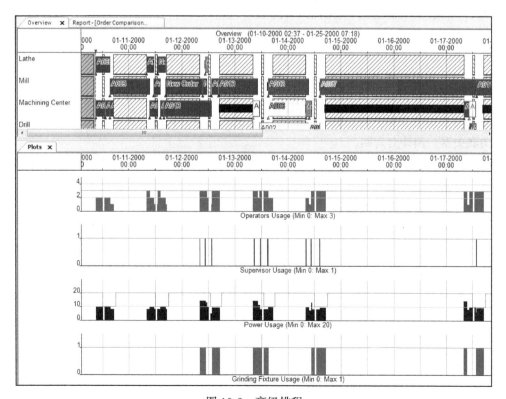

图 10-9　高级排程

高级计划模块功能覆盖以下业务功能需求：
- 支持在有限或无限产能模式下进行计划，计划时间段可以是班次、天、周、月，也可以是这四种的自由组合。
- 包含面向库存生产和面向订单生产两种 MPS 计划方式。
- 包含合理配置库存的算法，使产能需求尽量压在产品的主生产线上，不使用该产品相关的任何其他计划生产线上的任何可用产能，满足产能约束。
- 包含移动计划模式，移动计划模式可以根据产能约束将生产计划分摊给可用资源。如果某个产品的总需求无法匹配一个制造桶，则该需求将移至其他计划资源，以达到资源负载平衡的目的。
- 具备对产品指派计划资源的功能，以便更细致地计算其产能。
- 具备计划资源组管理的功能，便于用户有效管理计划资源。计划资源组是一种将计划资源指派到组的方式，便于用户测量产能以及对产能进行分组。
- 具备图表功能，包含规划资源组和规划资源的容量使用率图、库存概况图、库存持有总量图和物料清单饼状图。

当需求发生变化时，无论是产品数量变化还是交货期变化，都可以快速评估其是否可以满足新需求。

（2）高级排程

APS 高级排程解决方案支持在满足交货期的同时平衡各资源的负载，即平衡需求与产能的关系，可以在一张甘特图上显示需求、供给、产能占用情况、工序关联关系、预计交货期。

排程之后下发给 MES 执行生产，并在生产过程中定期采集 MES 生产进度信息，在实际生产进度与计划值偏离达到一定程度时，工厂计划员将根据情况在系统内进行加班、调整优先级、更改排序规则等以快速调整应对。

高级排程模块功能覆盖以下业务功能需求：
- 具备支持查看甘特图，跟踪订单，查看进度，查看报告、工作列表以及输入新数据的查看器功能。
- 具备在有限产能和无限产能模式下配置资源的功能。
- 具备资源组管理的功能，便于用户有效管理资源。
- 具备满足客户多元化需求的排程算法。
- 包含订单与工序管理的功能，支持使用工序编号对订单内工序进行排序，且能支持相同编号的工序并行执行；支持便捷的插入或移除工序。
- 具备物料管理的功能，并且能可视化物料关联。
- 支持对工序的多重约束，这里的多重约束是指一项工序除了需要主要资源以外，还需要其他额外的资源，如工具、能源等。
- 具备日历管理功能，即定义一段时间内资源是如何使用的，用来模拟工厂的工作方式，为用户提供开发主次资源换班模式的直观方式。
- 具备多版本排程结果对比的功能。
- 具备成本利润计算的功能。
- 具备订单承诺的功能。当有新需求产生时能快速回复客户交期。
- 支持用户局部修正排程表。当由于排程表内工序实际起始时间与结束时间的改动造成订单内的工序发生重叠时，支持用户对排程表进行修复，以确保订单内的工序序列正确。
- 具备批次转移的功能。支持当部分零部件完工后，为后续工序排程下一个工序的操作。
- 支持将排产结果下发至 MES。计划员在确认完一个版本的生产排程后将排产结果（工单计划开始及完成时间，工单每工序计划开始及完成时间、所用设备、所用人员）发送给 MES。

3. 业务价值

西门子为应对生产车间计划提供了全面的解决方案，具有以下功能特点：
- 详细排产。
- 产能计划。
- 图形化 MPS。
- 适用于所有制造行业。
- 战略决策工具。

在生产车间，考虑预测订单以及长期订单，以确定可行性并设置生产的大致方向；动态设置目标库存水平以满足未来需求；综合考虑约束、物料库存期等因素，平衡多种资源之间的负荷；对实时生产效率做出反应；可选择在有限或无限产能模式下进行计划，计划时间段可以是天、周、月，也可以是所有三者的组合。可针对各项代码设置相应参数，从而可对各项进行不同计算。例如，某些产品可能采用"面向库存生产"模式，而其他产品可能采用"面向订单生产"模式。

当需求发生变化时，无论是产品数量变化还是交货期变化，你都需要快速评估其是否满足新需求，此时可将需求变化导入 Preactor GMPS，并创建新的应对计划。软件将对计划 BOM 进行分解，Preactor GMPS 将显示是否存在产能问题，如果存在问题，则可通过交互方式创建合理的 MPS。

它为客户带来的核心价值如下：

- 提高客户服务质量：+90%。
- 降低库存：-50%。
- 减少周期时间：-25%。
- 提高生产率：+25%。

10.4 闭环制造之二：制造执行管理

1. 业务挑战

从生产制造层面来说，MES 除了支持正常的"订单 -> 计划 -> 调度 -> 生产制造 -> 质量 -> 反馈"这条闭环生产过程以外，还需要一些特殊流程，比如上料和获取数据之后的分析、抛料率的计算等，以对生产过程的管控达到工序级别。面对生产过程中电子车间的不同设备，MES 需要跨多个系统的网络和设备接口进行数据采集和维护。

从系统维护层面来说，制造执行管理系统是应对制造工厂车间生产动态管理的信息化方案，生产线的产品会根据生产需求发生变化或新老产品更换等，而对于生产过程中具体数据的采集、数据模型的建立，MES 都需要根据生产过程或产品的改变而改变。

从系统集成的角度，由于 MES 集成环境的复杂性，MES 面临的挑战存在如何从技术上实现上层与 ERP 系统、下层与自动化控制系统的无缝集成。因此，MES 面临的挑战包括如下内容。

- 生产管理模式复杂，管理效率低。
- 粗放式的生产管理方式。
- 生产制造流程不够流畅。
- 企业制造资源没有优化。
- 生产过程不透明。
- 生产操作过程纸质指导不直观。

2. 主要内容

西门子 MES 平台提供了制造行业库套件，针对离散与流程制造业的产品工艺以及运营管理特性，提供了一整套行业方案，覆盖：

- 以智能终端（数码产品、手机等）为代表的品牌厂家与配套商（核心芯片、精密部件等）。

- 以光电（节能环保）为代表的 LED 应用领域。
- 以能源、电力、军用等为代表的半导体产业链应用领域。
- 以智慧城市、物联网应用、智能家居为代表的安防电子电器领域。
- 以汽车用品为代表的汽配电子领域。
- 以基础网络设备和网络安全为代表的品牌厂家配套领域。

该平台与西门子 NPI 工具实现无缝衔接，使得研发与生产在数据以及业务层面上实现了真正意义上的连通，大大缩短了产品上市时间。

以下是西门子 MES 的功能概述。

（1）工厂建模

西门子 MES 是一个方便灵活的图形建模环境，用户可以通过图形拖拽的方式方便地创建生产模型，并定义对象间的关系。按照公司/分厂的管理要求和实际情况，利用生产运营管理系统可建立基于国际 MES 行业标准 ANSI/ISA-95 的工厂模型。该工厂模型由物理模型（工厂实际设备）和逻辑模型（业务流程）组合形成，完整地体现了整个工厂设备的组成结构、生产运行以及生产管理逻辑。

- 交互式图形化的建模环境，参与 MES 建设的不仅仅是技术人员，业务人员也能在很短的学习曲线下对整个 MES 项目进行全程参与。
- 将物理设施、机器设备等数字化，以及将生产业务流程和管理思路等模型化，进而实现工厂的生产管理全局可控，成为真正意义上的智能工厂，保证能够快速生产出高质量的科研产品。
- 建模工具的技术架构符合主流的 SOA 技术，并且能够通过将智库的概念与生产管理的最佳实践进行沉淀，实现企业管理知识的传承。
- 完全遵从 ISA-95 国际 MES 标准，这使得将来的 MES 能够站在系统发展趋势的最前沿，保持最强劲的生命力。

（2）工艺与制造协同，实时获取工艺数据

通过内部通道，实现 PLM 系统的设计数据与 MES 相应管理模块的同步，如 MES 的工艺管理、物料管理等功能模块会分别存储 PLM 系统中的设计数据，供生产执行过程使用。并且 PLM 系统与 MES 中的数据是实时连通和同步的，以避免两个系统中出现数据不对称的情况，避免造成管理难度的加大。

系统特色如下：

- 西门子 PLM 系统与 MES 通过独有的内部数据通道，实现设计系统和制造执行系统之间的无缝连接，保证各种主数据信息，如产品编号、物料编码、工装刀具编码，以及人员编号等信息在两个系统中的一致性和百分百的匹配度。

- 设计系统与制造执行系统这两个系统之间的业务关系不仅仅是数据的简单同步，还包括业务逻辑的互操作性。
- 两个系统之间的数据同步并非传统意义上的通过中间文件方式实现，而是通过底层函数互调实现的，全盘考虑数据传输的效率和完整性，保证企业是在一个统一数据源的基础上实现智能工厂的建设。
- 同步的数据内容不仅仅是文字性的、静态的、局部的，而是包括了结构化参数、生产指导文件和三维数字模型等全局数据的完备数据包。

在数字化工厂架构环境下，工艺管理的主数据源应当是来自于 Teamcenter 工艺管理平台，MES 将会对生产关注的所有产品工艺属性以及定义信息进行解析，形成 MES 所使用的结构化工艺模型。系统包含的主要功能有：TCM 集成接口、工艺建模、BOM 管理、工艺路径建模、变更管理、返工行为定义、员工技能管理、电子作业指导书等（见图 10-10 ～图 10-12）。

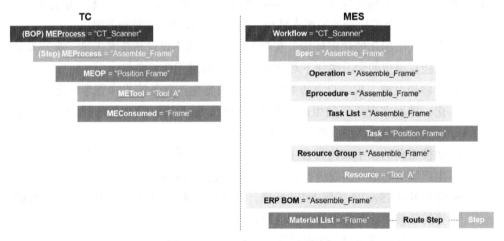

图 10-10　TC 与 MES BOP 同步

（3）生产计划管理

MES 中的生产计划管理是衔接 ERP 系统中生产计划与生产现场工段或设备级的作业计划的重要管理功能（见图 10-13）。

通过 MES 的生产计划管理，能够有效协调多项目管理的项目驱动生产模式，并且能够完美地支撑科研生产模式下工艺频繁变更的管理需求，实现生产计划、工程设计与现场生产的实时联动，降低因多个项目管理实体间信息不对称、管理手段不匹配造成的时间浪费。

第 10 章
基于模型的闭环制造解决方案

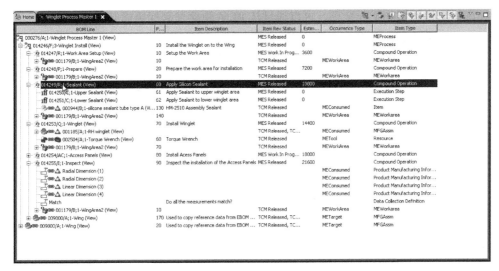

图 10-11　TC BOP 同步界面

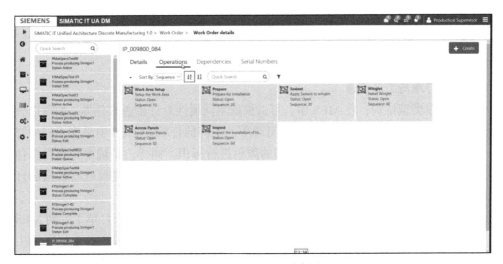

图 10-12　MES BOP 同步界面

系统特色如下：
- 基于成熟和先进的集成平台，通过消息机制接收 ERP 系统下达的生产订单，同样通过发送消息的方式向 ERP 系统反馈订单进度和消耗信息，实现 ERP 系统和 MES 之间的闭环。
- 实现生产订单从创建到关闭的全生命周期管理，整个过程由一系列生产执行状态进行控制。

- 支持频繁的工程变更,可以通过从 PLM 系统发起变更通知,在系统中传递变更信息,触发在 MES 中的变更动作。同样支持在 MES 中主动对工艺数据进行变更,如建立批次工艺路线或现场工艺路线等。

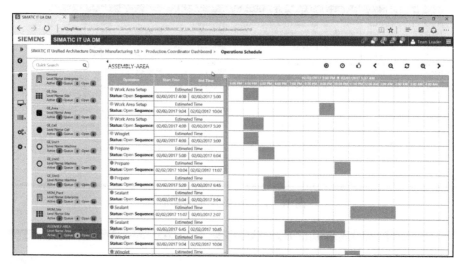

图 10-13　生产计划管理界面

(4)订单与工单管理

- 订单类型维护:在 MES 中,可以根据不同属性对订单进行分类,如可以分为科研试制订单、返工/返修订单等。不同的订单在 MES 中采取不同的管理方式,在界面上也会以不同的颜色进行标识。同样,系统本身提供多种过滤条件,系统使用者可以通过订单类型的过滤条件对需要进行检索的订单进行过滤,从而节省查找时间,方便快速定位。
- 订单自动下载:通过系统集成接口,ERP 系统自动将生产订单下载到 MES 中,MES 依靠内置的自动处理逻辑,将接收到的 ERP 生产订单保存到生产数据库中。系统集成接口和 MES 内置的订单生成处理逻辑已经包含于 MES 平台 Simatio IT 中,无须定制开发。数据交换的效率、安全性和稳定健壮性能够从根本上得到保证。下载到 MES 中的生产订单会通过订单拆分操作,读取订单对应产品的工艺路径信息,自动生成工序任务列表。但此时的订单和工序任务还没有指定计划时间信息,需要通过集成接口,将订单和工序任务传递给 APS 系统,后者通过有限能力规划和数学优化算法计算,将订单和工序任务赋予日期和时间信息,即会明确指定每道工序的计划开始时间和计划结束时间。对于某些工序,经过 APS 系统处理之后会指定具体的加工设备。经过排产计算的订单和工序任务会通过系统集成接口反传给 MES，由 MES 负责订单的生产执行过程。对于 APS 系统解决生产排产和调度问题的具体模型、数据输入和输出，以及寻优策略等将在"生产计划排程管理"部分进行详细描述。

- 订单手工维护：经过授权的 MES 用户，可以在 MES 中直接录入生产订单，并对订单进行维护，包括修改、删除，以及基于已经存在的订单创建新的订单，实现类似于复制的功能。如果 ERP 系统需要同步生产订单在 MES 中的更改，则在 MES 中变更生产订单之后，可以通过系统集成接口，将该生产订单的所有变更信息传递给 ERP 系统，从而做到业务系统和执行系统之间的信息同步。在 MES 中可以定义生产订单在何种状态下可以被修改和删除，定义的过程是非常灵活和方便的。通过对生产订单状态的控制，可保证生产订单信息不会被意外变更，继而影响生产的调度和现场的执行。

- 生产批次管理：在生产组织过程中，为了优化，计划员会将一个订单进行拆分，按不同的数量组成多个生产批次。MES 同样支持对多个不同订单间的工件进行组合，形成生产批次。生产批次组合的前提之一是工件能够进行单件追踪，即每个工件都有一个唯一编码，并且有识别码（钢印号/条码/二维码/RFID）信息来辅助 MES 对其进行身份识别。生产批次组合的另一个前提是具有相同物料编号的工件才能组合成一个生产批次，并且一个生产批次对应一个工作中心或一个设备。

- 工程变更管理：在批研相结合的生产模式中，产品和零部件的生产工艺还处于非定型阶段，经常会进行调整和变更，甚至在零件已经在车间流转了几道工序之后，仍然需要进行临时调整。MES 必须支持工程变更管理，以灵活应对批研结合生产模式下的频繁工艺变更。西门子 MES 在系统内部驱动工程变更的整个管理过程，具体包括两种方式：第一，PLM 系统进行工艺调整后（如工艺路线变更、工序的生产资源变更等）向 MES 进行数据同步，MES 基于当前工艺自动升级版本，形成新的工艺，并且将其置为当前有效状态；第二，MES 主动进行工艺变更调整（某些非重大调整，如刀具、工装、NC 程序等非工艺路径的变更），作为对 PLM 系统下达的工艺信息的微调，在 MES 中维护本批工艺或现场工艺，用来指导实际的生产作业；如果工件已经在现场流转，完成工艺变更后，MES 将会把之前创建并且尚未执行的工序任务进行更新，或删除之前的工序任务，创建新的工序任务。

- 生产插单：插单情况时有发生，在生产过程中是不可避免的。特别是在科研生产模式下，各个生产任务的紧急程度可能随时会根据上级指示进行调整。插单任务的生产视任务的紧急程度而定。如果插单任务比较急,那么正常生产任务为其让路,首先保证插单任务完成,在这种情况下会对生产计划造成很大的冲击,要对生产计划进行大范围调整,甚至会造成正常生产任务的脱期。如果插单任务不急,就可以通过调度的方式,采取见缝插针的方式完成,尽量不影响正常的计划任务。MES 的生产计划管理模块提供插单功能,系统根据插单任务的优先级将其放到整个计划序列中,并明确标识,以方便用户对该任务特别对待。插单过程可以由 APS 系统的排产引擎自动计算完成,将需要插单的订单插入生产队列中,并与其他生产任务相互协调,互不影响。还可以由人工来指定生产订单的开工时间和完工时间窗口,非常灵活。

- 订单进度跟踪:MES 可以标识出每一个生产订单及其工序任务当前的状态,这些状态包括新建、已经排产、已经派工、正在生产、生产完毕、暂停生产等。不同的状态可以用不同的颜色标识。产品生产周期内订单生产状态的变迁由生产现场的实际生产数据反馈触发。生产计划员或其他管理人员登录系统后,可以通过选择过滤条件查询具体订单的生产状态,包括订单下每个工序任务的当前生产状态。除了可以过滤订单号来查看状态外,还可以通过在过滤条件中输入状态条件,自动检索该状态下的所有生产订单和工序任务,然后在系统界面中显示查询结果,供生产管理者掌握现场的生产总体情况,从而提供生产决策的数据支持。

- 订单查询打印:MES 提供对生产订单灵活的查询和打印功能。系统用户可以从多个角度发起对生产订单的查询,如以订单号、批次号、零件图号等为查询条件。用户仅需要在系统界面中输入需要查询的关键字,由系统在后台进行高速查询,并将准确的查询结果以友好的方式显示在界面上,方便用户查看。在输入查询条件时,同样可以输入部分查询字符串和通配符(如百分号%)的组合,系统根据该条件进行模糊查询,最后将符合条件的结果全部显示出来,这种查询方式适合于用户不能获得精确查询条件的情况。除了可以将订单属性作为查询条件外,还可以通过系统中定义的各种生产订单状态来查询订单。当然,系统还支持按订单属性和订单状态的联合查询。对于查询的结果,系统提供丰富的保存手段,如可以将查询结果保存为电子表格文件或 PDF 文件。同样,如果 MES 连接了打印机,那么查询的结果还可以直接通过打印机打印成纸质文件,便于传阅(见图 10-14)。

(5)生产计划排程管理

本模块结合离散制造所具有的多品种、小批量的加工特点,根据月生产计划为用户提供详细车间设备和人员的仿真模拟排产结果，同时支持用户基于关键业绩指标（KPI）对排产结果进行灵活的手动调整。

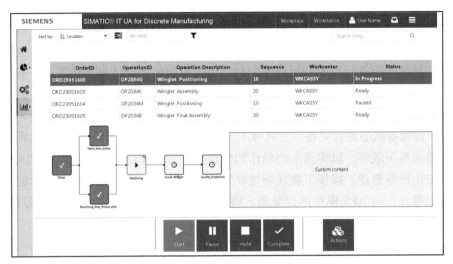

图 10-14　BOP 同步界面工单管理

- 以关键业绩指标（KPI）为导向的强大的图形化高级生产计划排程：生产计划与排产系统在系统选型、方案设计和系统上线后的各个阶段完全遵循企业的业务目标和项目目标，帮助用户从系统中获取最大业务价值收益。企业的主要生产计划决策者在日常工作中可以非常直观地从系统中获取当前决策对业务目标的影响，从而在计算机辅助决策的支持下持续改进整个计划排产过程。
- 知识驱动模型使软件完整地反映实际约束及规则：作业排产系统在进行优化仿真模拟排产以及进行资源能力平衡时完全考虑企业的具体生产规则和其他各种各样的约束条件，并且提供强大的二次开发平台，使系统具备高度灵活性和可扩展性，可以完全满足企业后续需求。
- 交互式智能决策支持：系统不但为用户提供多种按用户业务目标、生产规则和其他约束条件定制的各类优化算法，同时也支持用户基于 KPI 为导向的手工拖拽式调整。
- 系统支持多个计划层次以满足不同时期的业务需求：系统具备强大的可扩展性，可以覆盖所有计划层次，实现分级计划，满足不同部门的业务需求。本方案中主要为企业提供以有限产能为核心功能的公司生产计划，以方便整体平衡各项任务项目，并逐步分解到周计划，另一方面系统还支持企业进行基于多种约束规则和以 KPI 为导向的综合生产计划排程优化。

（6）生产执行管理

计划的执行和生产过程的动态控制是 MES 的重要功能，包括对生产任务进行派发，对生产过程进行实时监视和控制，完成各生产环节的整合与优化。对生产过程涉及的物料、设备、质量、人员和数据进行统一监控和管理，同时对生产执行与计划的差距进行跟踪和反馈，为制定切实有效的生产计划提供依据。通过将生产过程透明化、生产数据集中管理，实现对生产过程全面、有效地管理和控制。在实际生产执行之前，预留生产准备提前期，对生产所需的各种资源进行可用性检查，如设备状态是否完备、刀具和工装是否能够准时配送、NC 和 CMM 程序是否已经正确下载等，以确保生产动作如期进行；将工序任务分配到设备或人员一级，细化任务管理。操作工在现场终端领取生产任务，根据生产指令进行装夹和加工等操作；与 APS 模块进行互动，将异常情况导致的生产波动进行动态推演，理顺生产流程。

- 生产准备管理：生产准备是在生产环节为生产争取更多宝贵时间的关键要素。通过生产准备管理，保证了生产任务按计划执行，提高了整个生产车间的生产连续性，为快速生产制造奠定坚实基础。
- 派工与调度：生产计划接收和排程完成后，即可获得排产后的工序任务，这些任务是可用于指导实际生产的工序级详细生产计划。MES 可以按照设备、人员下达生产任务，生成派工单，系统将生产作业指令直接送达生产现场。MES 支持对生产任务下发的优化处理，能够将同一工序、同一设备的不同订单的生产任务进行合并，形成新的生产任务（生产批次），并进行任务的下达。
- 生产作业指导：MES 在将生产任务下达给具体设备和操作工的同时，也将生产指导文件（图纸、三维模型、工艺指导书、技术文件等）一并下达给现场操作终端。在生产准备阶段，操作工可以通过查阅电子化的生产指导文件，完成对生产工艺的消化，提高对生产加工过程的掌控能力（见图 10-15）。
- 生产反馈：MES 提供简洁的现场终端操作页面，帮助操作工完成生产执行数据准确且方便的采集。MES 可以直接将生产采集页面发布到现场的触摸屏，在生产完工后，操作工仅需对系统进行有限步骤的操作，即可完成当前的数据反馈和录入操作，MES 在现场的应用宗旨是：绝对不使 MES 成为现场操作工的工作负担。
- 现场过程监控：MES 提供多角度、多类型的监控手段，以直观简便的方式满足各方面人员对整个生产过程的监督和管理需求。MES 主要监控对象包括生产进度（见图10-16）、生产线产品（见图10-17）、工序和设备（见图10-18）。

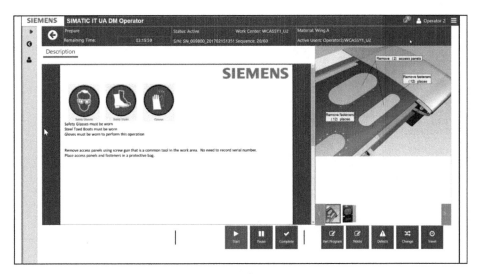

图 10-15　生产作业指导

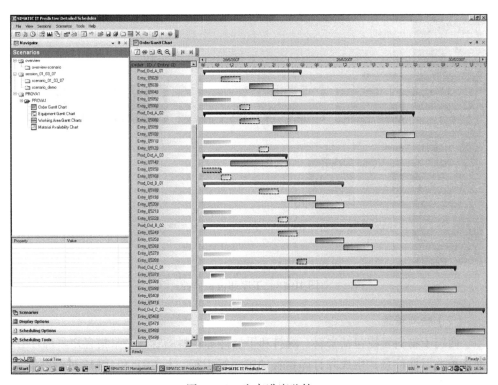

图 10-16　生产进度监控

基于模型的数字化企业（MBE）

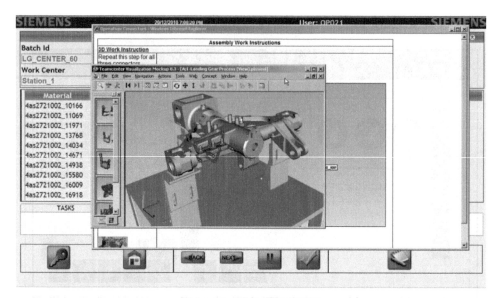

图 10-17　生产线产品监控

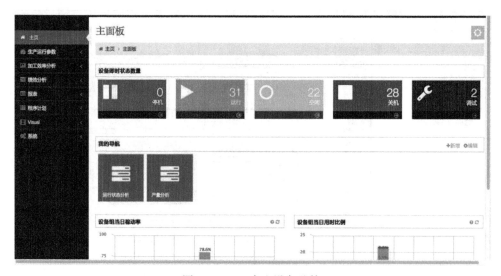

图 10-18　工序和设备监控

（7）物料管理

西门子物料管控包括来料、配料和手插件等物料的管理，采集客户零部件 ID 及其相关属性信息，生成并打印物料的唯一标识符，与 ERP 和 WMS 进行数据通信与同步，依据工单配料表进行备料操作，支持 FIFO、LIFO 等取料模式；在手插件管理中,支持打开或关闭 PCB 的图形化显示,支持拼板或单板过站操作。通过此物料管控的解决方案,可灵活配置物料数据录入,支持从现有系统中导入物料数据,高度提高物料设备的利用率,大量减少仓库人员的工作量,提高仓库物料的可视化管理能力,减少库存,消除缺料。

精确且实时的库存管理是保证及时的物料供应、快速响应科研生产需求的重要管理功能,透明化的在制品控制是确保生产进度和产品质量的强有力手段。因此,需要在 MES 中对库存数据和在制品信息进行有效管理,只有这样才能高效地实现企业生产的快速反应能力(见图 10-19)。

- 建立了统一的库存管理平台,共享库存信息。
- 利用库存分析报表对现有库存进行监控,达到降低库存的目的。
- 实现物料的批次管理,以及批次管理物料的先进先出和质量跟踪。
- 实现物料的条形码管理,提高出入库的效率和准确率。
- 透明化在制品的生产状态,提高产品的可控能力。
- 集成的库存管理功能,保证库存数据的准确性和及时性。
- 根据实物流设计相应的流程,保证信息流与实物流一致。

图 10-19　物料管理

在制品是指产品从毛坯投料开始,然后经历一系列加工过程,直至生产结束,最后入成品库的整个阶段。MES 将严格记录在制品在车间流转的完整路径,并记录与在制品相关联的全部信息,包括加工设备、操作工、检验员、在线质量、返修信息、生产辅料、刀具、工装、实做工时和加工时间等详细信息。

MES 还会对在制品在各个生产单元之间的出入信息进行记录,如实现在制在不同设备、不同工段、不同车间之间的交接过程记录，并且能够维护在制品在车间半成品库存或缓存区的相关业务。

MES 的在制品管理模块维护工序间交接事务，当前道工序完工后，前道工序操作工在现场客户端工控机上开具工序间物料电子交接单，并通知叉车工运送物料，当叉车工运送物料到达后道工序后，叉车工和后道工序操作工共同确认电子交接单并提交给系统，完成工序间物料交接过程。当后道工序的生产资源被占用时，物料要进入半成品库房或车间物料缓存区，在系统中维护半成品库房或车间物料缓存区的台账和出入库事务信息，记录每个在制品物料的来源和目的地，做到物料流动的清晰透明。

通过在制品管理，能够透明化物料在车间的整个流动过程，管理者能够了解在制品在车间的实时状态信息。如产品型号的项目经理在办公室就能够第一时间了解到他所负责的产品的生产状态、生产进度、生产质量等信息，而没有必要为照顾到多个项目的协同和联动在生产现场疲于奔命。

（8）生产资源管理

对生产过程中的重要制造资源——刀具工装进行管理，包括刀具工装条码管理、配送与回收管理、寿命管理和刀具工装的维护提醒。

- 刀具工装条码管理：为了能够对每一把刀具或每一套工装进行精细化管理，条码的应用是必需的。因为只有应用了条码，每一个刀具工装的个体才能进行有效的跟踪，其生产和维护等信息才能进行归集和统计。建议刀具和工具的识别采用条码方式，但鉴于刀具一般体积较小，并且如果将纸质条码贴于刀具表面，会对其使用过程的动平衡产生不良影响。因此，我们建议在刀具和工具的容器上贴置条码，在库存管理和现场使用过程中，使用容器的条码对刀具和工具的身份信息进行识别。建议工装采取二维码标识方式进行身份识别，因为工装的体积一般较大，并且工装属于固定机构，所以建议将二维码标识打印于工装的外表面。在工装的库存管理和现场使用过程中，通过二维码扫描枪来扫描工装外表面的标识码，实现对单个工装的有效跟踪。
- 配送与回收管理：刀具工装有计划地使用，以及在现场有序流转将有助于提高刀具工装的使用效率，有效地解决频繁的短缺问题，提高资产的投资收益率。因此，刀具工装的配送和回收将是生产资源管理中的重点，也是 MES 中必备的系统功能。在生产订单进行 APS 排产之前，MES 会通过系统集成接口，检索刀具工装库中的库存信息，以提前检查当前的库存水平是否能够满足当前计划中订单的刀具工装需求。经 APS 系统排产后，每个生产订单的每道工序被指定了计划开始时间、计划结束时间、指定设备、需要的刀具工装种类和数量。MES 根据排产结果自动计算刀具工装需求，然后将需求提交给刀具工装库，刀具工装的管理人员根据需求计划进行组刀、工装配套等工作，然后在现场生产开始之前（以一个固定的提前期）将准备好的刀具工装配送到具体工位，保证生产的准时进行。

- 寿命管理：MES 能够准确记录每把刀具、每套工装在现场的使用次数，或者说它们参与生产制造的零件个数。这些数据将作为刀具工装寿命管理的最原始素材数据。MES 会在数据配置阶段，给每把刀具和每套工装指定一个额定寿命，这个额定寿命作为与实际寿命进行比较的基础。在 MES 中会为寿命报警设定一个阈值。MES 会在后台逻辑中不断比较额定寿命和实际寿命的差值，并判断实际寿命是否接近额定寿命。

- 刀具工装的维护提醒：作为生产制造活动的重要资源，刀具工装的及时维护有着三个方面的重要意义。第一，避免在生产过程中发生疲劳损坏、精度降低的问题，从而降低工件发生质量问题的概率。第二，在生产之前确认刀具工装的完好状态，能够有效避免因刀具工装故障而引起的生产延迟，影响产品的交付。第三，在刀具工装的问题萌芽阶段发现和定位问题，并及时采取保养和维护措施，将及时挽救刀具工装，延长使用寿命，降低生产成本。因此，MES 从以上三个出发点考虑，提供刀具工装的送检送修提醒功能，从而避免刀具工装错过最佳检修时间。刀具工装维护提醒功能需要与 ERP 系统进行集成，获取 ERP 系统中定义的刀具工装的维护计划。MES 根据该维护计划，对刀具工装的维修时间进行周期性提醒。

（9）质量管理

质量管理涉及现场质量信息缺陷输入和查询管理审计测试系统及缺陷管理和跟踪系统、流程卡管理系统、电气检测和防错系统。质量数据是非常重要的数据，它包含制造信息、可追溯件信息、缺陷信息及测试信息，基于它的数据报表分析及应用很多。同时，未来制造质量会与供应商质量、售后质量数据集成，基于这些数据统计分析，形成贯穿整个生命周期的质量信息系统。

通过对质量的控制管理，以及可靠的数据传输可减少缺陷，降低检验与缺陷的成本，为供应商评估提供可靠数据（交货质量、日期与数量的可靠性），高效解决质量问题，实现关键业务流程绩效的透明化以及部门间有效沟通，减少管理工作。

（10）设备管理（见图 10-20）

作为企业生产过程中的重资产以及关键生产资源，设备对产品品质有着极其重要的影响，设备运维与监控是其工作重点（见图 10-21）。

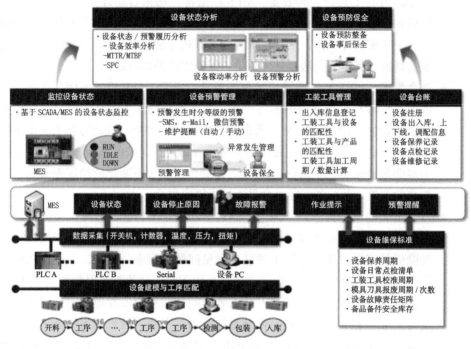

图 10-20　设备管理（一）

图 10-21　设备管理（二）

- 设备维护管理：设备是工厂生产运行的实体，也是产品实现增值过程所需要的最重要的资源。因此，在 MES 中，须对企业的关键资源——设备进行精细化管理。
  - ◇ 全员维修，制定完善的预防性维修计划，保证机床的开工率。
  - ◇ 实时设备状态监控，能够掌控设备运行状况的第一手资料。
  - ◇ 通过各种分析指标，可综合了解设备的历史运行状况，指导设备管理部门制定合适的维护和维修策略。
- 设备档案管理：设备档案管理是设备管理的基础，设备档案包括设备基础信息和设备文档资料。
  - ◇ 设备基础信息：当企业购入设备并转为资产后，就需要为设备建立档案，此时的设备档案中包括设备的基础信息，如设备编码、设备名称、资产编码、规格、型号、额定能力、制造厂商、制造日期、外形尺寸、重量、使用年限等。以上基础信息与 ERP 系统中的设备主数据相对应，MES 可以通过数据接口从 ERP 系统直接获取这些信息。这样既保证了 MES 与 ERP 系统数据的一致性，又避免了相关数据信息的重复录入。除此之外，设备基础信息还应该包括设备安装位置、附属设备、随机备件等扩展信息。这部分信息由设备管理人员在 MES 中录入。
  - ◇ 设备文档资料：当企业购入设备时，设备都会带有一些资料，包括设备在安装、调试、使用、维护、修理和改造中所需的图纸、规程、技术标准和使用手册等。在设备管理的过程中，企业会制定和发布设备管理的法规、办法和工作制度等文档，以及设备管理和维护人员在设备运维过程中不断收集和整理的图表、文字说明、计算资料、照片、录像、录音带等科技文件。设备档案管理就是对这些内容进行有效组织、集中管理，通过高效的检索机制，建立设备运行维护的维修字典，方便设备使用、维修和管理人员对设备档案进行快速查询和检索，提高设备管理的工作效率。
- 设备运维管理：为了合理使用生产设备、充分发挥设备效率、安全完成生产任务和提高经济效益，需要对生产设备进行定期和日常的维护。设备运维管理就是对设备运行和设备维护的管理，是依据企业的生产经营目标，通过一系列技术、经济和组织措施，对设备寿命周期内的所有设备物质运动形态和价值运动形态进行综合管理工作。设备运行管理主要包括对设备在运行过程的巡检、点检、精度检验、状态监测以及对设备启停、故障和事故的管理；设备维护管理主要包括设备维修、设备保养和设备润滑。生产企业中的设备管理部门根据不同的设备运维策略来制定设备运维计划，并将计划下达到生产车间，生产车间根据计划再编制和下达维护任务工单，设备维修人员根据任务工单进行设备维护工作并形成工作记录，设备管理人员再统计工作记录中的维修消耗并计算维修成本。

- 设备停机管理：设备停机管理是设备管理的一个组成部分，是设备效能分析的数据基础。它通过对设备停机时间的统计，对设备停机的分布和原因以及重点设备停机事件的分析，发现问题区域并识别低效区域，实现优化生产过程，缩短停机时间，提高设备利用率，发掘生产潜力。
- 设备效能分析：设备效能分析就是通过对生产设备运行状态的实时监控和对设备运行时间和停机时间的统计，利用历史数据计算出设备效能指标并形成统计数据报告。通过对设备效能数据报告的分析，帮助设备管理人员和生产调度人员掌握设备的运行状况，提高设备的整体效率（见图 10-22）。

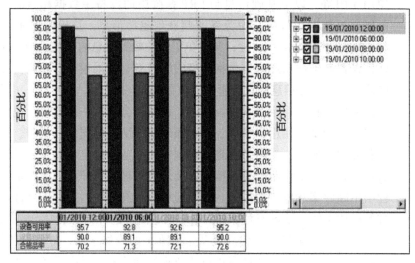

图 10-22　设备效能指标

- 设备知识库管理：经过知识库的建立，企业各级设备维护和管理人员都可以在日常工作中通过 Web 访问 MES，学习和查询知识库中的设备维护和管理经验，以提高自身的设备维护和管理能力。设备维护人员需要经常在设备现场对设备进行维护工作，因此加强设备维护的现场管理尤为重要。为此，可以在设备工作现场安装电子看板并与 MES 进行网络连接，使设备维护人员在工作现场就可以方便、快速地浏览到 MES 中的设备维修资料、维修标准、任务工单以及知识库的设备维护经验等，以提高设备维护人员的响应速度和工作效率。

- 备品备件管理：维护备品备件的库存管理水平是决定企业经营管理费用高低的一个关键。库存管理系统支持在集中和分散模式下，对各种备件和材料等物料，从数量、价值、状态等各个角度进行各类库存事务管理，并提供大量丰富的查询、统计和分析功能。备品备件管理主要在业务系统中完成。MES 提供与业务系统的集成，通过系统接口，可实现对设备备件、备件库存等信息的查询。用户在 MES 中查询的备件相关信息可作为设备维修保养的参考。

- 机床设备数据实时监控：监控系统适用于监控一个完整车间机床的当前状态。每个机床状态是通过相对应的颜色代码显示的，在生产单元发生故障时会被立即显示。附加窗体的当前数据是关于被选择的机床的具体信息，这些数据在当前图像中循环更新。车间模拟画面和附加窗体数据的循环更新可以激活或不激活。一个更新时间定义了在几秒后车间模拟画面或清单的显示将被更新，这个持续时间的范围为 1～60 秒之间。

- 机床运行历史状态查询分析：机床在同一个时间也许不止一个状态（如机床故障或材料缺失）。一个状态的优先权是通过对状态的定义决定的。状态分析提供对每一个工作站按照主状态和子状态的时间以图表方式（甘特图）分析，如生产、技术故障、进料区缺料等。放大功能（时间轴的放大）可进行随时间展开的详细分析。图表可以显示上一工序或下一工序的故障结果，它允许车间操作员对操作问题进行分析。系统提供 15 天内机床运行状态的详细信息查询。许多系统设置存储在数据库中（如评估过滤器、机床组、刷新时间），操作员名字来自登录窗体。在操作员窗体中，通过分配给他的窗体操作员只能看见机床和单元。车间的工作时间表定义了每天的工作时间，这些工作表可以明确机床数据和基于计划的运行时间，也就是计划的任务时间。

- 报警和信息诊断：机床中的报警和信息是由机床触发信号来完成的。这些信息被记录在服务器的数据库中，并被压缩成统计表。维护部门利用这个软件包的诊断功能进行预防性和必要性维护。报警状态机床能被组合而形成分析组。通过分析组挑选的机床组的数据被显示在日志和统计表中。操作员能够创建他们自己的分析过滤器，并通过它搜索和分析操作员关心的停机原因和故障信息。除了最小持续时间和最小频率之外，它同样能定义来自不同报警组的报警号的范围。过滤器的定义可以通过报警号、持续时间、起始时间、频率这些内容来选择。

(11) 看板管理

通过看板,可显示生产过程中的物料、设备、质量、人员和任务执行信息,实时反映生产实际情况。LED 屏具有以太网接口,这些显示屏将显示生产线名称、生产线日期、当日生产计划、上线和下线数量、日/月/年累计产量,动态显示生产线上各设备的状态信息。LED 屏可以显示每条线的设备工作状态、生产和计划产量、LED 呼叫等相关信息,以及显示全厂各线的相关信息和一些统计分析图形,并发布工厂相关信息。LED 屏具有文本编辑功能,结合员工管理,各显示屏能通过软件自动显示员工的生日祝福语。

- 生产线大屏主要功能

  管理人员可以通过车间大屏对机床运转情况一目了然。大屏的数量可以根据具体需求而定,可以一条线一个,也可以若干条线共用一个。大屏上的不同颜色含义如下:

  ◇ 红色:机床技术中断。
  ◇ 绿色:机床处于生产状态。
  ◇ 黄色:机床上料区无件、下料区堵塞、组织中断。
  ◇ 紫红色:机床操作人员维修呼叫。

- 其他显示功能

  ◇ 生产计划:当前(正在生产的)生产订单信息,生产订单的执行进度,已下达的(未开始生产的)生产订单信息。
  ◇ 生产任务:各工序的当前生产任务和任务序列,各工位生产任务的完成情况。
  ◇ 物料信息:在制品信息,包括在制品批次、当前位置等。
  ◇ 质量信息:成品率、废品率等。
  ◇ 生产统计信息:日产量、月产量等。
  ◇ 信息发布:生产变更通知、生产异常情况、重要信息发布等。

(12) 报表管理

通过实时的可视化的设备生产信息监控,当发生事件时及时做出反应,当出现问题及瓶颈时通过数据的深度挖掘与分析能力解决问题,图形化显示并记录装配缺陷数据,缺陷部分将高亮显示,内置的维修辅助工具可帮助用户找到最有可能的故障原因,再通过在线 Web 报表,显示工艺、质量与物料可追溯性等数据,其中报表包括柏拉图报表、在制品报表,以及测量、绩效、PCB、组装、可追溯性等报表。通过对此报表管理系统的实现,可获得更高的设备利用率并提高产量,认知车间中的产能差异与瓶颈,分析问题根源,提供准确的、可靠的车间各项 KPI

信息，实现信息实时传递，为持续的过程改进提供数据依据，及时进行维修文档的制作，强大而易用（见图 10-23）。

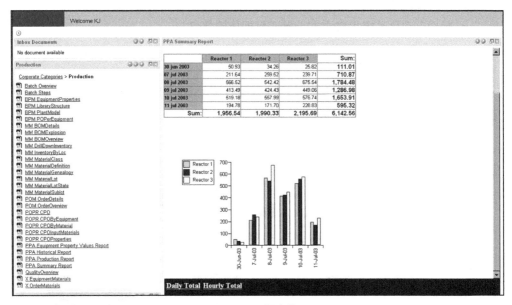

图 10-23　报表管理

3. 业务价值

西门子制造执行系统自始至终坚持开放的标准体系，拥有 SAP 认证标准数据接口（IDOC，RFC，TRFC，B2MML），而且产品结构完全契合 ISA-95 国际标准：强大的数据集成中间件（DIS），控制层设备监控的传统优势，自动采集测试设备参数，开箱即用的电子行业解决方案（支持扩展、操作简单），强大的在线数据分析报表平台和预警模组，能够完全满足产品生产要求。

西门子 MES 提供统一的数字化环境，在生产过程中的管控包括工单、计划、物料管理、异常报警、设备、可视化等，实现从上游直至最下游的数字化企业，实现从原料进厂到产品出厂的生产过程自动化，实现灵活生产、快速响应市场；集成工厂自动化系统和质量管理系统，使生产过程高度透明化，以有效进行商业决策；监控整个生产过程，提升生产质量（见图 10-24）。

西门子提供了集成化的 NPI 和 MES 平台，是真正地将设计与生产无缝结合的解决方案，使用西门子的解决方案可以获得以下业务优势：

● 无缝连接产品工艺设计到制造执行，缩短产品投入市场的时间。

- 企业制造智慧虚拟化，最大程度上减少项目风险和客制化投入。
- 高效、标准化数据集成，确保与企业业务层的充分沟通反馈。
- 定义各层信息系统的交互模型，为企业信息化成长预留国际接口。
- 减少自动化系统集成成本，保证数据传输效率。

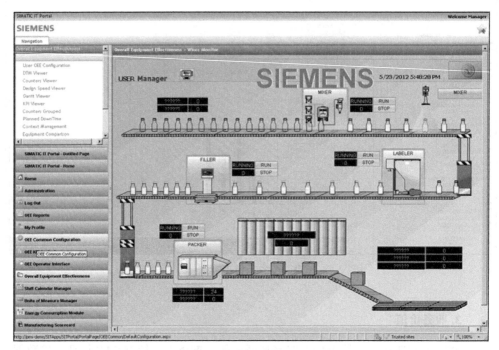

图 10-24　生产过程监控

10.5　闭环制造之三：质量管理系统

1. 业务挑战

根据产品的实际生产过程和生产车间的情况，数字化闭环制造的质量管理系统持续改进如图 10-25 所示，主要面临的业务挑战及问题如下：

（1）质量数据的采集、传递手段落后，返工通知及返修流程滞后

为了准确计算产品的一次交检（验）合格率 / 首次通过率，需要在生产过程和最终交检点收集全部故障信息，包括故障责任单位、故障级别等，但是生产现场存在计算机能力较弱的情况，信息不能及时规范地录入计算机（在当前装配工位基本没有相关配置），影响数据的输入效率和利用率。

第10章 基于模型的闭环制造解决方案

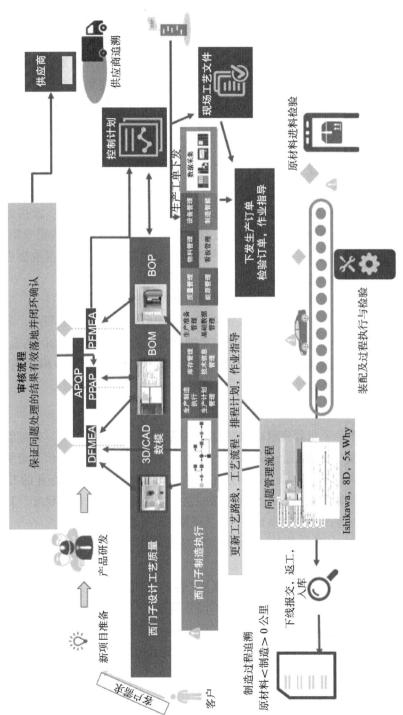

图 10-25 数字化闭环制造的质量管理系统持续改进

（2）质量信息及时性不高，跨部门共享不足，存在质量隐患

由于生产车间繁忙的生产计划，各个项目的生产周期紧张，检验策划的输入资料往往不齐全，不仅不能及时输入给策划人员，而且改动频繁，这使得检验策划工作非常被动，加上周期紧张，检验策划疲于应付，容易存在质量隐患，容易出现质量失控，严重影响检验策划过程，所以需要一个设计质量控制（DFEMA）、工艺质量控制（PFC，PFMEA，Control Plan）、检测计划下发、检测执行和检测问题反馈修正的全闭环过程。

（3）质量信息缺乏有效的统计、分析及利用

目前，制造车间依然存在对质量信息的综合分析不够全面的情况，没有全面地进行收集和整理，使得大量有价值的质量信息得不到有效利用，改进效果难以量化，质量信息追溯困难，在管理者进行决策时难以提供有效的数据支持。因此，需要建立一个强大的专业化的质量信息化平台，以对有价值的质量数据进行充分分析和利用，实现用数据说话，为管理者做决策提供有力依据。

（4）质量系统的追溯中断，大量实践经验和历史数据搁置

已经累积的大量处理故障的实践经验和历史数据并没有有效利用，无法进一步对类似产品的改进与设计提供可供参考的信息，从而避免相似的问题重复发生。如若对质量问题的处理过程进行详细跟踪记录，则有纠正已有故障的现实意义，并对未来新品发生类似故障起到预防的作用。

2. 主要内容

西门子提供的质量管理解决方案 QMS 从质量管理、生命管理、追溯管理、合规管理几个方面整体提高企业的核心竞争力，将生产流程和 ERP 信息透明化，一旦发生目标偏离则及时进行干预和处理。西门子解决方案一般与企业的 ERP 系统集成，系统提供实时数据，每分钟更新一次，反映生产和质量的状况，只要轻触按钮就能随时查看产品历史和交付信息（见图 10-26 和图 10-27）。

QMS 质量管理平台支持完整的 PDCA 质量解决方案，旨在促进生产流程持续不断、可持续的改进（见图 10-28）。

- Plan（计划）：规划产品工艺工程及产品的生产过程。
- Do（执行）：实时地检验与监控产品质量是生产过程中非常重要的一个环节。
- Check（检查）：可视化实际过程数据并与标准规格进行比对，以显示分析偏差。
- Act（处理）：启动问题解决流程来管理质量缺陷/偏差，支持质量水平的持续提升。

质量管理系统支持产品生命周期的各个阶段，包括产品创新、产品制造、产品测试。

第 10 章 基于模型的闭环制造解决方案

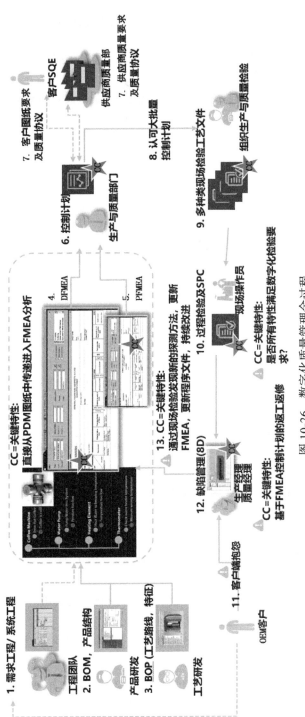

图 10-26 数字化质量管理全过程

基于模型的数字化企业（MBE）

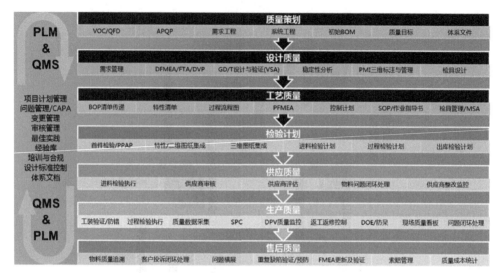

图 10-27　数字化质量管理关键内容

（1）应用于研发、工作排程

产品和流程的质量好坏与研发的排程息息相关，质量管理系统的模块包含 APQP/ 项目管理、FMEA、控制计划、工艺流程图、检验计划和批准程序 PPAP，以及与 DMP/ERP 系统的接口。此外，系统与 CAD 软件的接口保证了检验计划和首件检验流程的有效执行。

（2）应用于采购、制造和装配过程

产品制造一直是质量管理系统的经典应用领域。基于随机抽样和动态表的来料检验是质量管理的一个重要功能。供应商评估涵盖了产品交付、质量交付以及交付可靠性评估的诸多流程。质量管理系统也支持一些主观的标准评估，如性价比和供应商的反应速度。

生产过程中进行的检验会记录在质量管理系统中的 SPC 检验模块，这不仅可用于产品研发过程中的检验，如成熟度分析，还可用于统计过程控制中受质量控制图监控的检验。

量具管理模块是跨阶段的质量管理模块。在控制计划模块中都涉及量具检验。

（3）应用于最终检验、服务和销售

质量管理系统为所有流程提供最佳支持，从不同工艺中的某个特性来创建定制的检验报告，一直到终检记录成文。

质量管理问题与抱怨管理模块用于采集抱怨、分析抱怨和评估抱怨。自动门户请求（支持 VDA QDX 标准格式）起着重要作用（见图 10-29）。

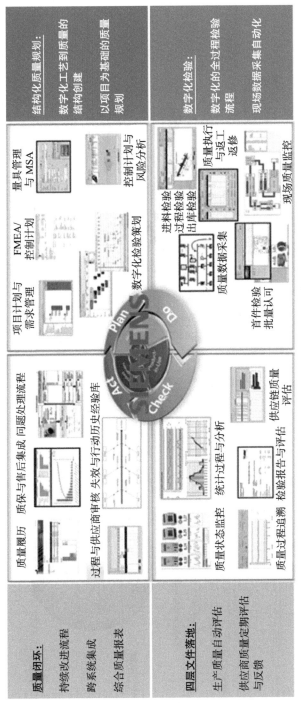

图 10-28　质量优化流程

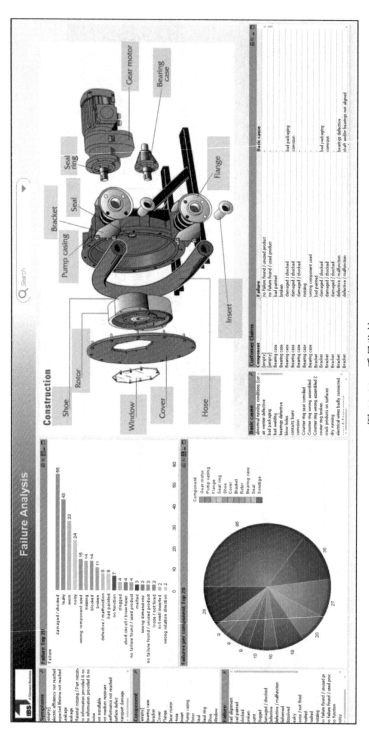

图 10-29 质量监控

- 保证所有相关质量数据持续的记录。
- 保证过程变更管理流程的正确执行。
- 创新管理多个负责项目经验。
- 提高管理流程的透明化和确保任务到期及时反馈。

3. 业务价值

西门子的质量解决方案 QMS 提供一个独立的、集成的解决方案，专注于生产、质量、追溯和合规管理。系统具备可集成性和多语言支持能力，可以与其他 ERP 系统和生产系统集成，极大增强企业的核心竞争力。QMS 具有较强的扩展性，可以根据用户的要求进行扩展，提供标准化报表的集成工具，以及对当前问题的分析功能。QMS 解决方案在 12 个月内即可实现投资回报。从产品全生命周期来看，QMS 的业务价值体现如下：

（1）**产品开发过程**

就产品质量而言，显著的流程优化始于产品规划、产品研发和建设阶段。QMS 的 APQP（产品质量先期策划）参考手册对产品设计阶段进行了详细的描述，包括系统建立、研发配置、试生产阶段，价值体现如下：

- 使用导入导出功能有效创建控制计划。
- 工艺流程图自动推断，功能可供选择。
- 优化产品设计的相关流程。
- 工作标准化是精益管理/精益制造的前提。

（2）**生产制造过程**

一个计划完美的产品需要良好的采购和生产流程加以支持才能达到预期的质量要求。使用西门子质量解决方案的价值体现如下：

a. 检验计划

- 从供应商到客户的合理化检验策略。
- 所有检验相应信息的操作简单。
- 安全的数据传输有效保证降低失效。

b. 量具管理

- 支持各种类型的量检具台账的管理。
- 提供合面及单个量具状态报告。
- 整合检验标准。

c. 首件检验

- 简化质量文档的生成及管理。

- 创建符合客户要求的检验结果记录表。
- 减少重复工作量。

（3）产品验证过程

产品生命周期的另一个阶段开始于产品交付，产品验证过程中的价值体现如下：

a. Audit 审核管理

- 方便计划公司审核。
- 支持 TS、VDA 标准及检验表创建。
- 集成行动管理。

b. CCM 抱怨管理模块

- 帮助减少抱怨数量，从而减少成本。
- 支持供应链抱怨管理。
- 将抱怨信息与失效及行动管理直接关联。

c. QAM 质量行动管理

- 显示所有生产及质量行动。
- 直接访问所有行动。
- 集成化逐级管理。

d. Cockpit BI 报表工具

- 分析相关成功因素。
- 智能评估和分析。
- 自动生成行动建议。

10.6 闭环制造之四：设备数据采集

1. 业务挑战

为了满足各种不同的生产要求，在制造业生产车间购买了各种不同品牌厂商的设备，从而面临以下数据采集方面问题：

- 繁杂的设备种类。
- 繁杂的控制系统。
- 繁杂的品牌厂商。
- 繁杂的软件类型。
- 繁杂的数据格式。

各种不同设备之间的数据通信变得十分繁杂,一旦工厂设备的有效运转出现问题,被迫停机,那么造成停机的瓶颈和根本停机原因的追溯就会变得格外困难。因为从各种不同的设备接口获取各种不同类型的生产数据十分困难,也就意味着追溯产品制造过程中所消耗部件的准确数量难以获取,为了防止零件丢失而使得设备获得最佳利用也难以确保,因此对于机台设备的数据采集,需要实现以下几个功能(见图10-30)。

- 需要一个统一的平台来采集工艺、质量和物料数据。
- 标准接口。
- 模块化、易于实施、便于维护。

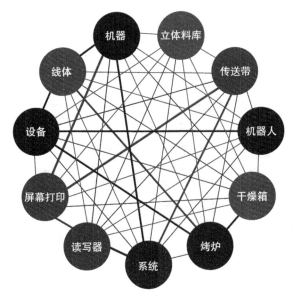

图10-30　设备数据采集整体架构

2. 主要内容

制造业的生产装备自动化程度相对较高,且设备较之其他领域更加特殊、专业、封闭。在智能制造的大环境下,工厂内部关键工艺生产设备的数据采集和通信能力的建设就变得尤为重要。面对工厂内部复杂的设备种类、控制系统、品牌厂商、软件类型和多样的数据格式,我们需要搭建一个统一、高兼容性的设备通信管理平台,为实现智能制造做好底层生产和设备数据采集以及控制能力的建设。

目前,面向不同制程区段自动化设备的特性,西门子提供了三种解决方案

（TTC、UADC 和 SCADA），全面覆盖电子制造业的设备数据采集需求。

（1）电装专业设备 Track Trace Control 解决方案

Track Trace Control（TTC）是西门子面向电子制造业 SMT 关键工艺设备（丝网印刷机、贴片机、回焊炉、SPI、AOI、测试设备）数据采集的专业解决方案，基于电子产品制造车间的设备沟通信息通用要求，制定通信规格。可自动、标准地采集设备数据并汇总到服务器，实现了更高层次的追踪、追溯和控制，并支持目前市面上主流的 SMT 设备（ASM、FUJI、JUKI、NXT、Panasonic 等）的接口标准（见图 10-31）。

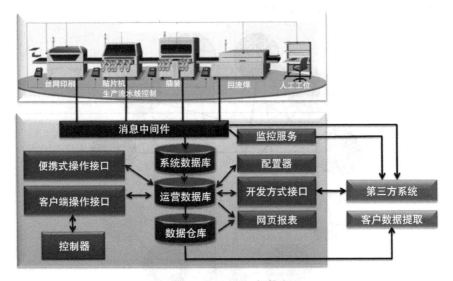

图 10-31　TTC 架构

（2）UADC

UADC（Universal Automatic Data Collector，通用自动化数据收集器）见图 10-32。

主要功能有：

- 将自动化测试机台数据与 MES 以更快速、精确的方式进行传递与整合。
- 支持通过中间数据文档、FTP 或 RS232 获取并转化测试数据。
- 支持非常多样的测试机台，如 GenRad 2270、GenRad 2281、HP 3070、HP 3073、Takaya 8400、Teradyne Z1800 等，并支持拓展。
- 支持在制品 WIP 数据、不良数据和其他追溯数据的输入。
- 支持生产工艺流程管控和相关预警。

第10章 基于模型的闭环制造解决方案

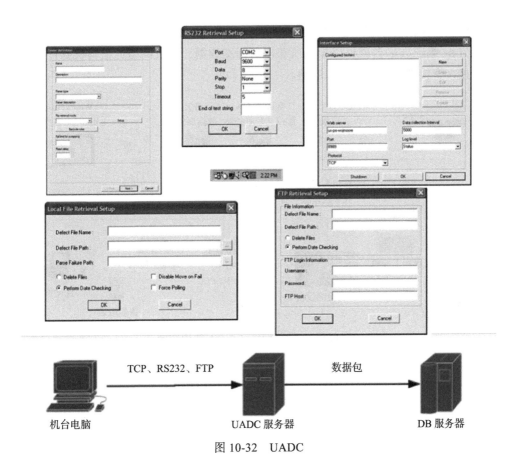

图 10-32　UADC

（3）SCADA 数据采集与集成

面向自动化程度日益提升的电子制造业，在信息化的过程中，主要通过 SCADA 来进行资料收集与组态监控。西门子 MES 通过标准化的 SCADA 接口与西门子 Simatic WinCC 平台或第三方 SCADA 系统集成，整合各采集点产生的各类信息，从而进行数据分析与管理（见图 10-33）。

3. 业务价值

西门子针对机台连线的解决方案提供了一个统一的、高兼容性的设备通信管理平台，能够自动、标准地采集机器数据并汇总到服务器，实现了更高层次的追踪、追溯和控制，直接与任何类型的品牌、型号的生产设备连线；并且基于 IPC CAMX 行业规范制定通信规格，针对每种机型进行 CAMX 连线适配。

获得的标准数据就可以直接提供给第三方平台（ERP/MES/第三方），即利用西门子解决方案的标准接口直接拿到实时设备数据并推送给第三方平台（ERP/MES/第三方），第三方平台就可以根据所获取的标准数据，通过网络通信与机器停机回路连接，直接进行数据分析和追溯。

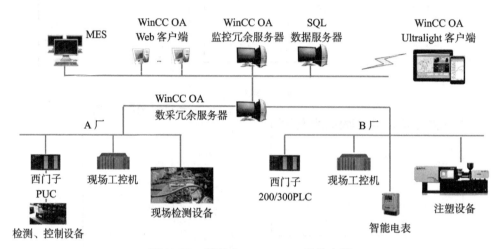

图 10-33　某客户 WinCC OA 架构实例

Chapter 11 第 11 章

基于模型的 MBE 数字化服务管理

11.1 业务挑战

根据国际研究机构 AMR 的调查研究结果显示:"高效的产品服务保障为企业带来 40%~80% 的利润……对于复杂装备产品服务的产值可达到产品价值的 2~5 倍……"因此在复杂产品使用企业日益增加产品维护维修服务投入的同时,复杂产品原厂商 OEM 也充分利用其技术与知识的优势为客户提供优质的产品服务,以获取更大产值与利润。

无论是使用产品的企业还是 OEM 厂商,都致力于优化服务资源与流程,实现实物产品技术状态与履历以及服务知识的管理,以提高产品维护维修的效率与质量。对于 OEM 厂商,其面临的更大挑战是如何充分、综合利用企业跨设计、制造、服务部门的技术与知识,来提供优质服务,同时形成设计、制造、服务相互促进的局面;使其提供的产品服务优异于专业服务公司或产品使用企业自身,使产品使用企业更愿意购买 OEM 厂商的直接服务。对于走上 MBE 之路的 OEM 厂商,MBD 模型成为跨部门知识的主要载体,因而在整个产品服务周期内如何充分利用 MBD 模型为产品服务提供助力,也是非常受关注的主题。

11.2 解决方案

1. 数字化服务解决方案的完整能力

数字化服务解决方案(西门子 Teamcenter MRO)可建立完整的产品服务工程、

维护、维修和大修的功能，从而满足产品服务生命周期管理和企业实物产品管理的需求。尤其对于复杂产品，数字化服务解决方案提供了整个生命周期的完全可视性，可以使用配置驱动的产品服务能力来规划服务运作，优化服务执行，并更好地利用实物产品与零件、工具和设备库存，最大限度地提高服务部门的效率（见图 11-1）。

- 服务数据管理：可以使企业透明化了解复杂长寿命实物产品（包括实物构型和技术状态），并且可以有效收集服务活动，更新实物产品的即时状态，包括实物产品的维修在役状态、更换件情况、时间寿命、备件串件历史等，实现基于批次或序列号的追溯。通过完整电子履历或卷宗的记录，提升下次服务的准确性与高效性，进而支持 PBL（基于绩效的后勤）/SLA（服务等级协议）合同模式。

- 服务知识管理：实现以故障码为表述的服务知识管理，每个故障码可管理相应的故障现象、故障解决办法、解决故障的资源和人员需求、成本等。建立可动态积累的故障库，实现对故障库的有效管理和查询利用。同时可以为每个产品定义相应的故障树，定义故障发生的频率和条件，实现可预测的服务计划。

- 服务需求管理：根据系统工程思想，在进行产品设计时可同步开展产品服务的工程工作，根据客户需求和产品特点，分解定义产品甚至每个部件的服务需求。通过服务需求管理与共享，为产品设计人员提供设计参考，也为产品服务的提升打下基础。

- 服务请求管理：可帮助企业有效地管理服务请求，通过流程的方式，完整记录和管理整个服务请求的闭环过程，从而加快响应速度，提高客户满意度，同时控制成本和维护标准。

- 服务规划：企业可以创建、管理和利用服务规划信息，以支持旨在预防、基于条件或基于可靠性的维护模型；同时创建与管理 IETM（交互式电子技术手册），支持高效的产品服务以及服务培训。

- 服务计划和执行。企业可以有效地制定服务作业和任务计划，并跟踪从执行工作到完工和签字确认的整个过程，以收集重要的资产信息，改进服务计划和未来的产品。

- 报告和分析：企业可以查看服务中的运营信息，以找出实物产品的绩效性/可靠性方面的发展趋势，跟踪/分析资产和组织的关键绩效指标（KPI）。

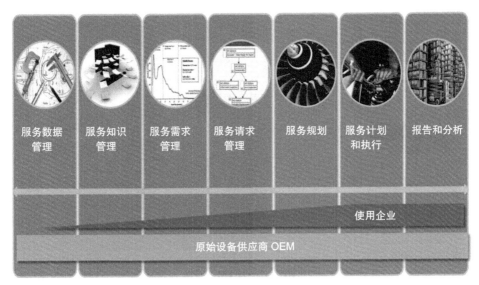

图 11-1　数字化服务解决方案的全面解决能力

2. 面向 MBE 的交互式电子技术手册 / 技术出版物

除了上述基本通用能力外，基于 MBE 模型的数字化服务解决方案为 MBE 企业提供交互式电子技术手册、实物可视化展现与分析、维护维修的仿真分析以及技术数据包到现场等针对性、专业性能力（见图 11-2）。

基于 MBE 的数字化服务解决方案为 MBE 企业提供基于产品服务所需要的 IETM（交互式电子技术手册）创建、有效性管理以及多语言翻译管理的全套能力。

- IETM 的创建：企业可以采用结构化的技术手册内容的方式，定义其内容与产品设计、制造的 MBD 模型或技术内容的关联关系，实现直接利用与同步更新；可支持企业配置定义技术手册的输出样式；同时结合三维图册制作工具（如西门子 Cortona3D）提供强大的基于 MBD 模型的三维内容创建能力，包括装配组织、爆炸图、仿真动画、热点管理等，能够满足维护操作手册、产品目录、培训材料等各种不同的业务需求。
- IETM 的内容管理和发布管理：对结构化的技术手册内容、输出的完整技术手册进行更改审批流程与版本有效性控制。
- IETM 的多语言翻译管理：为企业提供不限数量的多语言翻译管理能力；维护源主题与翻译主题的关联；翻译内容可以是文档的最小组成单位，关联关系可细致到文档的最小组成单位。

基于模型的数字化企业（MBE）

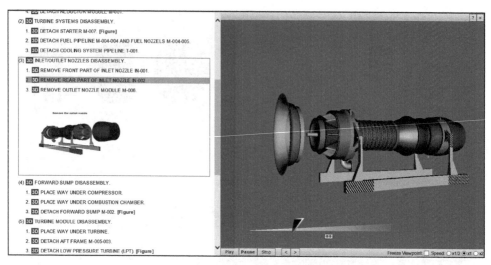

图 11-2　IETM 样例

3. 面向 MBE 的实物可视化展现与分析

基于 MBE 的数字化服务解决方案为 MBE 企业提供多种实物的可视化展现以及分析的能力：

- 实物产品可视化展现：在对实物产品的技术状态管理中，通过 DMU 模型的三维可视化能力，可实现实物零部件在数字化模型中的位置查找与显示，以及基于数字化 MBD 产品查找和追踪实物 BOM 上的实物零部件。
- 基于可视化 3D 模型的分析：对于综合保障的六性分析（可靠性、维修性、保障性、测试性、安全性、环境适应性）结果报表，可基于轻量化的数字化 MBD 产品进行立体式的全方位展现。
- 基于个性化主动式工作空间的分析：利用个性化主动式工作空间（见图 11-3）的数字化 MBD 产品展现与搜索能力，进行服务质量或技术问题的关联分析，找出最佳的排故方案，以及验证排故能否满足产品使用需求等。

4. 面向 MBE 的维护维修虚拟仿真

基于 MBE 的数字化服务解决方案可充分利用数字化制造解决方案的虚拟仿真能力，为 MBE 企业提供强大的维护维修虚拟仿真能力（见图 11-4）：

图 11-3　主动式工作空间

- 维护维修过程仿真：全三维发动机数字化维护维修仿真将提供一个虚拟的制造环境来验证和评价维护维修过程和方法。研究维修拆装的可达性，即零/部件是否能装得上；拆装流程的优化，即零件拆装的顺序和工序的合理安排；拆装工装的验证，验证工装的正确性，方便维修人员的操作。
- 维护维修的人因仿真：能帮助企业详细评估人体在特定的工作环境下的一些行为表现，如动作的时间评估、工作姿态好坏的评估、疲劳强度的评估等。可快速分析人体可触及范围，分析人体视野，从而分析维修时人体的可操作性和维修操作的可达性。还可以分析人体最大或最佳的触手工作范围，帮助改善工位设计。系统提供多种人体建模模型标准，以及全面的人因评价标准，具有完善的评价体系和更为柔性的动作仿真功能。

5. 面向 MBE 的技术数据包（TDP）到维护现场

基于 MBE 的数字化服务解决方案可充分利用 Web 客户端与移动（Mobility，

基于 iPad 等移动设备) 能力, 把产品服务所需的 TDP 或 IETM 快捷延伸到维护现场, 现场服务人员可采用灵活的方式查阅维修操作指南、设计资料以及各种必要的 IETM, 同时可把现场维修的事件、实物的实际状态等返填到 MRO 系统, 提高服务人员的服务效率与质量 (见图 11-5)。

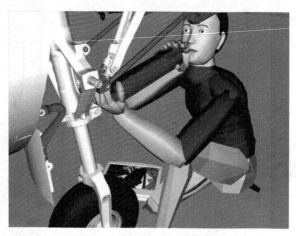

图 11-4　维护维修的仿真分析

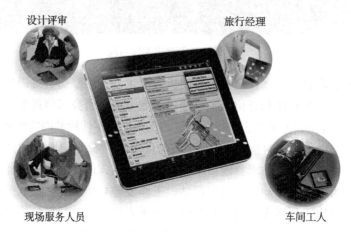

图 11-5　基于 iPad 的 TDP 访问情景

11.3　价值体现

数字化服务解决方案以面向产品全生命周期的视角, 通过有效闭环连接产品规划、产品设计、产品制造与产品服务的业务环境，不仅仅提高产品服务的质量、效率和服务知识，同时通过服务反馈来提升产品规划、设计、制造的质量（见图 11-6）。

图 11-6　面向全生命周期的 MRO 管理

总之数字化服务解决方案关注整个产品的服务生命周期，可以为企业（产品使用企业与产品 OEM 企业）带来如下收益：

- 使服务组织能够更高效地规划和交付产品服务。
- 最大限度地提高所管理的实物产品的可用性和可靠性。
- 为服务团队提供资产知识，以便他们了解服务要求。
- 形成反馈闭环，解决客户所关心的问题。
- 支持旨在预防、基于条件或基于可靠性的维护操作。
- MBE 企业使 MBD 模型以及相关信息最大限度地应用到产品服务过程。

实践篇

成就创新 引领卓越

案例一

西门子 EWA 数字化工厂

西门子是先进的生产、运输、照明和建筑技术供应商。西门子工业领域下属的工业自动化（IA）部门拥有一整套自动化产品、解决方案和服务组合。西门子在安贝格工厂有两个事业部：其一为生产西门子电子与控制部件的工厂（EWA），主要包括 Simatic 控制器、Simatic HMI、分布式 Simatic I/O 等多个产品类别；其二即为全球市场设计和制造低压电路产品的工厂，Sirius(用于电动机的开关、保护和检测）等系列产品提供了多种高科技解决方案，应用于自动化和传动、测量和控制以及医学领域。

西门子安贝格工厂

这些产品对西门子客户的成功起到了很大作用，应用范围广泛，因此很有必要设立不同的产品线和多种批量。同时，这些产品还必须具有高度的耐用性和专为满足特定客户的要求而提供的设计。

西门子 IA CE 生产地除了德国的两个地区外，还包括在世界各地设立的其他 29 家工厂。规划部门由大约 60 名成员组成，负责协调全球各处工厂的制造流程，需要照应从预加工（如注塑模和冲模/折弯流程）、装配体制造（用于磁体和线圈）

到最终装备的整个价值链。从简单的手工制造到高度复杂的集成化生产线，生产方法十分多样。企业会根据所需的人员和材料投资，以及各地的采购条件决定在何处进行制造。

数字化工厂生产的产品

数字化工厂成功之路

EWA 工厂包含多条高速柔性 SMT 生产线，并集成了测试过程和装箱打包流程，工序操作较为复杂，工步较多，且对产品质量有严格要求——为了达到整体产品的六西格玛质量要求，在生产过程中对每个工步在六西格玛质量需求方面有更严格的要求。为了达到如此严格的质量要求，管理层认为推进数字化工厂战略分布很有必要，最终包括如下内容：

- 减少加工流程的变化率，实现设计、制造、质量等环节的协同。
- 在产品零部件级收集详细的生产和可追踪的数据，提高数据源的起因分析。
- 通过从设计到制造过程中的数字指令和流程的跟踪分析，完整展现误差和错误的产生过程并分析。
- 基于工序和质量的闭环测试，尽可能消除人工错误问题。

西门子安贝格工厂一直将质量放在首位，管理阶层也一直以围绕提高产品质量和给客户带来更完美的体验为目标，进行技术革新。为了达到目标，他们也一直在研究市场中出现的新技术，并对这些新技术进行综合考虑，提出符合该工厂情况的成熟的数字化工厂整体愿景，包括 PLM、MES、SCM、CRM 以及企业文化/可持续性等方案。

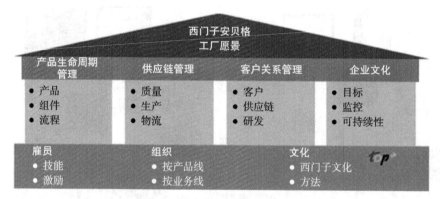

数字化工厂愿景

对于工厂操作复杂、产品类型广泛的安贝格工厂来说，这条途径是非常有必要的，EWA 工厂每年生产的西门子工业自动化器件总计达到 16 亿件以上，生产每个元器件的时间是 1 秒，并且还要保证这些器件的质量能够超越工业自动化的普通标准，即便在最复杂的环境下也能胜任工作，这对 EWA 工厂来说也是一种挑战。

为了达到设定的目标并且贯彻高水平的企业战略，企业制定了一个完整的长期规划，其核心就是提高生产产品的质量。该计划从 1990 年开始实施，最初生产、质量、物料以及产品设计都是完全靠手工处理，此时的产品 DPMO（Defect Per Million Opportunities）几乎达到 600。然而，经过该战略的逐步推进，以及企业在 PLM/MES/物料自动化管理等方面的实施，到 2007 年，工厂生产的产品 DPMO 达到了 24，并且在该年由法国商学院授予"欧洲最佳工厂"荣誉。

安贝格工厂并没有因为这些荣誉和成绩沾沾自喜，工厂的管理层在 2007 年继续将数字化工厂的理念向前推进，决心实施完整的数字化工厂策略，要提高的内容包含：

- 继续加大生产，增加数字化网络中的机器数量。
- 提高产品和生产数据自动收集水平。
- 提高制造过程的精细透明度。
- 将制造系统与质量数据以及 ERP 进行集成。
- 提高车间加工与操作的实时可视化水平。

- 通过集成 PLM 和 MES，提高产品质量水平。

数字化工厂自动化工程

需要说明的是工厂的管理层认为 2007～2010 年产品质量性能有了不断提升，2007～2010 年 DPMO 也从 24 降低到 17，另外 2007～2010 年工厂的收入也在逐年增长，并没有因为金融危机而受到冲击。到 2012 年，企业产品质量 DPMO 达到了 14，质量合格率达到 99.998 6%，这一切都与通过实施数字化整体战略进行应对商务处理，以及基于该策略的技术完整交付有重要联系。

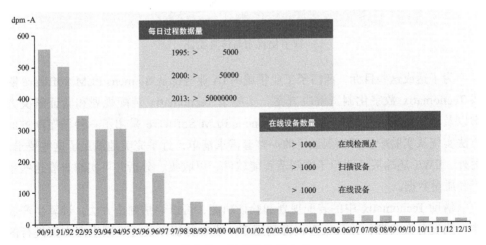

数字化工厂质量性能表现

虽然规划流程通常会产生同样的数据，但在过去，不同的规划人员会以不同的方式呈现信息。"我们面临的挑战是，要给制造规划人员提供一种更系统化的工作方式，这对我们这样的领军型工厂显得尤其突出。"德国安贝格工厂的制造规划员 Peter Engelhardt 表示，"我们原先的流程只具有最低的数据集成度，因此会造成一些额外的工作量，而且需要安排人手来跟踪规划工作并提供关于规划成果的证明。"

Engelhardt 担任了负责"数字化工厂"举措的项目经理。这一举措有两个目的，一是大幅度减少进行产品变型的制造规划所需的工作量，二是以更高的效率处理日益增长的工作负载。另外，该业务部还希望提高各个项目的报告质量，这对于管理层的决策至关重要，而且有助于员工理解生产流程的变更。西门子工业领域工业自动化部旗下低压控制配电业务部全球制造主管 Rudolf Gied 说："数字化规划的作用与数字化工程相当，是一种合理而必要的选择。"

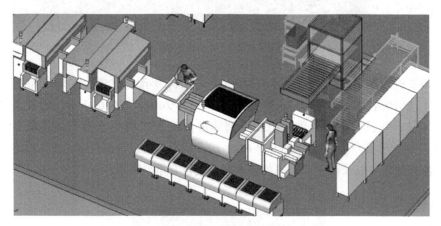

数字化规划与仿真验证

为了达成这些目标，西门子工业领域的 IA 业务部从 Siemens PLM Software 购买 Tecnomatix 数字化制造解决方案，实施了 Tecnomatix 装配规划和验证解决方案以及厂房设计和优化解决方案。Siemens PLM Software 采用了一种循序渐进的方法实施从实验阶段开始到最终的一整套需求清单，近乎完美地满足了这些要求。另外，EWA 还购买了西门子的制造智能软件，以收集、分析并可实时查看这些生产和质量数据。

借助 Tecnomatix 中的装配规划和验证功能，可以评估制造方法，计算生产成本，调度各类资源，并且检查资源利用率。成本分析以及对不同生产方案进行的比较分析可以作为选择制造地点的依据，三维的制造布局提供了工厂的概览图，最终的规划成果通过详细的仿真加以确认和验证。该解决方案的功能涉及从装配评估到拆卸评估,还涉及人体工程学检查,范围十分广泛。

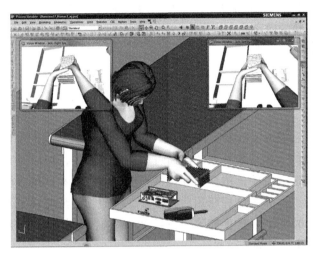

人机装配规划和验证

在经过周密布置的三维图表中,可对装配流程进行验证和规划,厂房设计和优化解决方案提供了进行物料元素仿真和执行瓶颈分析所需的工具。装配规划解决方案是所有制造规划人员的标准工具,而仿真解决方案则供专家使用。"将这两种解决方案结合起来,我们就能在与仿真专家共享数据的同时,满足团队对同一数据的要求。"Engelhardt 解释说。

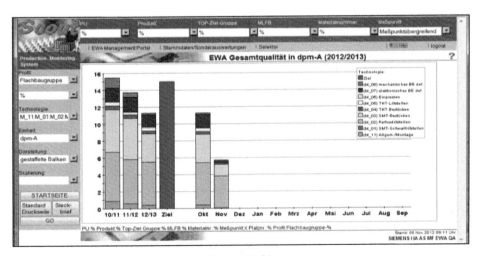

质量 KPI 看板

从技术层面上来看，EWA 的数字化工厂策略是超前的，其踏上数字化工厂之旅首先由实施西门子 MES 开始，在其后引入了西门子 PLM 管理平台和数字化制造平台以实现工厂的跨部门协作，在此之后该平台又实现了与 ERP 系统的连接，使之成为一个完整的数字化工厂平台——PLM、MES、ERP、MOM 等各系统的连接和交互达到了一流水平。

有益的经验

对物料流概念做出了规划，证明了 Tecnomatix 解决方案的价值。首先，工厂的概念模型是以仿真模型来开发的。通过创建尺寸缓冲，可以对工厂的性能进行优化。为了实现这一目的，仿真软件提供了全面的二维和三维分析选项，并因此发现了几处瓶颈。消除了这些瓶颈后，整个工厂的物料流实现了平衡。下一步是为每天制造 50 000 部设备的产能建立一套物流系统，以生产 1500 种变型。这项工作包括对运营和生产计划进行验证。

"我们拥有非常精确的数据，如果没有数字化工具，我们做不到这一点。"德国安贝格工厂负责制造和测试规划的部门主管 Peter Biersack 反映，"我们能够以高度的可靠性和准确性进入实施阶段。"现在，借助内部仿真模型，可以对物料仓库进行优化，确保所有变型随时可用。

这一有益的经验告诉我们，通过引入数字化规划工具，制造规划人员向着数字化工厂的概念迈出了重要的一步。有了 Tecnomatix，安贝格工厂的制造规划人员就成了数字化工厂的潮流领导者。

案例二

BSH 公司 PLM 应用实践

家用消费品巨头博世和西门子家用电器集团（Bosch und Siemens Hausgerate GmbH，BSH）是一家全球化企业。BSH 公司以知名品牌博世（Bosch）和西门子（Siemens）销售大小家用电器，也制造专业品牌产品，比如 Gaggenau、Themador、Neff 和 Constructa 以及各种地区品牌。PLM 系统保证了数据来源的唯一性，确保 BSH 公司成功实施由设计到分析及制造的协同，大幅提升产品研发效率，节约时间和成本。

业务挑战：
- 产品上市时间。
- 产品创新。
- 产品复杂度。
- 全球化。

业务举措：
- 统一的 PLM 数字化管理平台。
- 知识和数据的单一来源。
- 规范设计方法，保证数据正确转递和重用。
- 实现设计、分析、制造的一体化。
- 数字化制造，提高规划和制造效率。

成果：
- 实现了新产品开发流程和产品数据的通用化和高重用率。
- 实现整个产品开发过程的价值链同步。

基于模型的数字化企业（MBE）

- 提升了产品开发效率。
- 提高了产品质量。
- 降低了产品开发成本。

缩短产品上市时间是消费电子制造商的第一位关切点。为了与其他企业竞争，消费电子制造企业的第一要务是使产品尽早上市，占据尽量大的市场份额，保证足够的利润，并具备足够的灵敏度来革新现有的产品。这对消费电子行业特别重要，因为消费电子的生命周期经常以月来计算。

产品创新是消费电子企业生存的关键。就消费电子产品的技术进步而言，摩尔定律仍然有效，它对企业的创新形成了持续的压力。此外，竞争对手可以复制你的产品并提升其产品的性能，这要求你必须根据竞争对手的产品变化不断调整产品的研发目标。与其他行业不同，消费电子类新产品的利润窗口期是最短的，这意味着公司需要开发更多的新产品，尽量增强现有产品的性能以拓展其市场生命周期。它还需要获得最大的研发产出比并保护已有的研发成果。另外，随着软件已逐渐成为消费电子类产品构成的主要元素，往往只依赖软件就可快速地完成产品升级，从而可以保留大量的制造过程和生产线不变。

产品的复杂度已经变得更高，总的趋势是一个产品中的组件数量在减少，而这些组件的复杂度、集成度和软件控制均已升级到新的水平。大多数消费电子类产品已基于软件的功能来定义和区分产品的型号，因此研发必须对硬件、电子和软件等多个方面进行协同。为保证产品研发预期顺利进行，相信我们所需要做出的调整和变化也是很大的，这可能会给产品研发增加很多不断出现的问题以及供应链方面的经济性风险。

全球化有两方面。首先，供应链获取组件的产品和制造能力（代工）更广泛，可以从遍及全球的公司寻找低成本、经过验证的部件。使用远程合作伙伴和供应商需要更多的努力以进行有效合作，才能保证按计划进行并控制预算，减少浪费。其次，全球化也需要产品适应市场，公司可以继续寻求非国内市场的额外收入，但需要调整产品策略以满足市场的需求，需要考虑语言和法规差异、贸易协定和环境的差异以及本地化文档等。

因此，非常自然地，BSH公司管理层把创新视为成功参与全球市场竞争的关键，并把目标定义为使BSH公司成为消费电子行业的领先创新者。公司每年申请300多项专利和商标，就是这种创新文化的明证。但是，目前BSH公司的创新概念不仅仅包括创造外观风格造型和高科技特征。为了改进产品和开发流程，BSH公司通过扩展的开发团队来一起实现协同工作，扩展的开发团队包括设计师、质量经理、采购和生产经理以及销售和营销人员。

"我们需要继续前进，比如从下游部门把知识反馈到研发之中。"BSH 公司的产品开发和工业工程解决方案领导 Uwe Tontsch 表示，"因为 BSH 公司是一家全球化企业，这些人员通常距离很远。为了在这个全新层次上实现创新，需要一个全面而且易于使用、涵盖整个组织的协同环境。"

全球市场的现实情况也要求在这种层次上进行创新。目前，这意味着降低产品开发成本，以便与具有更低劳动力成本的公司展开竞争。"我们面临的主要竞争来自亚洲和东欧。"Tontsch 表示，"我们要有创新力，并不只是因为我们的竞争者会非常快速地紧跟我们，而且还因为我们必须降低费用，以便以客户期望的更低价格提供高质量的产品。"

可靠而强大的 PLM 合作伙伴

通过多年的收购，BSH 公司已经发展壮大，她的经营从地理位置上看是十分分散的。早在 20 世纪 90 年代，公司管理层就意识到需要一个全球化的协同环境，使位于不同工作地点的设计师能够相互得益于他们的工作成果。在评估了大量的领先系统之后，BSH 公司在 2000 年决定将其全球范围内的开发工作标准建立在 Siemens PLM Software 的技术之上。之所以选择 Siemens PLM Software 作为合作伙伴，原因之一就是在数字化产品生命周期管理行业中，Siemens PLM Software 是一个经过证明的全球领先者。"Siemens PLM Software 的领先者地位降低了这次大型投资的风险。"Tontsch 表示。

基于 Teamcenter 数字化产品生命周期管理解决方案、NX 数字化设计分析系统以及 Tecnomix 数字化制造解决方案，BSH 公司实施了一个端到端的 PLM 系统。"拥有端到端 PLM 解决方案的收益在于它使我们能够整合企业内的每一个成员。"BSH 公司的 Teamcenter Next Generation（新一代）项目经理 Matthias Bronowski 表示，"它允许我们全面了解产品情况。"

端到端 PLM 解决方案的另一个收益就是由供应商而不是 BSH 公司来完成应用程序之间的集成。"这是我们选择伙伴的一个关键因素。"Tontsch 表示，"否则，我们将花费太多的工作来集成这些产品，而这将分散我们对业务的注意力。"

知识和数据的单一来源

BSH 公司的产品开发战略涉及创建核心组件和技术，且经常需要对这些核心组件和技术加以调整和重用。这将驱使不管是集中型组织还是分散型组织都必须在这些全球分散的团队以及通用系统之间协调，以支持数据共享而不需要数据转换。"系统之间的数据转换会扰乱时间进度，进而影响到业务。"Tontsch 表示。

对此，BSH 公司是深有体会的。在采用 NX 数字化设计分析系统之前，BSH 拥有非常庞杂的设计软件工具，比如 Cadds5、Unigraphics、Pro/Engineer、Sigraph、Personal Designer、AutoCAD、Solid Works、HP ME 10 等。庞杂的应用软件工具给 BSH 公司的产品开发工作带来很多困惑：软件培训学习、软件维护开发、数据共享、无价值的数据转换等，正如 Tontsch 说的那样扰乱了项目的时间进度，影响到业务的发展。

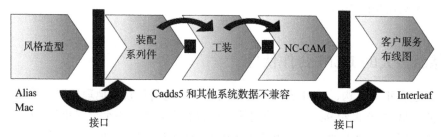

早期 CAD/CAM 应用图

BSH 将设计分析系统统一到 Unigraphics（NX 的前身）之后，产品开发应用软件和产品数据格式得到完全的统一，消除了大量无效的数据转换工作，使得产品设计数据模型顺畅地从设计前端流动到工艺工装、NC 数控加工以及维修服务等数据应用端，实现了全球范围内的设计知识和设计数据的共享和重用，从而优化了整个产品的开发流程，为 BSH 公司创造出巨大的价值，也为研究创建产品设计规范、建立统一客制化环境创造了良好的基础条件。

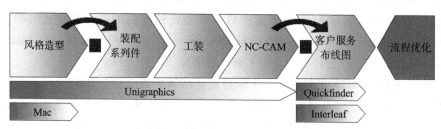

未来统一的 CAD/CAM 一体化应用

规范设计方法，保证数据正确转递和重用

NX 数字化设计分析系统是集成产品设计、分析、工程与制造于一体的解决方

案，帮助企业改善产品质量，提高产品交付速度和效率。毫无疑问，NX 具备以下一系列无可比拟的优势：

- 唯一应用同步技术在开放环境下实现灵活设计的解决方案。
- 唯一在开发流程中紧密集成多学科仿真的解决方案。
- 唯一提供全系列先进零部件制造应用的解决方案。
- 与 Teamcenter——世界领先的产品生命周期管理（PLM）平台——实现无可比拟的紧密集成。

从这一点来说，NX 无疑是 BSH 公司这样集产品设计、工艺规划、产品制造的 OEM 企业的最佳选择。

但要使 NX 真正在产品开发过程中发挥其强大的作用，就必须将 NX 功能与具体的产品结构、工艺制造特点相结合，通过研究产品结构、工艺制造的特点，制定符合产品开发要求的建模过程及规范要求，创建符合产品开发规范要求的客户化应用环境，并对广大产品开发人员进行必要的培训，将研究获得的建模方法、建模规范等知识通过培训和项目导航传递给他们。

对此，BSH 公司具有特别清醒和深刻的认识。因此，在整个 BSH 公司的 PLM 实施内容中包含了一系列基于 Teamcenter 环境下的 NX 设计方法、设计规范、客户化环境建设以及应用工具开发等内容，也包含了非常完备的、大规模的 NX 培训和项目导航推广计划。根据 BSH 公司的产品开发特点，在 NX 设计规范中特别强调通过规范引导以及强制检查手段来保证数据（三维模型、装配和图纸）的质量，从而保证数据在产品开发部门内部以及下游数据应用部门、外部供应商等处得到充分、反复的利用，减少无谓的差错和成本高昂的返工。BSH 公司根据应用需求，对流程设计器做了相应的定制开发；实现流程仿真、工厂仿真和冲压线仿真，通过对不同人体模型的人体功效分析，研究其可视性和可达性，在生产前评估其人体功效的安全性等。

BSH 公司通过实施 Tecnomatix 数字化制造解决方案，达到了提高规划效率和优化制造效率的目的。

CAE 分析，提高产品的质量

在消费品的产品开发和创新实践中，CAE 分析日渐占据越来越重要的地位。通过应用 NX 数字化设计分析软件，BSH 公司的产品设计师也可以方便地进行运动和结构强度等方面的 CAE 分析。不仅如此，随着市场对消费品品质要求的提高，BSH 公司也采用 Siemens PLM Software 的专业 CAE 分析能力解决一些特殊的分析问题，如声学分析等。

近几年来，市场上对洗碗机的噪声提出了更严格的要求：现在开放式厨房不仅要求功能完备、装饰精巧，也要求保持足够安静程度。因此，洗碗机能够保持足够低的噪声水平成为高端品牌的关键性标志。Siemens PLM Software 的 LMS.Test.lab Acoustics 提供了一套完整的、独特的声学测试分析软件和硬件解决方案，涵盖了许多声学方面的许多应用，如声学测试、材料和组件的测试、声功率测试、声源定位和完善的质量检测。BSH 公司可以在集成的软件环境和合理的工作流程中进行声学测量，这大大改善了 BSH 公司的声学研发效率，节省了大量的时间和精力。

"感谢声学贡献度分析，Siemens PLM Software 帮助我们优化了洗碗机整体的声学性能并通过对控制面板的声学识别处理减少了阻尼材料的用量，从而降低了生产成本。我们公司每年生产超过四百万台洗碗机，使用较少的阻尼材料，意味着我们可以显著降低成本。"Schwenk 先生这样表示。

完备的规范、充分的培训和现场指导使得 NX 在 BSH 公司得到了比较顺利的推广，并在应用的初期即获得了广大产品开发人员的肯定和美誉。

宽广的产品线，实现设计分析、制造的一体化

正如大家所知，BSH 公司是拥有从产品设计、工艺规划和生产制造等完整能力的企业，BSH 公司对 PLM 系统选型的开始就特别关注如何消除产品研发环节的数据流通壁垒，打造畅通的产品开发数据流。

在 PLM 系统的项目实施过程中，BSH 公司不仅考虑了下游数据应用部门的需求，制定了产品开发设计部门的数据规范，也制定了一系列基于 NX 的 CAE 分析、工艺工装、NC CAM 加工方面的应用规范和应用流程，并基于相应的应用规范和流程对 NX 应用环境做了大量的客户化定制工作，开发了一系列应用工具，真正实现了设计、分析、工艺工装和制造的一体化，达到了预期的项目目标！

数字化制造，提高规划和制造效率

Tecnomatix 是综合性数字化制造解决方案系统。该解决方案把所有制造学科——从工艺布局规划和设计、工艺过程仿真与验证到制造执行——与产品工程连接起来，促进了全局创新。Tecnomatix 建立在 Teamcenter 制造总线这个开放式产品生命周期管理（PLM）基础之上，是目前市场上功能最多的一套制造解决方案。

得益于前期 PLM 等项目的实施，BSH 公司创建了大量的规范的 NX 三维产品、JT 可视化和 BOM 数据，在此基础上 BSH 公司成功地实施了数字化工厂的项目。BSH 公司主要实施了以下内容：MTM TiCon 和流程设计器以及相关的工作流程；变量配置管理，通过对相似产品的分组管理，降低其复杂性；运行管理，通过直接集成在流程建模的 MTM 分析确定其时间节拍；工作系统管理，通过定义操作过程，获得基于完整生产过程的知识，并使虚拟的规划以可视化方式呈现；多方案管理，通过对不同产品、不同工人数量、不同操作时间和不同零件数量的研究，优化其规划方案；流水线平衡管理，根据将工作台操作的分配定义产品系列，实现对客户需求的快速反应；报表生成和管理，包括流程规划报告、工单等。

案例三

长城汽车电气系统工程案例

业务需求

- 改变传统电气系统设计模式，建立数字化设计新技术。
- 设计一致性，支持自动化设计的电气系统工具。
- 建设基于企业标准和流程的电气系统研发平台。
- 提升汽车电气系统研发的设计效率和准确性。
- 开放的 API 环境，支持企业知识 IP 的平台建设。
- 供应链数字化设计制造模式的创新实践，提升制造设计效率。

长城汽车有限公司介绍

1984 年，长城汽车制造厂在河北省保定市成立，于 1991～1994 年开始生产长城轻型客货汽车，连续 4 年产销翻番，企业快速发展。

1998 年，长城皮卡首次位居皮卡市场效率第一，于当年 6 月 26 日改制为长城汽车有限公司。

H6 车型作为长城汽车的战略车

H6 SUV 战略车型

型，从 2011 年上市以来，连续 69 个月占领月销量冠军。H6 车型在多年的市场检验中，以高质量、性能稳定获得较好的市场口碑，并且在全国各项产品评选中获得多个奖项，H6 车型的热销和品牌知名度不断提升长城汽车在 SUV 领域的领导力。

2004 年以来长城汽车的发展潜力得到了外界的广泛肯定和认可，多次入选"中国企业 500 强""中国机械 500 强""中国制造 500 强"，连续多年上榜"福布斯亚太最佳上市公司""福布斯 2000 强""《财富》中国 500 强""BrandZ 最具价值中国品牌 100 强"等，并被评为中国机电进出口商会的"推荐出口品牌"，是商务部、发改委授予的"国家汽车整车出口基地企业"，还是国际氢能委员会成员中的首家中国汽车企业。

长城汽车股份有限公司是中国最大的 SUV、皮卡制造商，分别于 2003 年、2011 年在我国香港 H 股和内地 A 股上市，截至 2018 年年底资产总计达 1118 亿元。旗下拥有哈弗、WEY、欧拉和长城皮卡四个品牌，产品涵盖 SUV、轿车、皮卡三大品类，具备发动机、变速器等核心零部件的自主配套能力，下属控股子公司 70 余家，员工近 8 万余人。至 2019 年 1 月，长城汽车第 500 万辆汽车下线，长城汽车在领跑中国汽车销量的基础上开启了逐鹿全球的步伐。

业务挑战

长城汽车在坚持自主研发的基础上，不断进行业务整合和市场拓展，目前长城汽车在国内已形成八大生产基地，继保定、徐水、天津生产基地后，长城汽车重庆永川生产基地项目将在 2019 年年底建成投产，江苏张家港、山东日照、浙江平湖和江苏泰州几大项目正在稳步推进。长城汽车还在厄瓜多尔、马来西亚、突尼斯和保加利亚等多国建设了 KD 工厂。长城汽车独资兴建的俄罗斯图拉州工厂也已开始建设，这是中国品牌汽车企业在海外首个具备四大工艺的整车工厂，并将在 2019 年投产。

全球化布局和区域市场的战略，以及目前汽车电子电器技术的快速发展，使得电子电器部门的研发工作面临诸多挑战：

- 产品研发周期缩短和产品上市时间的需求。
- 市场竞争加剧，开发周期缩短，提升设计效率。
- 设计过程的 DRC 检查，自动验证，避免返工。
- 车型配置的复杂度增加，配置快速调整以满足不同市场需求。
- 公司发展需要技术积累，支持数据重用、企业技术积累，建立企业知识库。
- 新电子电器技术应用于产品，设计复杂度管理的需求。

- 供应链快速响应，提升制造端的供应效率，需要支持线束厂设计与生产之间的深度协同。

自2000年以来，国内汽车制造商经过不断的技术进步，在产品竞争力和产品质量上逐步缩短了与国际厂商之间的距离，特别是近几年，在汽车市场上已经形成了国内自主研发超越合资汽车厂商的趋势，这其中与国内自主汽车制造商在研发技术上不断探索，以及创新力不断提升是息息相关的。国内自主研发汽车在研发周期上缩短了产品上市时间，已实现快速应对市场需求，特别是新电子技术的应用，在某种程度上来说相较合资和独资汽车厂商已形成明显的优势，可以看到长城汽车近几年的新车型推进上市的周期越来越短，新产品上市时间的缩短必然会带来市场竞争力的提升。

产品创新力一直是汽车厂商参与竞争和获得市场份额的关键要素，只有不断创新，不断以新产品、新技术满足市场多元化产品的需求来面对竞争趋于白热化的汽车市场，才能够立于不败之地。随着汽车电子技术的快速发展，越来越多的新科技应用于汽车研发设计，从消费类产品上来说，使得越来越多的用户能够在销售终端享有更多的选择，满足了不同消费者多样的需求。

作为汽车产品制造的重要环节，如何缩短零部件的供货时间也是提升供应链效率的重要手段。打通不同的设计工具，或者先进的专门化设计工具与通用的绘图软件之间的数字鸿沟，可以提升数据转换过程的效率，节约从产品设计到产品制造的时间。

长城汽车在研发和新技术应用方面坚持自主创新，快速响应市场和行业技术发展趋势。近年在新能源汽车、自动驾驶、智能网联、云服务、轻量化等方面快速推进，不断通过技术提升自身产品的竞争力。

业务举措

长城汽车自2013年引进Capital作为电气系统平台化设计工具以来，在新产品导入、基础数据库搭建、生成式设计的深入探索方面，投入了有效的资源以应用于实际车型产品的设计，建立了基于长城汽车的数据库和电气系统开发流程。Capital工具在自动化和数据一致性方面有效地发挥了数字化平台工具的优势，有力地支撑了目前长城汽车的大部分车型电气系统的设计研发。

长城汽车的Capital应用部署是从单套和单项目上开始的，在单个项目成功实施之后，逐渐开展应用到多个项目；在产品配置上实现设计模块的多样组合，完成整体流程和不同设计需求的方案，在此过程中完成数据库和技术积累。在整个应用当中，长城汽车提升了电气系统和线束设计的效率，西门子软件方也获取了更多的用户需求，为产品改进提供了参考，双方达到共赢。

发展规划

- Capital 电气系统设计工具的应用，推进了长城汽车电气系统从图形化设计转换为数字化设计，由分散数据管理转换为数据平台化管理。从数据安全性上来说，通过数据库和新的设计工具，保证了企业核心数据的安全性。数据库管理方面包含电气系统设计部件库、各类调用的图形库、数据权限、标准化定义，以及各个规则开发项和具体的设计项目，所有数据构成了长城汽车电气系统开发平台的数据平台和知识平台。

数据平台化管理

- 长城汽车 Capital 应用推进电气系统数字化、自动化设计，在数据库应用的基础上，Capital 工具更多的是用于设计流程和企业规则的一致性方面，长城汽车生成式设计方法是目前行业内应用越来越多的自动化设计流程。生成式流程在统一的设计环境下更多地融入企业设计规范、知识 IP 和自动化,该流程在充分理解汽车通用设计方法的基础上,可实现内嵌式规则和扩展开发企业特殊规则,使得电气系统设计过程数据的关联更加紧密,设计职责更加明晰,同时在平台数据的应用过程中更多地进行自动化以提升设计效率和保证数据的准确性。

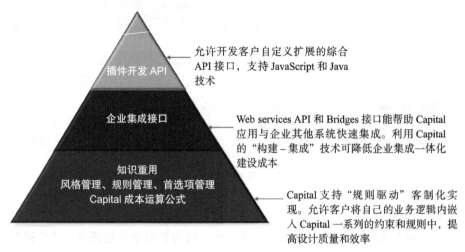

多层基础架构支持企业将自己独特的知识产权嵌入其中

- 复杂度管理是电气系统设计面临的最大挑战,当更多的配置选项提供给消费终端时,车型电气系统的复杂度会不断增加,设计人员面临的可选配置管理的挑战巨大,当配置变化达到 2^n($n=10$)将会产生 1024 种可选配置,通过工程人员进行配置管理显然已经超出了可行的范围,Capital 设计工具 Capital Integrator 模块可以帮助进行配置的自动合成,并且可以进行配置的优化,在配置管理和设计需求一致性方面进行自动合成和校验,大大减少了工程设计的难度,使得设计研发人员更多地关注于设计本身,在设计输出上提高了设计效率。
- 供应链数据传递和管理效率提升明显。传统的设计数据传递是基于图形和文本进行的,电气系统供应商在获取数据之后,需要进行大量的数据转换工作,手工进行很多参数的设定和图纸版面的转换。在长城汽车运用了 Capital 之后,给供应商传递的图纸转变为数字数据图纸,供应商在共平台的基础上可以快速进行线束制造的工装版设计(Formboard)和厂内的工艺设计(Harness Engineering Design),快速进行线束产品的制造响应、数字化传递,减少了效率损失,提升了产品响应效率和准确性。

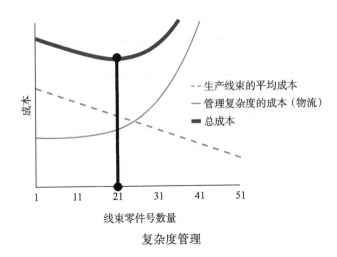

复杂度管理

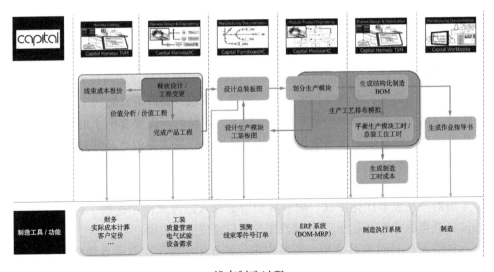

线束制造过程

- 轻量化设计。从整车成本上考量，需要对整车复杂的零部件系统进行成本分析，传统的工具不能支持对整车 BOM 的自动化分析和报告，Capital Insight 结合 Capital Integrator 可支持快速的成本分析和报告输出，透视多样设计变更对成本的反馈，优化设计方案及决策分析。长城汽车在完成基本设计任务之后，通过 Capital Insight 工具进行车辆电气系统成本报告、实现差异化对比、提供成本管控方案的分析基础，在设计上通过工具的应用快速优化设计方案，提升设计效率，减少后续的变更频度。

- Capital Insight 生成所需指标

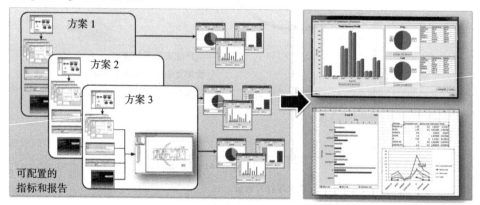

Capital 提供多方案比较所需要的指标

数字化连接未来

长城汽车经过多年的优质经营，一直保持在 SUV 车型领域的领先地位，旗下品牌逐步走向高端，在研发技术上的不断深入探索，提升了长城汽车自主开发的市场领导地位。在未来的产业布局和战略上，长城汽车需要在电子电器部门的核心技术方面不断追求新技术应用、设计上继续进行高质量的产品开发，打造成为全球领先的专家品牌。

"Capital 套件在数据重用和系统集成效率方面提供了很大的改进。它也是一种实用的产品成本优化工具。随着我们以更深入的方式使用这些工具，GWM 从 Capital 获得的好处将更大。"长城汽车的项目经理张新宏说。

自引入 Capital 软件之后，长城汽车已经逐步实现了电气线束的数字化设计，数据平台搭建也已日趋成熟，Capital 在支持数据重用、企业知识经验积累、定制规则应用、提升设计质量方面提供了有效的数字平台支撑，相信在长城汽车未来数字化设计到智能制造的产业升级过程中，数字化平台在其全球化布局和战略当中会发挥有效作用。

案例四

昆山沪光汽车电气系统工程案例

昆山沪光汽车电器股份有限公司介绍

　　昆山沪光汽车电器股份有限公司（以下简称昆山沪光）是一家专业研发及生产汽车高低压线束总成的民营企业，总部位于江苏省昆山市张浦镇，分别在仪征、宁波建立了生产基地和欧洲工程中心等。公司现有主要客户和产品有：上汽集团（上汽乘用车、上汽大众、上汽通用等）、一汽集团（一汽大众、奥迪等）、德国大众、戴姆勒奔驰、奇瑞、江淮、宝沃汽车集团等汽车公司配套的高低压线束总成。

　　2017年9月，在国家工信部颁布第三批智能制造试点示范名单上，昆山沪光榜上有名。昆山沪光自主研发的汽车线束智能工厂被评为智能制造试点示范企业。

业务挑战

- 全面改进当前的线束工艺设计模式。
- 以更快的线束制造速度响应客户的需求。
- 以更全面的工艺设计能力处理客户的复杂设计衍生。
- 确保工艺设计过程可控，而不仅仅注重结果。

传统线束制造工艺模式面临的挑战

　　随着汽车产品功能的不断增加以及可定制化模式的推广，现代线束的复杂程度已经变得非常高，一款普通车型的线束零件号往往达到数百个甚至数千个，线束制造工艺设计作为线束生产制造的数据诞生源，其在线束制造企业也必然成为重点关注对象，成为决定线束产品制造的第一环节，同时也是线束制造企业匹配汽车厂商的技术风向标——线束制造企业能否满足客户的需要往往由线束制造的工艺设计水平来决定。

满足客户的需求是线束制造企业关注的第一要素，也是线束制造企业之间竞争的核心，解析客户的需求无非是以下四方面的内容：

- 有无能力处理客户的订单需求。
- 能否满足客户规定的交货周期。
- 质量能否满足客户的规范要求。
- 价格是否具有优势。

综上，除了价格因素外，另外三项内容都与线束制造企业的技术实力密切关联，沪光电器技术总监吴剑先生表示，从很早之前沪光就开始致力于线束生产自动化、智能化方向的探索，大概在2014年左右公司决定成立针对工艺设计方法改进和产品全生命周期管理改善的两个专项课题，并逐步开展自身需求的梳理和市场调研。作为一家国内民营线束制造企业，昆山沪光能够在四五年前就意识到这个瓶颈，并设立专项研究课题，这本身就是一件了不起的事情。

业务举措

- 采用数字化线束工艺设计方法。
- 规范化线束工艺设计流程。
- 构建工艺设计知识库，标准化工艺研发输出物。

选择正确的 MBSE 工具

昆山沪光历时近两年的自身需求梳理及市场调研，在充分了解行业动态的情况下，于2016年启动线束制造工艺设计工具的采购计划。恰逢当时Mentor公司的Capital软件在线束制造领域的模块也日益成熟，昆山沪光经过充分评估Capital、E3、EBCabling三个工具后，认可Capital制造模块的匹配成熟度最高，并最终选择Capital软件作为新一代的线束制造工艺研发平台。

昆山沪光的大部分业务来源于大众汽车，而大众汽车采用了KSK模块设计方法，所以在构建昆山沪光的新一代线束制造工艺研发平台时，也重点关注对接

KSK 模块化的研发模式。

（1）梳理昆山沪光原有的线束工艺研发方法

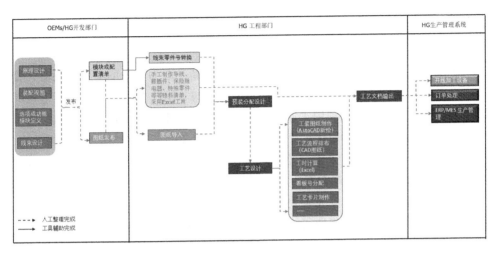

（2）基于 Capital 构建数字化的线束制造工艺研发流程

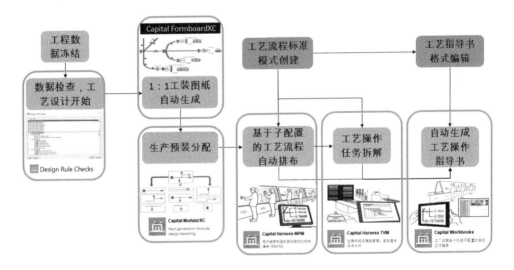

实施效益

- 整理标准的工艺流程排布模板。
- 整理规范的工艺操作指导书模板。
- 规范化线束工艺设计流程。

- 缩短工艺研发周期，提升输出质量。
- 自动输出对接其他系统物料信息及工艺数据。

未来规划

在传统制造改造环节，昆山沪光有着敢于创新、敢为人先的勇气和决心，投入巨资启动"机器换人"和"智能工厂"创建，与 ABB、KUKA、西门子等世界知名企业达成深度合作，利用工业机器人、定制自动化生产设备和管理软件实现汽车线束产品的全流程自动化、智能化生产，包括自动化仓储、物流及装配系统，打造了集仓库管理、数据采集与监视监控、生产执行、工程设计于一体的智能生产制造平台，从而实现生产效率、产品质量和智能制造水平的飞速提升。

昆山沪光董事长成三荣先生表示，当前选用 Capital 软件作为沪光电器的数字化工艺研发平台，虽然已经取得一定的成果，但也只完成了 50% 的水平，接下来如何实现 Capital 数字化设计与 PLM 系统，甚至 ERP、MES 系统的对接，实现工艺研发与生产管理的一体化整合，将是沪光电器对未来"智能工厂"在工程设计一体化领域的完整要求。

案例五

西门子增材制造数字工厂

2018年3月西门子宣布在英国西米德兰市的伍斯特开设一家增材制造工厂，投资大约2700万英镑（3 760万美元），后者将成为欧洲最大的3D打印设施之一，拥有多个最先进的金属3D打印系统。而颇具行业推动价值的是，西门子的这家工厂不仅仅生产满足自己需要的零件，还将为劳斯莱斯（Rolls-Royce）和英国航空等当地客户生产金属零部件。

西门子增材制造数字工厂

不仅仅是一间厂房，更是强大的工业制造环境

2016年8月，Materials Solutions被西门子收购，对于西门子来说，对Materials

Solutions 的收购加强了其将 3D 打印推进产业化领域的实力。西门子正在使用 3D 打印技术来维修和翻新热气路径组件，并根据需要为西门子的燃气轮机提供备件。新工厂将通过 3D 打印技术改进传统零件或以传统制造方法无法实现的方式制造前所未有的零件。

西门子的这项令人兴奋的投资使得 Materials Solutions 能够从实验室切换到生产工厂，引入新的创新技术并专注于金属增材制造工艺的产业化。

几年前，如果你去过一家 3D 打印工厂，你可能会看到几台 3D 打印机器被放置在一个干净的环境中，工程师穿着白色外套，并做了很多试验研究或者是小批量的生产。西门子通过采用更多真正的工业方法，使用生产流程和强大的质量系统来改变实验室级别的 3D 打印形象。

这里是一个车间化的地方，多台机器将通过各种流程来协调工作，工程师确保零件符合要求。在现场你将看到如精益生产、视觉工厂、看板和其他生产技术，它们将用以提高生产力，同时确保产品的最高质量。

西门子增材制造现场

新工厂将利用西门子提供的软件工具来提供完整的端到端流程，最大限度地发挥数字化潜力并创建真正的数字工厂。这些软件和系统是：

- 实时定位系统，以跟踪资本设备和库存，以建立正在进行的工作的实时位置。
- MindSphere 云应用程序，用于监控工厂环境和设备。
- NX 软件，以开发制造方法并模拟制造过程。

西门子增材制造新厂开业

随着新工厂的开业，西门子将目前的产能从 17 台增加到 50 台以上，并提高后处理能力。通过这样做，可以在交付给客户之前更好地控制组件供应链中的交付时间、质量和成本。

新工厂仍保留为客户制作原型的服务，由于航空航天和汽车等行业希望将其增材制造组件投入生产并寻找高质量的增材制造供应商，西门子希望通过原型制作服务来证明自身的实力，使得用户将西门子视为他们的业务合作伙伴。

基于新工厂的设施，Materials Solutions 现在的最大目标是真正将增材制造实现工业化。增材制造目前仍然是成本密集型的，但通过采用最新的创新和工业方法来扩大生产，Materials Solutions 将有望通过在强大的工业环境中重复制造零件来降低成本。

3D 科学谷评论

Materials Solutions 的制造基因始于特种合金的加工，大约在 2006 年左右开始提供 3D 打印服务。当时 Materials Solutions 的重点是创建一个完整的生产性集群，并且从一个特定组件开始，打造其专注于异种合金，如镍高温合金、钛和钢的增材制造核心竞争力。

在这里，根据 3D 科学谷的了解，零件的性能、专门定制的材料、专门的加工工艺这几个要素是相互影响的。Materials Solutions 确保获得最佳的组件性能，如果某种特定材料不能用于 3D 打印系统，Materials Solutions 还可以通过优化 3D 打印系统来实现。

可以说西门子通过 Materials Solutions 打造了完全集成的、高度定制的增材制造服务。不仅拥有一套自己熟悉的合金，Materials Solutions 还开发了优化工艺的材料。在许多情况下，Materials Solutions 能够调整加工参数，从而获得最佳效果。不过随后的热处理同样重要，这同样需要拥有专业知识，也是达到生产所需要的零件性能的有效保障。

最后，让我们记住西门子和 Materials Solutions 的感悟：如果你能 3D 打印叶片，你几乎可以制造任何东西。

缩 略 语

C

CPS：Cyber-Physical System，信息物理系统
CMM：Coordinate Measuring Machining，三坐标测量机
NC：Numerical Control，数字控制

D

DFMA：Design for Manufacturing and Assembly，面向制造和装配的设计

E

ERP：Enterprise Resource Planning，企业资源规划
EWI：Electronic Work Instruction，电子化作业指导，这里是指西门子工业软件提供的基于Web在线作业指导软件系统

F

FAI：First Article Inspection，首件检测

I

INCOSE：International Council on Systems Engineering，国际系统工程学会

K

KPC：Key Product Characteristic，关键产品特性
KCC：Key Control Characteristic，关键控制特性

M

MBE：Model-Based Enterprise，基于模型的企业
MBe：Model-Based Engineering，基于模型的工程
MBD：Model-Based Definition，基于模型的定义
MBD：Model-Based Driven，基于模型驱动
MBI：Model Based Instruction，基于模型的作业指导
MBM：Model Based Manufacturing，基于模型的制造
MBSE：Model-Based System Engineering，基于模型的系统工程
MBS：Model Based Sustainment，基于模型的维护
MBs：Model-Based Service，基于模型的服务
MRO：Maintenance Repair Overhaul，维护维修&保养
MES：Manufacturing Execution System，制造执行系统

N

NGMTI：The Next Generation Manufacturing

Technologies Initiative，下一代制造技术计划

NX：西门子工业软件公司提供的计算机辅助设计、分析、制造一体化数字化产品研发解决方案

O

OEM：Original Equipment Manufacturer，原始设备制造商

P

PLM：Product Lifecycle Management，产品生命周期管理

PMI：Product Manufacturing Information，产品制造信息

S

SDPD：Systems-Driven Product Development，系统驱动的产品开发

SE：System Engineering，系统工程

SPC：Statistical Process Control，统计过程控制

SRM：Supplier Relationship Management，供应商关系管理

T

TDP：Technical Data Package，技术数据包

TC：Teamcenter，西门子工业软件公司提供的数字化产品生命周期解决方案

TC Mobility：基于 iPad 等移动设备的 Teamcenter 软件模块

Tecnomatix：西门子工业软件公司提供的数字化制造解决方案的品牌名称

V

VSA：Variation Simulation Analysis，三维容差仿真分析

参 考 文 献

[1] YAN Lu, MORRIS KC, FRECHETTE S. Curtent Standards Landscape and Directions for Smart Manufacturing Systems [R]. 2017.

[2] ZIMMERMAN P. Digital Engineering Strategy and Implementation [C]. Model-Based Enterprise Summit, 2019.

[3] GASKA M T. Logistics and Sustainment / LM Fellow Integrating Sustainment Throughout the Model-Based Enterprise [C]. 2019.

[4] 胡虎，赵敏，宁振波，等. 三体智能革命 [M]. 北京：机械工业出版社，2016.

[5] 西门子工业软件公司和西门子中央研究院. 工业 4.0 实战：装备制造业数字化之道 [M]. 北京：机械工业出版社，2015.